京华博望文化

不可不知的 1000 个 法律陷阱

张洪占　陈凯歌　李庆珍　编著

本书其他参与撰稿人

戴哲宇　施竹毅　陈邓娇　刘嘉明　刘　锟　孙闫子　邓绍林
邓绍天　唐小侠　侯丹凤　林　岩　骆志生　王　楠　段德俊
杨　策　杨　勇　范　勇　邓创业

中国政法大学出版社

2012·北京

图书在版编目（CIP）数据

不可不知的1000个法律陷阱 / 张洪占，陈凯歌，李庆珍编著. —北京：中国政法大学出版社，2012.7

ISBN 978-7-5620-4421-5

Ⅰ. 不… Ⅱ. ①张…②陈…③李… Ⅲ. 法律-基本知识-中国 Ⅳ. D920.5

中国版本图书馆CIP数据核字(2012)第163459号

出 版 者　中国政法大学出版社

地　　址　北京市海淀区西土城路 25 号

邮寄地址　北京 100088 信箱 8034 分箱　邮编 100088

网　　址　http://www.cuplpress.com（网络实名：中国政法大学出版社)

电　　话　010-58908285(总编室) 58908334(邮购部)

承　　印　固安华明印刷厂

开　　本　720mm×960mm　1/16

印　　张　18.75

字　　数　320 千字

版　　次　2012 年 8 月第 1 版

印　　次　2013 年 11 月第 3 次印刷

定　　价　39.00 元

前言

　　生活中的陷阱防不胜防，要战胜它可能需要掌握两个因素：一是生活经验，二是法律常识。而这两种因素都不是人们天生就能掌握的东西，可以说，它伴随着人的一生。人在不同的年龄阶段，对于这两种因素的掌握可能会呈现出不同的景象。而对于不同的人，施骗者也会采用不同的伎俩。但是，天网恢恢，疏而不漏，再狡猾的狐狸也逃不过猎人的眼睛。

　　"吃一堑，长一智。"为了能使读者不再重蹈覆辙，更方便、更快捷且更全面地认识到自己可能会遇到的法律陷阱，在遭遇法律陷阱时能够用法律武器保护自己和解决问题，我们特意编写了此书。本书通过搜集生活中的大量实例来向读者讲解陷阱类型，然后再由专业人士从法律方面做一个简单的提醒，以帮助读者在碰到类似的事情时正确维权，以免误入歧途。

　　总体而言，本书具有如下方面的特征：

　　首先，在内容方面具有综合性，涉及人们生活的方方面面。它共分为十二章，分别从日常消费、劳动就业、一般经济合同、借贷、房屋买卖、租赁及保险销售、投资理财、看病就医、婚姻恋爱、旅游、纠纷解决以及其他方面中的陷阱进行简单的讲解。

　　其次，模块较全。它主要有四个模块：情景再现、律师提醒、陷阱防范、法条链接。每一个模块之间的关系是环环相扣的，这样可以方便读者朋友在阅读时获得一个全面的了解。

　　最后，分析角度涉及不同的法律。生活中的陷阱在人们的眼里可能就是骗局，但是，对于同样的骗局，本书从不同的法律方面进行了分析。比如说，消费中的骗局，有的从消费者知情权方面进行阐述，有的则从可撤销或无效合同方面进行了有理有据的分析。同样是骗局，有的可能仅会受到行政处罚，有的则可能受到刑法的处罚。对于这其中的界限，本书也根据不同陷阱的类型及危害程度作了一个简单的区分，使读者能够对其中的"度"有一个良好的把握。

　　值得注意的是，我们在书中谈到的有些"陷阱"是生活中可能出现的情况，并不是说遇到这种情况就绝对是陷阱。比如说，持促销单或者优惠券去消费，就一定会有优惠吗？人才市场招聘会，您去了吗？等等。之所以采用这样的题目，旨在告诉读者，这其中是可能存在陷阱的。但这样讲，并不代表消费时所有的促销单或者优惠券都是陷阱，消费者都不能享受这其中的优惠；也不是说求职时所有的人才市场招聘会都会有陷阱，求职者都不能享受这其中的方便与快捷。

希望本书的出版能让读者增强法律意识，掌握更多的法律知识，在遇到法律问题时能够以最快捷、最经济、最实用的方式解决问题，在面对各种性质的利益纷争及侵权行为时，能够有理有据地拿起法律武器维护自己的合法权益。

目　录

第一章 日常消费中的陷阱

○ 商家称其护肤品"神奇祛皱、迅速美白"，你信吗？

您在超市、商场购物的时候，一定遇到过导购员主动跟您推荐某种商品的情况。不知道您对于导购员的话有没有怀疑过呢？

💬情景再现

一日，赵女士去某美容院做美容。在做美容的过程中，美容顾问林老师向其推荐了一套国际知名品牌护肤品，称其能起到"神奇祛皱、迅速美白"的作用，还称此套护肤品价格高达2000元，是名副其实的国际大牌，很多国家的中年女明星都用过。赵女士听了林老师的介绍，于是就买了一套。可赵女士用了一个多月后，出现了脸部皮肤脱皮潮红的现象。可林老师却说这是正常现象，等这阶段过去后皮肤就会变好。后来，赵女士的脸部皮肤越来越差，甚至出现了红肿的现象。其到医院一查，原来是皮肤严重过敏。其实，林老师向赵女士推荐的护肤品，根本就不是什么国际大品牌，只是为了招揽生意而挂的"幌子"，只为招揽像赵女士这样的中年女士购买。

📎律师提醒

目前，一些商家为了牟利，不惜一切地鼓吹自己的产品或者商品如何如何的好。尤其是一些商家利用消费者的心理去暗示和引导消费者购买某种商品。在本案中，美容顾问林老师向已到中年的赵女士推荐"神奇祛皱、迅速美白"的护肤品，就是利用了赵女士想变年轻的心理。但是，无论商家如何鼓吹自己的商品，对于消费者来说，最重要的权利就是知情权。

《中华人民共和国消费者权益保护法》（以下简称《消费者权益保护法》）第8条规定，消费者享有知悉其购买、使用的商品或者接受的服务的真实情况的权利。

消费者有权根据商品或者服务的不同情况，要求经营者提供商品的价格、产地、生产者、用途、性能、规格、等级、主要成份、生产日期、有效期限、检验合格证明、使用方法说明书、售后服务，或者服务的内容、规格、费用等有关情况。

根据上述法律的规定，赵女士完全具有对其购买的护肤品进行了解的权利。但是，赵女士却只听信了林老师的一面之词，并没对此护肤品的产地、生产者、用途、性能、规格、等级、主要成份、生产日期等进行查看。也可以说，正是赵女士对知情权的放松导致其中了林老师的圈套。当然，作为商家的林老师隐瞒商品的真实情况，这属于欺诈行为，应当受到法律的惩罚。

🔍 陷阱防范

对于像上述案例中赵女士遇到的这种陷阱，我们能做到的防范对策就是"充分行使自己的知情权"。当我们遇到商家主动推销某种商品时，一定不要轻信商家的说辞。我们要主动地去看商品上的一些标识，比如生产日期、产地、成分、规格等，必要时还要询问商家的进货渠道，观察和了解商家的规模、顾客情况、信誉口碑等等。切忌只听商家的"忽悠"就急切地去购买商品。

⚓ 法条链接

《中华人民共和国消费者权益保护法》

第八条 消费者享有知悉其购买、使用的商品或者接受的服务的真实情况的权利。

消费者有权根据商品或者服务的不同情况，要求经营者提供商品的价格、产地、生产者、用途、性能、规格、等级、主要成份、生产日期、有效期限、检验合格证明、使用方法说明书、售后服务，或者服务的内容、规格、费用等有关情况。

⭕ 持促销单或者优惠券去消费，就一定会有优惠吗？

相信大家在街上一定遇到过有人往您手里塞宣传单、促销单、优惠券、打折卡之类东西的情形，这些其实都是商家促销的手段。当您收到这样的促销单后，您是不是有马上去消费的冲动呢？当您去消费的时候，是不是真的得到优惠了呢？

💬情景再现

> 　　王先生在街上接到一张宣传单，单子上说某饭店开业，凭此宣传单可以享受6.8折的优惠。碰巧，今天正好是王先生女儿的生日，于是晚上王先生一家人来到该饭店，要上了一桌好菜。王先生心里盘算，平常不打折的话，这一桌怎么也得2000元，今天打6.8折可以省几百。但到买单的时候，饭店却没有给打折。王先生很气愤，说他们是凭宣传单来吃饭的，为什么不打折。饭店却称，一张宣传单只供一人使用，多人使用的情况下是无效的。

✍️律师提醒

　　宣传单作为商家宣传和促销的手段，确实在给商家作广告的同时也给消费者带来了一定的便利。但也存在一些不法奸商利用宣传单上的一些条款或者含糊的用语给消费者设置陷阱。等到消费者明白事情真相后，商家又以其拥有"最终解释权"而显得有理有据。在本案中，王先生原以为凭单去吃饭就给打折，饭店却以一张单只供一人使用为由拒绝打折。我们可以想一想，在中国，大家在饭店吃饭往往是几个人要几个菜一起吃，又有谁会想到此饭店的打折条件却是一人一单呢？这分明就是饭店为了引诱人们去吃饭而设置的圈套。

　　《消费者权益保护法》第19条规定，经营者应当向消费者提供有关商品或者服务的真实信息，不得作引人误解的虚假宣传。

　　《中华人民共和国广告法》（以下简称《广告法》）第5条规定，广告主、广告经营者、广告发布者从事广告活动，应当遵守法律、行政法规，遵循公平、诚实信用的原则。

　　因此，商家发布的宣传单或促销单其实是一种广告。虽然法律规定广告不得含有虚假内容，不得欺骗和误导消费者，但是不循规蹈矩的商家比比皆是。这就要求我们在使用促销单时，要特别注意，而不能随随便便去消费。

🔍陷阱防范

　　对于像上述案例中王先生遇到的这种陷阱，我们主要从以下两方面来防范：一方面是在接到宣传单或者促销单的时候，不要有盲目消费的冲动，想想自己是不是需要去消费；另一方面是自己拿着促销单去消费的时候，在点餐或者对方提供服务之前一定要将店内的优惠政策询问清楚，以防事后商家索要各种费用等。如果我们做到了以上两点，上当受骗的可能性就非常小了。

⚕ 法条链接

《中华人民共和国消费者权益保护法》

第十九条　经营者应当向消费者提供有关商品或者服务的真实信息，不得作引人误解的虚假宣传。

《中华人民共和国广告法》

第五条　广告主、广告经营者、广告发布者从事广告活动，应当遵守法律、行政法规，遵循公平、诚实信用的原则。

○　预付费的健身卡年卡有保障吗？

最近一段时间以来预付费消费模式受到大家的青睐，各种各样的年卡、季卡、月卡、次卡、储值卡花样繁多，这种现象在游泳、美容、洗车、健身等行业更是普遍。与其说这是一种预付模式，不如说是一种信任模式。当商家的信誉遭遇危机时，您可能就要竹篮打水一场空了。

💬 情景再现

张小姐在街上走的时候，别人给塞了一张传单，上面赫然印着一些字："要健身，就办卡，年卡赠送，数量有限，时间有限，送完为止"。一向喜欢健身的张小姐如获至宝，正好这家健身俱乐部就在自己家附近，于是，张小姐拿着这张单子径直去了那家俱乐部。到那家俱乐部后，张小姐感觉环境设施还蛮不错的，就办了张年卡。心想，反正也就4000元，卡还是送的。当时，俱乐部的人还给张小姐看了一下他们的办卡合同，上面写着"可以退卡，可以转卡"。去了两三次后，张小姐因为工作调动，可能要去外地一年。于是她想，我走了，就让我朋友去吧，反正可以转卡。她找了好几个朋友，都没有人愿意去。所以，她只好去退卡。但是俱乐部那边说，退卡可以，但是只能退您100元，这是我们的规定，因为本来是不办理退卡的，现在我们退您100元，也是对您的一种补偿。

📎 律师提醒

目前，生活中预付费消费已经成为一种模式，或者说是一种时尚。不管是消费者还是商家都很喜欢并且已经逐渐地适应了这种模式。但是，有一些商家把它当作逃避责任的一种手段。张小姐要求退卡，这是符合办卡时合同条款的。但是，由于在办卡时张小姐并没有仔细阅读合同，没有发现这退卡条款是有瑕疵的，也就是不明确的。一般情况下，如果由于消费者一方原因而导致合同不能履行的，消费者是会承担一定的违约责任，但该违约金一般与未违约方的实际损失相符。另外，根据一般的商业惯例，违约金一般在20%至30%，20%是最常见的。在上述案例中，该俱乐部声称只退100元的做法是不合法的。根据《中华人民共和国合同法》（以下简称《合同法》）中有关违约责任的规定，张小姐可以请求人民法院或者仲裁机构予以适当减少。

《合同法》第114条规定，当事人可以约定一方违约时应当根据违约情况向对方支付一定数额的违约金，也可以约定因违约产生的损失赔偿额的计算方法。约定的违约金低于造成的损失的，当事人可以请求人民法院或者仲裁机构予以增加；约定的违约金过分高于造成的损失的，当事人可以请求人民法院或者仲裁机构予以适当减少。

由此可以看出，该商家所说的内部规定完全是一种霸王条款，不符合《合同法》中的公平原则。鉴于该商家这种钻法律空子的行为，消费者在面对所谓的"优惠"时，一定要考虑清楚，自己是不是真的需要这项消费。而且要学会用"一分为二"的观点看问题。一些商家向您极力推荐优惠时，同时也存在着一定的风险。优惠越大，可能风险也就越大。

🔍 陷阱防范

鉴于上述案例中的陷阱，当您在和某人签订合同时，要明确双方当事人的权利和义务，并在合同中记载清楚，特别是违约责任应当约定得明确具体。上述案例中，可能办卡合同是商家一方拟定的，但如果您觉得显失公平的话，可以不去办卡。这是消费者的自主选择权。其次，如果您愿意接受对方的服务，要约定好违约责任，并且商家不可以用"最终解释权归商家所有"这种霸王条款来逃避自己的责任。

⚓ **法条链接**

《中华人民共和国合同法》

第一百一十四条　当事人可以约定一方违约时应当根据违约情况向对方支付一定数额的违约金，也可以约定因违约产生的损失赔偿额的计算方法。

约定的违约金低于造成的损失的，当事人可以请求人民法院或者仲裁机构予以增加；约定的违约金过分高于造成的损失的，当事人可以请求人民法院或者仲裁机构予以适当减少。

……

《中华人民共和国消费者权益保护法》

第九条　消费者享有自主选择商品或者服务的权利。

消费者有权自主选择提供商品或者服务的经营者，自主选择商品品种或者服务方式，自主决定购买或者不购买任何一种商品、接受或者不接受任何一项服务。

消费者在自主选择商品或者服务时，有权进行比较、鉴别和挑选。

○　受到赠品的诱惑去买商品合适吗？

目前，网上购物已经成为一种趋势。它方便快捷，使您足不出户就可以买到您想要的产品，而且大多网购产品都比现实生活中要便宜。许多网购平台，像淘宝、当当、京东，有时候还会搞一些活动，如赠送一两张电子优惠券、买一赠一等。有时候，可能您是不想浪费一张电子优惠券而去购物，也可能是特别喜欢商家送的赠品而心动了。但是，这样合适吗？您买回来的东西质量有保证吗？

💬 **情景再现**

李某在某网站看到一款特漂亮的手机，价格比实体店里的要便宜300到400元，手机总价是2000元，旁边写着：买手机，赠精品电饭锅和保温杯一个。李某一直以来都想买一个保温杯，由于价格的原因都没有买成。这次真幸运呀！他受不了这样的诱惑，于是立刻订购了这款手机，期待着收到保温杯。商家发货速度也相当快，收了钱两天后货就到了。李某打开包裹后，查验了赠品，是电饭锅和保温杯没错。接下来，他才看手机，也觉得没有问题。第二天，他去上班的时候向同事炫耀，这才发现，原来他买的手机根本就是水货，市场价也不过800到900元左右。这下李某傻眼了，立刻联系了商家，要求退货，但商家却列出了N种不给退货的理由。

📎 律师提醒

网购就像一把"双刃剑"，您在享受方便、快捷的同时，可能忽略它的风险。像上述案例中的李某，他忽略了手机，更多的是看重赠品保温杯。其实，商家搞活动，有时候购物有赠品，对于消费者来说确实挺优惠。但俗话说："无商不奸"，当您在遇到这种活动时，千万记住不要本末倒置了。从法律上来讲，消费者有对其购买的产品的知悉真情权，该商家侵犯了李某对手机的真实情况的了解权。该商家有提供真实商品和服务的义务。李某可以和该商家协商，如果协商不成，可以起诉到人民法院。

《消费者权益保护法》第8条规定，消费者享有知悉其购买、使用的商品或者接受的服务的真实情况的权利。消费者有权根据商品或者服务的不同情况，要求经营者提供商品的价格、产地、生产者、用途、性能、规格、等级、主要成份、生产日期、有效期限、检验合格证明、使用方法说明书、售后服务，或者服务的内容、规格、费用等有关情况。

🔍 陷阱防范

对于像上述案例中的陷阱，一方面，您要了解您所选购的产品的价格、产地、生产者、用途、性能、规格、等级、主要成份、生产日期、有效期限、检验合格证明、使用方法说明书、售后服务，或者服务的内容、规格、费用等有关情况。另一方面，您事先可以和商家协商，要求看他的经营许可证，以及在网络上的信用度。

🔌 法条链接

《中华人民共和国消费者权益保护法》

第八条 消费者享有知悉其购买、使用的商品或者接受的服务的真实情况的权利。

消费者有权根据商品或者服务的不同情况，要求经营者提供商品的价格、产地、生产者、用途、性能、规格、等级、主要成份、生产日期、有效期限、检验合格证明、使用方法说明书、售后服务，或者服务的内容、规格、费用等有关情况。

第十六条　经营者向消费者提供商品或者服务，应当依照《中华人民共和国产品质量法》和其他有关法律、法规的规定履行义务。

经营者和消费者有约定的，应当按照约定履行义务，但双方的约定不得违背法律、法规的规定。

○ 免费产品体验、免费健康讲座、免费测量血压，真的一切都是免费的吗？

最近，在一些药店门口总能看见一张桌子、一两个人，桌子上放着一台测血压仪和一些宣传资料。他们声称：免费产品体验、免费健康讲座、免费测量血压，有的还赠送小礼品。真的一切都是免费的吗？

●情景再现

一天，心心和她的好朋友途经一个药店门口，那里坐着很多老年人，他们好像是在听什么专家讲座。只见一个人在上面讲得天花乱坠，下面的老年人群情激奋，看起来精力十足。走近了，她们才知道，这是一个听说能治好老年人关节炎的专家在开展免费讲座，旁边还有一个人在给一些老人测血压，进行产品体验。他们声称：一切都是免费的，不用您花钱，只要您过来看看。一位大妈测量完血压后，好像是血压值不太正常，然后那人便立即说："你这可能是关节的原因。"大妈有些害怕，急忙问："那该怎么办呢？"他们回答说只要购买我们这种产品，保证会好的，这是专治关节的。大妈似乎坐不住，求医心切，就买了几盒，价格240元一盒。但后来经专业医师一看，那竟然只是普通的保健品，根本不能医治关节炎。

✍律师提醒

从上述案例中的情形不难看出，他们打出的免费产品体验、免费健康讲座、免费测量血压等旗号，只不过是一个幌子，真正目的是为了卖药。再说，真正能治好病的药，口碑来自患者，而不是来自医者。这根本就是一个圈套，就是利用老年人普遍存在像糖尿病、关节炎之类的疾病，会病急乱投医、求医心切等，骗取大伙购买其所谓的"药"。其实，据电视报道，他们那种"药"大多是保健品，根本不能治病。他们这样的宣传是虚假的宣传，是违反《广告法》和《消费者权益保护法》的。

　　《消费者权益保护法》第19条规定，经营者应当向消费者提供有关商品或者服务的真实信息，不得作引人误解的虚假宣传。

　　《广告法》第4条规定，广告不得含有虚假的内容，不得欺骗和误导消费者。

　　由此可知，对于像上述案例中的欺骗行为，不但是违法的，而且有可能给消费者的人身带来伤害，给消费者的财产造成不必要的损失。所以在现实生活中碰到这种现象时，要正确对待。

⊕ 陷阱防范

　　对于像上述案例中的行为，一方面，我们要提高自己的辨别能力，能分辨出对我们不利的信息，及时加以防范。另一方面，想治病，还得去正规医院接受正规的检查。切莫相信什么偏方、江湖郎中之类。

♦ 法条链接

《中华人民共和国消费者权益保护法》

第十九条　经营者应当向消费者提供有关商品或者服务的真实信息，不得作引人误解的虚假宣传。

……

《中华人民共和国广告法》

第四条　广告不得含有虚假的内容，不得欺骗和误导消费者。

○ 饭店打出宣传：今天啤酒免费喝，只要您喝，我们就送！是真的吗？

　　近来，随着气温的升高，忙碌了一整天的人们都很累了，下班后都不愿意做饭。在一些小区、商场、饭店的门口可以看到摆在外面的小摊，他们只有到晚上才出来，这也叫"夜市"。有的小摊的东西做的确实挺地道，在烤串方面一般不太会有优惠，但是在啤酒上经常会有优惠，您遇到过吗？

💬**情景再现**

> 一天，李涛下班后跟他的女朋友约好了，晚上不做饭了，一起去吃烤串。他们到家附近的一家小摊位上去吃烤串。幸运的是，今天这家小摊的摊位前挂着一个牌子，上面赫然写着：今天啤酒免费喝，只要您喝，我们就送。李涛他们很是高兴，因为他俩平常特别能喝酒。于是，在等烤串期间，他俩先要了2瓶啤酒。还没等烤串上来，他俩已经喝了四五瓶了。大概过了一个小时，他俩准备结账了，发现老板多收了50元钱。李涛就问："这50元钱是什么钱？"老板告诉他说："酒钱呀！"李涛挺迷惑的——不是啤酒免费吗？老板解释说："先生，是您没问清楚，我们这啤酒免费是有要求的，是您消费够300元啤酒才免费。"

📎**律师提醒**

上述案例中该商家的做法，侵犯了消费者的知情权。该商家所作的宣传是有欺骗性的，容易误导消费者。这样会使消费者遭受不必要的经济损失。假如，小摊贩把"只要您消费满300元，啤酒就可以随便喝"的意思明确地写在广告牌上，对经营者来说是一种促销手段，对消费者来说也是一种优惠。但是，如果不标出就是侵犯了消费者的知情权。

《消费者权益保护法》第8条规定，消费者享有知悉其购买、使用的商品或者接受的服务的真实情况的权利。消费者有权根据商品或者服务的不同情况，要求经营者提供商品的价格、产地、生产者、用途、性能、规格、等级、主要成份、生产日期、有效期限、检验合格证明、使用方法说明书、售后服务，或者服务的内容、规格、费用等有关情况。

同时，《广告法》第4条规定，广告不得含有虚假的内容，不得欺骗和误导消费者。该法第5条规定，广告主、广告经营者、广告发布者从事广告活动，应当遵守法律、行政法规，遵循公平、诚实信用的原则。

还有，《中华人民共和国反不正当竞争法》（以下简称《反不正当竞争法》）第9条规定，经营者不得利用广告或者其他方法，对商品的质量、制作成分、性能、用途、生产者、有效期限、产地等作引人误解的虚假宣传。

由此可知，我国《消费者权益保护法》规定消费者对所接受的服务有知悉真情的权利。《广告法》中也规定了，商家不得以广告的形式，对其服务或商品作虚假宣传，误导消费者。《反不正当竞争法》中规定了，商家所作的广告内容，应当真实，不得作引人误解的虚假宣传。这说明了，我国在保障消费者知情权方面有全面的法律保障。

🔍 陷阱防范

对于像上述案例中的陷阱，一方面，消费者在进行消费的时候，要首先向商家询问清楚具体的优惠方法，而不是盲目消费；另一方面，应当结合自己的实际情况量力而为，而不是为了图便宜不顾自己的身体，结果适得其反。

⚓ 法条链接

《中华人民共和国消费者权益保护法》

第八条 消费者享有知悉其购买、使用的商品或者接受的服务的真实情况的权利。

消费者有权根据商品或者服务的不同情况，要求经营者提供商品的价格、产地、生产者、用途、性能、规格、等级、主要成份、生产日期、有效期限、检验合格证明、使用方法说明书、售后服务，或者服务的内容、规格、费用等有关情况。

《中华人民共和国广告法》

第四条 广告不得含有虚假的内容，不得欺骗和误导消费者。

第五条 广告主、广告经营者、广告发布者从事广告活动，应当遵守法律、行政法规，遵循公平、诚实信用的原则。

《中华人民共和国反不正当竞争法》

第九条 经营者不得利用广告或者其他方法，对商品的质量、制作成分、性能、用途、生产者、有效期限、产地等作引人误解的虚假宣传。

......

○ 团购优惠低至一折，您团了吗?

团购作为一个产业，已经在全国各地风靡起来。作为一种新兴的事物，可能存在着很多弊端；在法律方面，可能国家还有待规范。从目前的一些团购网站来看，像拉手、美团、糯米等团购网的运营还是发展得不错。打开那些团购网站，他们是以实物样品的方式向人们展示的，页面都蛮吸引人的，东西也特别便宜，种类也比较齐全。但作为一种新兴的产业，团购在给消费者带来优惠的同时，在优惠的背后可能隐藏着不可告人的真相。团购优惠，今天你团了吗?

💬情景再现

前段时间，孙兴在朋友的介绍下知道了团购。他的朋友是某团购网站的业务员，但是他给孙兴介绍的目的并不是想推销业务，而只是想让好朋友也得到点优惠。他听说，同样的东西团购会相对来说便宜一些。他想，反正东西在哪买都是一样，这有优惠为何不用呢? 于是，孙兴在网站上团购了一张餐馆券。孙兴按照团购券的要求提前两三天预约周日去消费，但该餐馆以人数已满为由拒绝，并说该团购券周末不可使用。可是，团购券上并没有任何限制性说明。就这样，眼看着截止日期快要到了，就是预约不成功，孙兴很是气愤，于是打电话给团购网站要求退货，遭到该网站拒绝。

✎律师提醒

上述案例中，该网站侵犯了消费者的知情权。所谓知情权，是指消费者享有知悉其购买、使用的商品或者接受的服务的真实情况的权利。消费者有权根据商品或者服务的不同情况，要求经营者提供商品的价格、产地、生产者、用途、性能、规格、等级、主要成份、生产日期、有效期限、检验合格证明、使用方法说明书、售后服务，或者服务的内容、规格、费用等有关情况。该团购网站在出售团购优惠券时，没有向孙兴说明该团购优惠券不可在周末使用。而孙兴电话预约去餐馆消费却被店家以"不能在周末使用"为由而拒绝，这侵犯了孙兴的知情权。根据我国相关法律要求，孙兴可以要求退货，该网站不得拒绝。

根据《消费者权益保护法》第24条规定，经营者不得以格式合同、通知、声明、店堂告示等方式作出对消费者不公平、不合理的规定，或者减轻、免除其损害消费者合法权益应当承担的民事责任。格式合同、通知、声明、店堂告示等含有前款所列内容的，其内容无效。

此外，该法第22条第2款还规定，经营者以广告、产品说明、实物样品或者其他方式表明商品或者服务的质量状况的，应当保证其提供的商品或者服务的实际质量与表明的质量状况相符。

由此可知，该餐馆所说的"周末不可使用"的规定是以声明的方式向消费者所作出的不合理的规定，根据我国法律规定，是无效的。该网站以实物样品的方式向消费者展示产品服务情况，但是孙兴在购买团购券后，由于餐馆的原因，并没有与该商家达成消费的协议。可见，该网站没有保证其提供的产品服务与实际的产品服务相一致，是不合法的。根据《中华人民共和国产品质量法》（以下简称《产品质量法》）第40条规定，售出的产品有下列情形之一的，销售者应当负责修理、更换、退货；给购买产品的消费者造成损失的，销售者应当赔偿损失：……（三）不符合以产品说明、实物样品等方式表明的质量状况的。……销售者未按照第一款规定给予修理、更换、退货或者赔偿损失的，由产品质量监督部门或者工商行政管理部门责令改正。

由此可知，该网站以销售不符合实物样品的方式表明质量状况的行为已经侵犯了孙兴的知情权，根据我国法律规定，应当负责退货。孙兴还可以向产品质量监督部门或工商行政管理部门投诉。

⚲ 陷阱防范

对于目前团购投诉事件的增多，消协发布了团购注意六大事项：①交易前要了解卖家的信用状况、履约能力等信息，要查看消费者给网店的评价、网店是否实名、网店是否有营业执照、网上商家的地址及电话等相关信息。②选择本地有代理商或销售点的经销商，发生纠纷方便解决。③尽量选用货到以后再付款的方式。如果没有货到付款，要选择有第三方支付平台的交易网站，因为第三方支付平台对网络的交易安全有一定的保障。④收货时应该及时验货，商品如果出现瑕疵、损坏、功能不全等问题应拒绝签收及付款。一旦签收，就证明消费者已经认可货物，到时候再想退换，就很难了。⑤在团购过程中尽量提供手机及电子邮件等联系方式，对于个人家庭住址、工作单位、家庭电话等私密性较强的个人信息不要随便提供，防止非法网站将这些信息向商家兜售。⑥要注意保留好相关证据，以便日后维权时使用。

法条链接

《中华人民共和国消费者权益保护法》

第八条 消费者享有知悉其购买、使用的商品或者接受的服务的真实情况的权利。

消费者有权根据商品或者服务的不同情况，要求经营者提供商品的价格、产地、生产者、用途、性能、规格、等级、主要成份、生产日期、有效期限、检验合格证明、使用方法说明书、售后服务，或者服务的内容、规格、费用等有关情况。

第二十二条 ……

经营者以广告、产品说明、实物样品或者其他方式表明商品或者服务的质量状况的，应当保证其提供的商品或者服务的实际质量与表明的质量状况相符。

第二十四条 经营者不得以格式合同、通知、声明、店堂告示等方式作出对消费者不公平、不合理的规定，或者减轻、免除其损害消费者合法权益应当承担的民事责任。

格式合同、通知、声明、店堂告示等含有前款所列内容的，其内容无效。

《中华人民共和国产品质量法》

第四十条 售出的产品有下列情形之一的，销售者应当负责修理、更换、退货；给购买产品的消费者造成损失的，销售者应当赔偿损失：

（一）不具备产品应当具备的使用性能而事先未作说明的；

（二）不符合在产品或者其包装上注明采用的产品标准的；

（三）不符合以产品说明、实物样品等方式表明的质量状况的。

销售者依照前款规定负责修理、更换、退货、赔偿损失后，属于生产者的责任或者属于向销售者提供产品的其他销售者（以下简称供货者）的责任的，销售者有权向生产者、供货者追偿。

销售者未按照第一款规定给予修理、更换、退货或者赔偿损失的，由产品质量监督部门或者工商行政管理部门责令改正。

○　购买3C产品，当您选好的产品在装系统时，商家给您推荐了更优惠的产品，您觉得优惠吗？

所谓"3C产品"，就是计算机（Computer）、通信（Communication）和消费类电子产品（Consumer Electronics）三者的统称，亦称"信息家电"。由于3C产品的体积一般都不大，所以往往在中间加一个"小"字，故往往统称为"3C小家电"。

3C产品包括电脑、手机、电视、数码影音产品及其相关产业产品。

CCC为英文China Compulsory Certification的缩写，意为"中国强制认证"，简称"3C认证"。该认证标志是我国对家用电器准许其出厂销售和使用的标志。2003年8月1日以后，消费者购买家用电器要注意这一标志。如果某家用电器没有加贴这一标志，则表明该产品可能不符合国家标准和技术要求，质量难以保证。

在现实生活中，人们经常购买一些3C产品。但是，对于3C产品的维修与零部件的选购，除了专业人士外，了解的人就寥寥无几了。当您不知道哪款产品质量相对来说较优的时候，选产品的时候就会显得很盲目，而且很费劲。有时候通过广告和别人介绍，你可能会了解一些，但是你了解的真是物美价廉吗？

💬情景再现

一天，张先生去一家3C卖场选了一台价值6000元的电脑。经过双方协商后，最后商场决定以5500元的价格卖给张先生。随后，销售人员把他领到了仓库去拿货。在张先生确认电脑完好无损，且保证是新产品后，销售部人员给电脑装系统。在快要安装完成的最后一刻，电脑上出现了"硬盘错误，无法安装"。这时，出现了一个看上去像是经理的人对张先生说："这款产品散热不好，经常会导致硬盘出故障。"他推荐了另一款配置相近的产品，且价格只有5200元。无奈之下，张先生只好同意买下经理推荐的电脑。回家后，张先生在网上查找了所购买的这款电脑，发现价格只有3700元，而且这款电脑配置很低，功能也不是很好。

📎律师提醒

在上述案例中，张先生是在被欺诈的情况下购买了该卖场推荐的那款产品，这在《合同法》中属于可变更或可撤销的合同。属于可变更的合同的，变更后的内容有效。属于可撤销的合同，撤销后，自始不发生法律效力。对于此案，张先生可以要求卖场换回原来自己选中的那台电脑，也可以办理退货。但是若张先生选择放弃，法律将不予追究。

《合同法》第54条规定："下列合同，当事人一方有权请求人民法院或者仲裁机构变更或者撤销：

（一）因重大误解订立的；

（二）在订立合同时显失公平的。

一方以欺诈、胁迫的手段或者乘人之危，使对方在违背真实意思的情况下订立的合同，受损害方有权请求人民法院或者仲裁机构变更或者撤销。

当事人请求变更的，人民法院或者仲裁机构不得撤销。"

该法第56条规定，无效的合同或者被撤销的合同自始没有法律约束力。合同部分无效，不影响其他部分效力的，其他部分仍然有效。

该法第58条规定，合同无效或者被撤销后，因该合同取得的财产，应当予以返还；不能返还或者没有必要返还的，应当折价补偿。有过错的一方应当赔偿对方因此所受到的损失，双方都有过错的，应当各自承担相应的责任。

在《合同法》中，变更或撤销权是当事人的一种权利。法院在受理这些起诉的时候，只能根据当事人的起诉，而不能自己单方面直接受理。另外，撤销权是有一定期限的。《合同法》第55条是这样规定的："有下列情形之一的，撤销权消灭：

（一）具有撤销权的当事人自知道或者应当知道撤销事由之日起一年内没有行使撤销权；

（二）具有撤销权的当事人知道撤销事由后明确表示或者以自己的行为放弃撤销权。"

因此，在上述案例中，张先生若想撤销买卖电脑的合同，应及时行使撤销权，不要过了一年的期限。否则，撤销权就消灭了，合法权益将得不到保障。

🔍 陷阱防范

通常情况下，一些商家往往是利用低价来诱惑消费者，从而达到欺诈的目的。其实，那款产品并不是真的有问题，这只是一些商家耍的一种手段而已。如果消费者执意要买自己选中的那款产品，他们则会以"今天调不来货"为由而拒绝出卖。遇到像案例中的商家，消费者不要相信他们所谓"推荐更优惠的产品"，要提高自己的辨别能力。如张先生应要求该商家把货从仓库拿到卖场来装系统；如果出现问题，应要求该商家解决问题，而不是更换另一种牌子的产品，因为你也不能确保另一个牌子的产品就是你理想中的产品。

法条链接

《中华人民共和国合同法》

第五十四条 下列合同，当事人一方有权请求人民法院或者仲裁机构变更或者撤销：

（一）因重大误解订立的；

（二）在订立合同时显失公平的。

一方以欺诈、胁迫的手段或者乘人之危，使对方在违背真实意思的情况下订立的合同，受损害方有权请求人民法院或者仲裁机构变更或者撤销。

当事人请求变更的，人民法院或者仲裁机构不得撤销。

第五十五条 有下列情形之一的，撤销权消灭：

（一）具有撤销权的当事人自知道或者应当知道撤销事由之日起一年内没有行使撤销权；

（二）具有撤销权的当事人知道撤销事由后明确表示或者以自己的行为放弃撤销权。

第五十六条 无效的合同或者被撤销的合同自始没有法律约束力。合同部分无效，不影响其他部分效力的，其他部分仍然有效。

第五十八条 合同无效或者被撤销后，因该合同取得的财产，应当予以返还；不能返还或者没有必要返还的，应当折价补偿。有过错的一方应当赔偿对方因此所受到的损失，双方都有过错的，应当各自承担相应的责任。

○ 免费美容，您敢去吗？

爱美之心，人皆有之。这本不为过，但偏偏有些人利用您的爱美之心大做文章。此外，随着人们生活水平的提高，人们对于皮肤的要求可能会更高。一些白领可能一个月要去好几次美容院，而且每次都价格不菲。还有那些专做家庭主妇的阔太太们，由于青春不再，但也要保持青春，怎么办？上美容院。

💬 **情景再现**

　　一天，王霞和几个朋友一起去国贸附近逛街。当她们经过一座写字楼的时候，门口站着好多漂亮的推销员。推销员每个人端着一个盒子，盒子里放了一些化妆品试用装和宣传资料。王霞是油性皮肤，所以痘痘比较多。其中一位推销员看到王霞后，赶忙迎上来，客气地说："小姐，您好，打扰一下。我是某公司的化妆品销售员，我们公司最近推出免费美容服务，欢迎您光临。"王霞和她的朋友停住了脚步。于是，那位推销员又说："像您这样的痘痘，我们给你做免费美容服务的话，几次就可以好了。您这算是比较轻的，比您这严重的都在我们这做好了。"

　　王霞一听能治好这恼人的青春痘，没想太多就跟去了。写字楼一间狭小的店面里放着几张床。一位美容师走过来让王霞躺在床上，简单清洗了面部后，就给敷上一面膜。在做面膜期间，美容师就使劲地推荐一些油呀、水的。王霞一听，似乎感觉上当了，都拒绝了。但是美容师说："如果您不用这些产品的话，您的痘痘很难好的。"于是，王霞看了一下美容师推荐的产品，价格都相当高。王霞决定离开了，但是人家不让她走，说用了面膜得付钱。王霞很郁闷，不是免费的吗？而且该面膜的费用相对于一般面膜来说还相当高。她们说："是呀！手工费是免的呀，但是你用了面膜了。"

📎 **律师提醒**

　　像上述案例，该美容院是侵犯了王霞的知情权和自主选择权。该美容院推出的"免费美容"，其真正的含义是：手工费是免的，但是产品使用费是不免的。这和一般消费者的理解是不同的，再加上美容院在给消费者进行美容之前，也没有向消费者就"免费美容"的真实含义作说明，容易使消费者产生误解。这种做法实质上是该美容院用广告宣传的手段对消费者进行欺骗。这种做法是违反我国《消费者权益保护法》和《广告法》的。对此，王霞可以和该商家协商该面膜的价格；如果协商不成，可以请求消费者协会进行调解；如果调解不成，可以向人民法院起诉。

　　消费者有权知道自己所接受的服务的真实情况，有选择使用哪款产品的权利，商家不得以任何理由进行干涉，否则就是侵权。商家也应该以真实的内容做广告宣传，而不得以虚假的宣传内容误导和欺骗消费者，否则会受到法律的制裁。

🔍 陷阱防范

对于上述案例中的陷阱，一方面，对于街边的小广告和主动推销的人，您尽量别去相信。您要始终相信：天上不会掉下馅饼来。另一方面，如果您要去美容的话，尽量去一些正规的、口碑好的美容院。有时候，这些美容院可能不会是免费的，但是价格方面可能会相对合理一些。总之，请理智消费。此外，如果您遇到的是做虚假宣传的美容院，要及时向有关部门举报。

⚖ 法条链接

《中华人民共和国消费者权益保护法》

第八条　消费者享有知悉其购买、使用的商品或者接受的服务的真实情况的权利。

消费者有权根据商品或者服务的不同情况，要求经营者提供商品的价格、产地、生产者、用途、性能、规格、等级、主要成份、生产日期、有效期限、检验合格证明、使用方法说明书、售后服务，或者服务的内容、规格、费用等有关情况。

第九条　消费者享有自主选择商品或者服务的权利。

消费者有权自主选择提供商品或者服务的经营者，自主选择商品品种或者服务方式，自主决定购买或者不购买任何一种商品、接受或者不接受任何一项服务。

消费者在自主选择商品或者服务时，有权进行比较、鉴别和挑选。

第三十四条　消费者和经营者发生消费者权益争议的，可以通过下列途径解决：

（一）与经营者协商和解；

（二）请求消费者协会调解；

（三）向有关行政部门申诉；

（四）根据与经营者达成的仲裁协议提请仲裁机构仲裁；

（五）向人民法院提起诉讼。

《中华人民共和国广告法》

第四条　广告不得含有虚假的内容，不得欺骗和误导消费者。

第五条　广告主、广告经营者、广告发布者从事广告活动，应当遵守法律、行政法规，遵循公平、诚实信用的原则。

○　隐形消费陷阱，您听说过吗？

隐形消费陷阱，是指商家在销售商品时通过一些隐形的手段向消费者出售或变相出售消费者并不需要的商品。这种现象在节假日尤为明显。在节假日，多数商家会推出一些促销活动来吸引消费者消费，这些活动中有些暗藏了隐形的消费陷阱。隐形消费陷阱的种类很多，如商家的"打折"陷阱、"返券"陷阱、"赠送礼品"陷阱等等。

情景再现

> 现在经常能在各大网站上看到一些优惠活动，比如"返券"。杨小姐在某网站上购买了一双真皮女鞋，价值420元，返券150元。"返券"的有效期是20天。于是，她又在该网站看了一双150元的鞋，结账时显示：您的优惠券不能使用。杨小姐打了客服电话，客服解释：您的优惠券只能购买限定产品，您选的这种鞋不参加此活动。杨小姐就在限定的产品中选了一款，活动中此款鞋是买100返20，结账时显示：您购买的产品不再参加"返券"活动。商家解释：用优惠券购买的产品无法再享受打折优惠。

律师提醒

上述案例明显是一个陷阱。这种行为侵犯了消费者的知情权，同时也违背了市场经济条件下诚实信用的原则。这是该商家促销产品的一种手段，表面上看是在搞优惠，其实所谓的"返券"陷阱就是：参加返券活动的产品，消费者必须原价（通常价格较高，没有任何打折）买下，才能得到"返券"。得到"返券"后，只能在限定的产品中使用，而且不能再享受"返券"。对于该商家来说，"返券"能刺激消费者二次消费，达到了该商家多销盈利的目的。而且"返券"能购买的产品大多是滞销品，您用高价购买的产品往往比实际价格要高很多。案例中该商家的这种做法，违反了我国《消费者权益保护法》。

《消费者权益保护法》第4条规定，经营者与消费者进行交易，应当遵循自愿、平等、公平、诚实信用的原则。

该法第8条规定，消费者享有知悉其购买、使用的商品或者接受的服务的真实情况的权利。消费者有权根据商品或者服务的不同情况，要求经营者提供商品的价格、产地、生产者、用途、性能、规格、等级、主要成份、生产日期、有效期限、检验合格证明、使用方法说明书、售后服务，或者服务的内容、规格、费用等有关情况。

该法第19条规定，经营者应当向消费者提供有关商品或者服务的真实信息，不得作引人误解的虚假宣传。经营者对消费者就其提供的商品或者服务的质量和使用方法等问题提出的询问，应当作出真实、明确的答复。商店提供商品应当明码标价。

由上述法条可知，商家应当遵循诚实信用的原则，不得以任何形式欺骗消费者以达到其盈利的目的。商家有义务提供给消费者该活动的真实情况，接受消费者和社会组织及有关部门的监督。对于商家违反市场经济规则、扰乱市场良好秩序的行为，有关部门应及时查处，消费者也应及时向有关部门举报。

🔍 陷阱防范

对于像一些商家搞优惠活动的陷阱，消费者首先应该向该商家询问清楚具体的活动方案，这样做就可以不使自己显得很被动。其次，消费者应根据自己的实际情况，购买自己需要的产品。有的产品如果不需要的话，即使不花钱，拿回家也是占地方。最后，提醒大家，要树立一种正确的消费观，做到既不铺张浪费，也不过度苛刻，适度消费。

⚚ 法条链接

《中华人民共和国消费者权益保护法》

第四条　经营者与消费者进行交易，应当遵循自愿、平等、公平、诚实信用的原则。

第八条　消费者享有知悉其购买、使用的商品或者接受的服务的真实情况的权利。

消费者有权根据商品或者服务的不同情况，要求经营者提供商品的价格、产地、生产者、用途、性能、规格、等级、主要成份、生产日期、有效期限、检验合格证明、使用方法说明书、售后服务，或者服务的内容、规格、费用等有关情况。

第十九条　经营者应当向消费者提供有关商品或者服务的真实信息，不得作引人误解的虚假宣传。

经营者对消费者就其提供的商品或者服务的质量和使用方法等问题提出的询问，应当作出真实、明确的答复。

商店提供商品应当明码标价。

○ 充话费送手机，您充了吗？

从消费者网中最近的投诉类型不难看出，在信息化高速发展的同时，通信业也给消费者设置了很多的陷阱。可能有时候，拉动内需，刺激消费，对国家的经济发展是有好处的，但是这种消费也得建立在合理的基础上，似乎目前通信业已经处于垄断地位，消费者只能成为被宰割的对象。

💬情景再现

> 　某地的赵女士最近丢了手机，所以她一直想买一部手机。她正好遇到了一朋友给她介绍了现在正在搞"充话费送手机"活动，于是，她就按要求办理了"每月最低消费70元，期限为16个月"的业务。交了话费后，她获赠了一部手机。使用一个月后，商家通知赵女士改为"最低消费50元，绑定期限则延长至24个月"。赵女士多次同该公司交涉，要求恢复原来约定或取消业务未果。没过多久，她又连续收到了几条增值业务短信。拨打10086咨询后，客服解释：系统显示，您已预订了某运营商的健康指南业务，如果您想取消，请携带本人有效身份证件到营业大厅办理取消业务。

📎律师提醒

在上述案例中，该通信公司侵犯了消费者的知情权和自主选择权。在消费者不知情的状态下预订了增值业务，以及强制消费者接受其已改变的资费套餐。违反了自愿和公平原则，给消费者造成了损失。对于这种情况，赵女士和该公司协商未果，可以向消费者协会投诉，请求消费者协会进行调解。如果调解不成，可以向有关行政部门进行申诉，还可以向人民法院起诉，以维护自己的合法权益。

《消费者权益保护法》第4条规定，经营者与消费者进行交易，应当遵循自愿、平等、公平、诚实信用的原则。

该法第8条规定，消费者享有知悉其购买、使用的商品或者接受的服务的真实情况的权利。消费者有权根据商品或者服务的不同情况，要求经营者提供商品的价格、产地、生产者、用途、性能、规格、等级、主要成份、生产日期、有效期限、检验合格证明、使用方法说明书、售后服务，或者服务的内容、规格、费用等有关情况。

该法第9条规定，消费者享有自主选择商品或者服务的权利。消费者有权自主选择提供商品或者服务的经营者，自主选择商品品种或者服务方式，自主决定购买或者不购买任何一种商品、接受或者不接受任何一项服务。消费者在自主选择商品或者服务时，有权进行比较、鉴别和挑选。

由上述法条可知，商家应严格遵守市场经济的自愿和公平原则，不得以任何理由强制消费者进行不公平的消费，损害消费者的合法权益。消费者的知情权和自主选择权是法律所保障的合法权利，商家不得侵犯。此外，当消费者合法权益受到侵犯时，应按照《消费者权益保护法》第34条的规定进行解决，不得采用其他不合法的方式来维权，否则，结果可能会使自己陷入被动，甚至还可能会触犯刑法。

⌕ 陷阱防范

对于通信领域的各种陷阱，消费者在接受各种优惠活动时，应首先向商家了解该活动的真实情况；其次，要保留各种单据，以便在维权时使用；最后，遇到这种情况应及时向有关部门举报，请求国家保护。

⚓ 法条链接

《中华人民共和国消费者权益保护法》

第四条　经营者与消费者进行交易，应当遵循自愿、平等、公平、诚实信用的原则。

第八条　消费者享有知悉其购买、使用的商品或者接受的服务的真实情况的权利。

消费者有权根据商品或者服务的不同情况，要求经营者提供商品的价格、产地、生产者、用途、性能、规格、等级、主要成份、生产日期、有效期限、检验合格证明、使用方法说明书、售后服务，或者服务的内容、规格、费用等有关情况。

第九条　消费者享有自主选择商品或者服务的权利。

消费者有权自主选择提供商品或者服务的经营者，自主选择商品品种或者服务方式，自主决定购买或者不购买任何一种商品、接受或者不接受任何一项服务。

消费者在自主选择商品或者服务时，有权进行比较、鉴别和挑选。

第三十四条　消费者和经营者发生消费者权益争议的，可以通过下列途径解决：

（一）与经营者协商和解；

（二）请求消费者协会调解；

（三）向有关行政部门申诉；

（四）根据与经营者达成的仲裁协议提请仲裁机构仲裁；

（五）向人民法院提起诉讼。

○　网上购物"全场免运费"，是优惠还是陷阱？

　　像京东、麦包包、凡客诚品等一些大型的网站都推出了"全场免运费"的服务，这吸引了很多网购的朋友。这无疑是给消费者带来了一些优惠。一些C2C（C2C，英文：Consumer to Consumer，实际是电子商务的专业用语，是个人与个人之间的电子商务。C2C即消费者间。C2C领域现已形成四足鼎立之势：淘宝、易趣、拍拍、有啊）个体网站也推出了"包邮"的服务，来吸引更多的朋友光顾。但是，"全场免运费"对于消费者而言，到底是促销手段，还是消费陷阱呢？

💬情景再现

　　一天，小李在网上看到几款衣服和电视剧《回家的诱惑》中林品如穿过的某些衣服特别相似，还有配饰也是一模一样。此外，这几款产品都是"包邮"的正品。于是，她就一下子买了好几件，而且连配饰也买了。穿了两天后，其中一件比较纱的衣服开线了。小李找商家理论，要求退货，商家以已剪掉挂牌为由而拒绝。小李只好拿另外几件去退换，但是运费由小李负责。商家对"包邮"的解释是："包邮"只是一种活动，现在活动已经结束了。

📎律师提醒

　　在上述案例中，该商家侵犯了消费者的知情权，以虚假的广告宣传欺骗和误导了消费者。商家的这种行为是违反《消费者权益保护法》和《产品质量法》以及《广告法》的。根据《产品质量法》的相关规定，商家对于售出的存在质量问题的商品，不予退换的，应由产品质量监督部门或者工商行政管理部门责令改正。

　　《消费者权益保护法》第8条规定，消费者享有知悉其购买、使用的商品或者接受的服务的真实情况的权利。消费者有权根据商品或者服务的不同情况，要求经营者提供商品的价格、产地、生产者、用途、性能、规格、等级、主要成份、生产日期、有效期限、检验合格证明、使用方法说明书、售后服务，或者服务的内容、规格、费用等有关情况。

该法第22条第2款规定，经营者以广告、产品说明、实物样品或者其他方式表明商品或者服务的质量状况的，应当保证其提供的商品或者服务的实际质量与表明的质量状况相符。

《广告法》第4条规定，广告不得含有虚假的内容，不得欺骗和误导消费者。

该法第5条规定，广告主、广告经营者、广告发布者从事广告活动，应当遵守法律、行政法规，遵循公平、诚实信用的原则。

由上述法条可知，商家不得以任何理由拒绝消费者行使其合法权益，并应当以真实、合法的广告宣传形式作宣传，不得以任何手段欺骗消费者。对于不符合产品质量的，商家应当负责修理、更换、退货或者赔偿损失。如果商家违反法律规定，则由相关部门责令其改正。

🔍 陷阱防范

上述案例中指的并不是京东、麦包包、凡客诚品等这些大型网站推出的"全场免运费"是陷阱，只是一些C2C个体网站为了不使老顾客和潜在顾客被它们抢走，铤而走险实施的一些陷阱。对于京东、麦包包、凡客诚品等一些大的运营网站，大家还是可以放心的，可以相信"全场免运费"是优惠，而不是陷阱。

对于一些C2C个体网站，大家要仔细分析。如果产品是正品，商家要价却很低，大概您也能够想到产品的质量有问题了。但不可否认的是，一些个体网站的信用度是蛮高的。还有一些商家也作了个人声明，指明自己家的产品是高级仿版，希望大家斟酌后再决定是否购买。这正说明了我国的市场经济越来越完善。

⸸ 法条链接

《中华人民共和国消费者权益保护法》

第八条 消费者享有知悉其购买、使用的商品或者接受的服务的真实情况的权利。

消费者有权根据商品或者服务的不同情况，要求经营者提供商品的价格、产地、生产者、用途、性能、规格、等级、主要成份、生产日期、有效期限、检验合格证明、使用方法说明书、售后服务，或者服务的内容、规格、费用等有关情况。

第二十二条 ……

经营者以广告、产品说明、实物样品或者其他方式表明商品或者服务的质量状况的，应当保证其提供的商品或者服务的实际质量与表明的质量状况相符。

《中华人民共和国广告法》

第三条　广告应当真实、合法，符合社会主义精神文明建设的要求。

第四条　广告不得含有虚假的内容，不得欺骗和误导消费者。

第五条　广告主、广告经营者、广告发布者从事广告活动，应当遵守法律、行政法规，遵循公平、诚实信用的原则。

《中华人民共和国产品质量法》

第四十条　售出的产品有下列情形之一的，销售者应当负责修理、更换、退货；给购买产品的消费者造成损失的，销售者应当赔偿损失：

（一）不具备产品应当具备的使用性能而事先未作说明的；

（二）不符合在产品或者其包装上注明采用的产品标准的；

（三）不符合以产品说明、实物样品等方式表明的质量状况的。

销售者依照前款规定负责修理、更换、退货、赔偿损失后，属于生产者的责任或者属于向销售者提供产品的其他销售者（以下简称供货者）的责任的，销售者有权向生产者、供货者追偿。

销售者未按照第一款规定给予修理、更换、退货或者赔偿损失的，由产品质量监督部门或者工商行政管理部门责令改正。

……

○　网络话费充值方便又快捷，您充了吗？

网上充话费，您试过吗？网络是一把"双刃剑"，在给人们带来便利的同时，也给人们带来了风险。当您选择优惠的时候，您考虑过风险吗？或者说，您压根就没意识到这里面还会有风险。

💬情景再现

一天，北京的陈小姐在网上进行了手机话费充值，通过网络的支付平台支付了100元。按照网站说明，只要充100元就可以享受150元的优惠，并且网站承诺会在付款后的24小时内完成充值，可是过了两天了话费也没有给陈小姐充上。陈小姐打开那个网站，才发现网站上没有留下任何手机号码或固定电话号码，只有一个地址，地址还是江苏的。

律师提醒

上述案例中，该网站侵犯了消费者的知情权，对消费者完全是一种欺骗。对于这种不法行为，有关机关应严格予以取缔。这种行为完全是利用网络话费充值的形式欺骗消费者，严重违反了诚实信用原则，违背了作为经营者应当履行的义务，是应当受到法律制裁的行为。此外，根据《消费者权益保护法》的相关规定，该商家还应当履行承诺，给陈小姐充上话费150元，并赔偿陈小姐的损失。赔偿的金额为消费者购买商品的价款或者接受服务的费用的一倍，即200元。

《消费者权益保护法》第8条规定，消费者享有知悉其购买、使用的商品或者接受的服务的真实情况的权利。消费者有权根据商品或者服务的不同情况，要求经营者提供商品的价格、产地、生产者、用途、性能、规格、等级、主要成份、生产日期、有效期限、检验合格证明、使用方法说明书、售后服务，或者服务的内容、规格、费用等有关情况。

该法第47条规定，经营者以预收款方式提供商品或者服务的，应当按照约定提供。未按照约定提供的，应当按照消费者的要求履行约定或者退回预付款；并应当承担预付款的利息、消费者必须支付的合理费用。

该法第49条规定，经营者提供商品或者服务有欺诈行为的，应当按照消费者的要求增加赔偿其受到的损失，增加赔偿的金额为消费者购买商品的价款或者接受服务的费用的一倍。

由此可知，商家应按照法律的规定，提供给消费者其所接受服务的真实情况，不得以任何形式欺诈消费者。否则，商家不仅要被强制履行承诺，还得承担民事责任，情节严重的还要承担刑事责任。

陷阱防范

据说此充值卡并非由移动公司或联通公司发行，而是某些不法分子通过软件实现的通话。使用过的人说，这种充值卡充了100元送100元，没打几次就没了。要防止上述案例中的陷阱，消费者应尽量选择一些大型的经营性网站，如选择支付宝，货到再付款。此外，还要及时保存消费记录，以便日后维权使用。

⚘ 法条链接

《中华人民共和国消费者权益保护法》

第八条 消费者享有知悉其购买、使用的商品或者接受的服务的真实情况的权利。

消费者有权根据商品或者服务的不同情况，要求经营者提供商品的价格、产地、生产者、用途、性能、规格、等级、主要成份、生产日期、有效期限、检验合格证明、使用方法说明书、售后服务，或者服务的内容、规格、费用等有关情况。

第四十七条 经营者以预收款方式提供商品或者服务的，应当按照约定提供。未按照约定提供的，应当按照消费者的要求履行约定或者退回预付款；并应当承担预付款的利息、消费者必须支付的合理费用。

第四十九条 经营者提供商品或者服务有欺诈行为的，应当按照消费者的要求增加赔偿其受到的损失，增加赔偿的金额为消费者购买商品的价款或者接受服务的费用的一倍。

○ 商场出售的沙发标签上标注的是原产进口，是真的吗？

日常生活中，经常发生消费欺诈纠纷。商场出售过期商品，但却是以打折促销的方式销售，而且在店堂告示中明确告知购买者"打折商品，售出恕不退换"。消费者购买后发现是过期产品，以商场销售过期产品构成欺诈为由，要求退货并赔偿。对此，商场则以其已在店堂告示中明确告知购买者"售出恕不退换"为由作为抗辩。还有商家更换商品标签，把彼地说成是此地，把国内产品说成是国外优质产品等情形。

针对目前市场上普遍存在的消费欺诈现象，我国最高人民法院《关于贯彻执行〈中华人民共和国民法通则〉若干问题的意见（试行）》对欺诈的定义作了规定，一方当事人故意告知对方虚假情况，或者故意隐瞒真实情况，诱使对方当事人作出错误意思表示的，可以认定为欺诈行为。

💬**情景再现**

　　日前，某市市民陈先生和妻子在周末去一家大型家具城为新家购置家具。陈太太一眼就看中了一款真皮沙发。老板说是意大利原产进口的，皮质很好，价格合理。于是，陈太太当即决定买下。陈先生在付款后却无意发现该沙发进货单上写着产地广东，顿时感觉受骗并怒火中烧。他立马要求该商场退货，但是该商场坚决否认该沙发产地是广东，以沙发没有质量问题为由拒绝退货。

📎**律师提醒**

　　本案中，该商场将原产地为广东的沙发标注为意大利原产进口沙发，其行为侵犯了消费者的知情权。《消费者权益保护法》第8条规定，消费者享有知悉其购买、使用的商品或者接受的服务的真实情况的权利。消费者有权根据商品或者服务的不同情况，要求经营者提供商品的价格、产地、生产者、用途、性能、规格、等级、主要成份、生产日期、有效期限、检验合格证明、使用方法说明书、售后服务，或者服务的内容、规格、费用等有关情况。由该法条可知，消费者在购买商品时，有权利对该商品的价格、产地、生产者、用途、性能、规格、等级、主要成份、生产日期、有效期限、检验合格证明、使用方法说明书、售后服务，或者服务的内容、规格、费用等有关情况的真实情况进行了解，经营者有向消费者就该商品的相关情况的真实情形进行告知的义务。

　　该商场私自更换商品标签的行为，对消费者来说明显是一种欺诈行为。所谓欺诈，是指以使人发生错误认识为目的的故意行为。当事人由于他人的故意的错误陈述，发生认识上的错误而为意思表示，即构成因受欺诈而为的民事行为。根据《消费者权益保护法》第49条规定，经营者提供商品或者服务有欺诈行为的，应当按照消费者的要求增加赔偿其受到的损失，增加赔偿的金额为消费者购买商品的价款或者接受服务的费用的一倍。本案中该商场私自将原产地为广东的沙发标注为意大利原产的沙发，这种侵犯陈先生知情权的行为已经构成欺诈。因此，陈先生可以要求其承担赔偿双倍价款的责任。

🔍**陷阱防范**

　　目前一些商家抓住消费者偏爱进口货的心理，制造了不少包装精美、洋味十足的商品，故意在标识上将洋品牌、洋标志等制作得非常醒目，再打上外国监制的旗号。但这种商品实际上往往名不副实。消费者在置办大件物品时最好去一些质量有保证、口碑较好的大店，消费时一定要看清产地和制造商地址，不要被各种障眼法迷惑。

🔌 法条链接

《中华人民共和国消费者权益保护法》

第八条 消费者享有知悉其购买、使用的商品或者接受的服务的真实情况的权利。

消费者有权根据商品或者服务的不同情况，要求经营者提供商品的价格、产地、生产者、用途、性能、规格、等级、主要成份、生产日期、有效期限、检验合格证明、使用方法说明书、售后服务，或者服务的内容、规格、费用等有关情况。

第四十九条 经营者提供商品或者服务有欺诈行为的，应当按照消费者的要求增加赔偿其受到的损失，增加赔偿的金额为消费者购买商品的价款或者接受服务的费用的一倍。

第二章 劳动就业中的陷阱

○ 用人单位的劳动合同，可以随便签字吗？

根据法律的规定，用人单位要与劳动者签订劳动合同。订立劳动合同，应当遵循合法、公平、平等自愿、协商一致、诚实信用的原则。依法订立的劳动合同具有约束力，用人单位与劳动者应当履行劳动合同约定的义务。

💬情景再现

上海的一位韩先生在未来丈母娘的逼迫下离开上海去了温州发展。他与一位贸易公司（私营企业）的老板签订了一份合同，合同内容要求韩先生与老板一起参加公司所有的应酬，目的是替老板喝酒。合同上面规定了违约金为20万，合同期限为3年。但是，韩先生工作不到1年，就在公司一次体检活动中被查出肝有问题。韩先生想解除合同，但被老板拒绝。老板说："如果您违约，除了要付违约金以外，公司还不承担任何医疗费用。"为了不付20万的违约金，韩先生只能拿自己的命去赌一把。

✏️律师提醒

在上述案例中，对于不懂法的人来说，这份合同就是设了重重陷阱。同时，这份合同也是不合法的。其一，对于劳动者而言，他是以自己的身体健康作为劳资的。此合同的履行会直接伤害劳动者的身体健康，是违反我国法律、行政法规的强制性规定的。劳动者有获得劳动安全卫生保护的权利，此项权利在《中华人民共和国劳动法》（以下简称《劳动法》）中有明确的规定。其二，违约金订立不合法。根据《中华人民共和国劳动合同法》（以下简称《劳动合同法》）第22、23、25条的规定，在合同中可以约定违约金的事项有两种：一是用人单位为劳动者提供专项培训费用，对其进行专业技术培训的，可以与该劳动者订立协议，约定服务期。劳动者违反服务期约定的，应当按照约定向用人单位支付违约金。二是对负有保密义务的劳动者，用人单位可以在劳动合同或者保密协议中与劳动者约定竞业限制条款，并约定在解除或者终止劳动合同后，在竞业限制期限内按月给予劳动者经济补偿。劳动者违反竞业限制约定的，应当按照约定向用人单位支付违约金。除了这两种情况之外，用人单位不得与劳动者约定由劳动者承担违约金。其三，如果韩先生违约，公司不承担任何医疗费用不合法。根据2010年修订的《工伤保险条例》第14条的规定，韩先生在工作期间，因工作原因所受的身体伤害，应认定为工伤，由公司承担责任。

由此可知，劳动者在与用人单位签订合同时，对合同的条款应仔细阅读，并在平等、公平、自愿的基础上达成协议。对此，《劳动合同法》第3条作了明确规定。

🔍 陷阱防范

部分私营、乡镇企业成立时间较短，管理水平、合同意识差，以及劳动力市场供大于求、劳动者维权意识差等，是导致这些企业劳动合同签约率低的主要原因。对此，劳动者应学法、懂法，树立法制观念，自觉用法律武器维护自己的合法权益。劳动者在签订劳动合同时，不能盲目，应明确双方当事人的权利和义务。劳动合同条款有不合法的，劳动者应当向有关部门举报。

⚓ 法条链接

《中华人民共和国劳动合同法》

第三条　订立劳动合同，应当遵循合法、公平、平等自愿、协商一致、诚实信用的原则。

……

第二十二条　用人单位为劳动者提供专项培训费用，对其进行专业技术培训的，可以与该劳动者订立协议，约定服务期。

劳动者违反服务期约定的，应当按照约定向用人单位支付违约金。违约金的数额不得超过用人单位提供的培训费用。用人单位要求劳动者支付的违约金不得超过服务期尚未履行部分所应分摊的培训费用。

用人单位与劳动者约定服务期的，不影响按照正常的工资调整机制提高劳动者在服务期期间的劳动报酬。

第二十三条　用人单位与劳动者可以在劳动合同中约定保守用人单位的商业秘密和与知识产权相关的保密事项。

对负有保密义务的劳动者，用人单位可以在劳动合同或者保密协议中与劳动者约定竞业限制条款，并约定在解除或者终止劳动合同后，在竞业限制期限内按月给予劳动者经济补偿。劳动者违反竞业限制约定的，应当按照约定向用人单位支付违约金。

第二十五条 除本法第二十二条和第二十三条规定的情形外，用人单位不得与劳动者约定由劳动者承担违约金。

《中华人民共和国劳动法》

第三条 劳动者享有平等就业和选择职业的权利、取得劳动报酬的权利、休息休假的权利、获得劳动安全卫生保护的权利、接受职业技能培训的权利、享受社会保险和福利的权利、提请劳动争议处理的权利以及法律规定的其他劳动权利。

......

2010年修订的《工伤保险条例》

第十四条 职工有下列情形之一的，应当认定为工伤：

（一）在工作时间和工作场所内，因工作原因受到事故伤害的；

（二）工作时间前后在工作场所内，从事与工作有关的预备性或者收尾性工作受到事故伤害的；

（三）在工作时间和工作场所内，因履行工作职责受到暴力等意外伤害的；

（四）患职业病的；

（五）因工外出期间，由于工作原因受到伤害或者发生事故下落不明的；

（六）在上下班途中，受到非本人主要责任的交通事故或者城市轨道交通、客运轮渡、火车事故伤害的；

（七）法律、行政法规规定应当认定为工伤的其他情形。

《中华人民共和国合同法》

第五十二条 有下列情形之一的，合同无效：

（一）一方以欺诈、胁迫的手段订立合同，损害国家利益；

（二）恶意串通，损害国家、集体或者第三人利益；

（三）以合法形式掩盖非法目的；

（四）损害社会公共利益；

（五）违反法律、行政法规的强制性规定。

○ 人才市场招聘会，您去了吗?

随着大学教育在我国的普及，每年的高校毕业生都在急剧增长。据可靠数据显示，2010年中国高校毕业生超过630万，比上年增加近20万，创下历史新高。那么，就业形势可想而知了。大家都通过各种途径来谋生，上网投简历、去人才市场招聘会、靠朋友的介绍等。您的简历是否已石沉大海?

💬情景再现

> 一个周末，小王带着自己的简历去了一家正规的人才市场招聘会，被一家公司看中。公司要求小王下周一去公司面试。到了公司后，小王觉得这家公司规模还行，于是签订了一份培训协议书，交了1500元作为押金。可培训期结束后，公司以小王培训成绩不合格为由，要与他解除劳动关系，并不归还押金1500元。小王同意解除劳动关系，但是要求该公司支付培训期间的工资及自己所交的押金。但这些都被该公司以培训不合格为由扣除。据记者采访，这家公司去正规人才市场招聘会吸引更多人，目的是巧立名目，骗取各种押金、报名费、体检费等。

✏️律师提醒

上述案例中，该公司很显然是通过正规的人才市场招聘会的形式，一来为公司企业形象作了宣传，二来招人骗取各种费用。该公司不仅侵犯了小王获得劳动报酬的权利，而且扣除小王的押金的行为违反了《劳动合同法》的相关规定。

《劳动法》第3条规定，劳动者享有平等就业和选择职业的权利、取得劳动报酬的权利、休息休假的权利、获得劳动安全卫生保护的权利、接受职业技能培训的权利、享受社会保险和福利的权利、提请劳动争议处理的权利以及法律规定的其他劳动权利。

该法第77条规定，用人单位与劳动者发生劳动争议，当事人可以依法申请调解、仲裁、提起诉讼，也可以协商解决。

调解原则适用于仲裁和诉讼程序。

该法第79条规定，劳动争议发生后，当事人可以向本单位劳动争议调解委员会申请调解;调解不成，当事人一方要求仲裁的，可以向劳动争议仲裁委员会申请仲裁。当事人一方也可以直接向劳动争议仲裁委员会申请仲裁。对仲裁裁决不服的，可以向人民法院提出诉讼。

《劳动合同法》第9条规定，用人单位招用劳动者，不得扣押劳动者的居民身份证和其他证件，不得要求劳动者提供担保或者以其他名义向劳动者收取财物。

由上述法条可知，获得劳动报酬和提请劳动争议处理是劳动者的基本权利，用人单位不得以任何理由逃避责任，侵犯劳动者的合法权益，否则会受到法律的制裁。当用人单位与劳动者发生劳动争议时，劳动者可以依法申请调解、仲裁、提起诉讼，也可以协商解决。有关机关解决劳动争议，应当根据合法、公正、及时处理的原则，依法维护劳动争议当事人的合法权益。用人单位在招用劳动者时，不得要求劳动者提供担保或者以其他名义向劳动者收取财物，即押金条款是无效条款。根据《劳动法》的有关规定，小王可以先和该公司协商，协商不成的，可以向该公司的劳动争议调解委员会申请调解；如果该公司没有劳动争议调解委员会，小王可以直接向劳动争议仲裁委员会申请仲裁；若对仲裁裁决不服，可以向人民法院起诉。向相关单位提请劳动争议处理是劳动者的基本权利。

🔍 陷阱防范

上述案例中的陷阱是一些用人单位利用劳动者求职心切的心理，采用各种手段向劳动者收取各种财物。因此，劳动者在选择就业单位时应慎重，不能盲目求职，否则可能会赔了夫人又折兵，工资得不到，连押金也打了水漂。在确定了去哪家公司上班时，劳动者应当与用人单位签订一份正式的劳动合同；在确定劳动合同内容不违反法律的禁止性规定后，在自愿、平等、协商一致的原则下签订。对于劳动合同必备的条款，劳动者应事先与用人单位协商好后载入劳动合同中，以便日后发生劳动争议时有理有据。

⚓ 法条链接

《中华人民共和国劳动法》

第三条　劳动者享有平等就业和选择职业的权利、取得劳动报酬的权利、休息休假的权利、获得劳动安全卫生保护的权利、接受职业技能培训的权利、享受社会保险和福利的权利、提请劳动争议处理的权利以及法律规定的其他劳动权利。

……

第七十七条　用人单位与劳动者发生劳动争议，当事人可以依法申请调解、仲裁、提起诉讼，也可以协商解决。

调解原则适用于仲裁和诉讼程序。

第七十八条 解决劳动争议，应当根据合法、公正、及时处理的原则，依法维护劳动争议当事人的合法权益。

第七十九条 劳动争议发生后，当事人可以向本单位劳动争议调解委员会申请调解；调解不成，当事人一方要求仲裁的，可以向劳动争议仲裁委员会申请仲裁。当事人一方也可以直接向劳动争议仲裁委员会申请仲裁。对仲裁裁决不服的，可以向人民法院提出诉讼。

《中华人民共和国劳动合同法》

第九条 用人单位招用劳动者，不得扣押劳动者的居民身份证和其他证件，不得要求劳动者提供担保或者以其他名义向劳动者收取财物。

○ 用人单位总是拖延与劳动者签订劳动合同，这样对自己好吗？

目前，一些用人单位为了逃避自己的责任而拖延、拒绝与劳动者签订劳动合同的现象不胜枚举。他们总以为这样不把一些事情说明白，主动权就在他们这边，劳动者就不敢太嚣张，只能顺从。对于工资，他们想发就发，想扣就扣。他们的劳动纪律也是一些霸王条款，动辄罚款，却没有奖励。这样的用人单位以为自己得了便宜，其实不然。

💬**情景再现**

某医药器械公司招聘业务人员多名，后因公司业务繁忙一直没有与业务人员签订劳动合同。不久该医药器械公司接到西北一家医院（以下称"西北医院"）的电话，对方称医院与医药器械公司签订了购买二十万元医药器械的合同，合同到期但医药器械公司一直没有履行合同。该医药器械公司的业务范围只是在东北地区，从来没有开拓过西北地区的市场，公司总经理认为这当中一定有问题。后经调查了解得知，该医药器械公司新招聘的业务人员利用公司的业务章与西北医院签订购销合同，现在该业务人员已经携10万元现金外逃。医院主张其有理由相信和证明该合同是业务人员代表该医药器械公司签订的。由于没有和该业务人员签订劳动合同，医药器械公司没有具体的人员信息，更没有追索的证据。

律师提醒

《劳动法》和《劳动合同法》是劳动者与用人单位之间的桥梁，既保护劳动者，也保护用人单位。实践中有很多用人单位认为如果不与劳动者签订劳动合同，要是劳动者发生什么事故，用人单位也不用负责。其实不然。我国《劳动法》规定，用人单位故意拖延不订立劳动合同的，由劳动行政部门责令改正；对劳动者造成损害的，应当承担赔偿责任。如果劳动者工作中出了事故，受到损害，用人单位的赔偿责任与有无签订劳动合同没有关系，只要有实际的劳动关系存在，用人单位就难辞其咎。

在本案中，从某医药器械公司的情况来看，用人单位不与劳动者签订劳动合同是冒险行为。医药器械公司业务人员有公司的业务章，西北医院有理由相信该业务人员合法代表该医药器械公司，与其签订的销售合同是有效的。如果公司与业务人员签订了劳动合同，因为有合同的约束业务人员就不敢如此大胆，事情出现后，公司也就有相关证据对其进行追索。实际操作中，用人单位应该认清劳动合同对双方的保护性。与劳动者签订合法劳动合同，既能安抚、保护劳动者，也能保护用人单位自身的合法权益。由于该医药器械公司的业务员携款潜逃的行为已经触犯了《中华人民共和国刑法》（以下简称《刑法》），所以该公司应该立即报案，进入司法程序，同时要求民事赔偿。

《劳动合同法》第10条规定，建立劳动关系，应当订立书面劳动合同。已建立劳动关系，未同时订立书面劳动合同的，应当自用工之日起一个月内订立书面劳动合同。用人单位与劳动者在用工前订立劳动合同的，劳动关系自用工之日起建立。

《劳动法》第98条规定，用人单位违反本法规定的条件解除劳动合同或者故意拖延不订立劳动合同的，由劳动行政部门责令改正；对劳动者造成损害的，应当承担赔偿责任。

由此可知，劳动合同是确定用人单位与劳动者之间权利和义务关系的书面凭证。用人单位应当与劳动者签订劳动合同，否则，由劳动行政部门责令改正。对劳动者造成损害的，用人单位还应当承担赔偿责任。

🔍 陷阱防范

上述案例中，很显然是该用人单位为了规避责任，而遭受了无法取证的损害后果。这对该用人单位来说是个教训，值得借鉴。用人单位最好的防范措施就是与劳动者签订劳动合同，明确双方的权利和义务，这样追究起责任来也有理有据。

⚓ 法条链接

《中华人民共和国劳动合同法》

第七条　用人单位自用工之日起即与劳动者建立劳动关系。用人单位应当建立职工名册备查。

第十条　建立劳动关系，应当订立书面劳动合同。

已建立劳动关系，未同时订立书面劳动合同的，应当自用工之日起一个月内订立书面劳动合同。

用人单位与劳动者在用工前订立劳动合同的，劳动关系自用工之日起建立。

《中华人民共和国劳动法》

第九十八条　用人单位违反本法规定的条件解除劳动合同或者故意拖延不订立劳动合同的，由劳动行政部门责令改正；对劳动者造成损害的，应当承担赔偿责任。

○　企业停产，工人暂时放假，您觉得这样好吗？

在经历了一段长时间的紧张工作并完成了一个订单后，您可能已经疲惫了。上班族们总期望着假期的到来，但同时又不想耽搁赚钱。但是他们在现实生活中是否真的可以如愿以偿呢？

💬 情景再现

某服装来料加工厂由于厂里没有接到订单，处于停工停产阶段，领导通知机修班组的10名工人在家休息半个月，半个月后，厂里又通知继续休息半个月。这下把机修工人给乐坏了，他们以为休假的愿望可以实现了。休息一个月后，厂里陆续通知机修工人到厂工作。到月底领工资时，厂总经理对机修工人说，你们这一个月根本就没有工作，工资可以不发。机修工人认为工厂停产不是他们的原因，厂里应该按时给他们发工资。双方为此争论不休。

📎 律师提醒

在上述案例中，该加工厂的做法就是一种推卸责任的行为。

根据《工资支付暂行规定》第12条的规定，非因劳动者原因造成单位停工、停产在一个工资支付周期内的，用人单位应按劳动合同规定的标准支付劳动者工资。超过一个工资支付周期的，若劳动者提供了正常劳动，则支付给劳动者的劳动报酬不得低于当地的最低工资标准；若劳动者没有提供正常劳动，应按国家有关规定办理。所谓工资支付周期就是用人单位按照国家的法律支付给劳动者工资的间隔，实行月薪制的用人单位的工资支付周期就是一个月。

上述案例中，该加工厂是月底领工资，说明其工资支付周期也是一个月。该服装加工厂由于厂里没有接到订单处在停工停产阶段，机修工人休息在家并不是自己的原因，但一个月内他们没有提供正常的劳动，所以应经工会或职代会协商确定职工领取的生活费标准，而并非没有工资。

可知，非因劳动者的原因造成单位停工、停产的，劳动者即使放假在家，也是可以得到工资的。

🔍 陷阱防范

上述案例看起来并不太像是陷阱，但还是要提醒劳动者，在您遇到这样的纠纷时，应该学会维护自己的合法权益，比如与工会协商；协商不成，可以申请仲裁；对仲裁裁决不服的，可以向人民法院起诉。

🔌 法条链接

《工资支付暂行规定》

第十二条 非因劳动者原因造成单位停工、停产在一个工资支付周期内的，用人单位应按劳动合同规定的标准支付劳动者工资。超过一个工资支付周期的，若劳动者提供了正常劳动，则支付给劳动者的劳动报酬不得低于当地的最低工资标准；若劳动者没有提供正常劳动，应按国家有关规定办理。

○ 生活中的高薪是供不应求，还是供过于求呢？

现代人的"铁饭碗"已经被市场经济打破了，再也没有一劳永逸的事了。大家都在为了生活得更好而忙碌着、奔波着。有句俗话说，钱不是万能的，但没有钱是万万不行的。这句话可能听起来很俗，但有时我们也是为了生计。经济基础决定上层建筑嘛！找工作，要高薪；买衣服要名牌，也需要高薪。求职中，那些高薪的工作总是难逃人们的法眼。可是，生活中的高薪是供不应求，还是供过于求呢？

情景再现

中专毕业后，小李一直在家闲着，一直在找工作，但一直也没有找到合适的。一天，小李接到一家摄影公司的面试通知。对方称，只要中专学历，工资一个月8000元。一直酷爱摄影的小李高兴得手舞足蹈。于是，精心打扮了一番后，小李自己一个人去面试了。对方只说了在某一座大厦，也没有说具体的地址。小李到了那座大厦后给该公司打电话，人家说，现在公司那边的总经理不在，你来公司的分部吧！小李在那人的指导下，不知不觉来到了一家宾馆。不过这家宾馆的二楼好像工作单位还挺多。小李找到了该摄影公司面试后，对方就与小李签订了一份合同，合同内容是让小李拍摄一些自然风景画。但是当小李签合同时，他们早已调了包。小李怎么也不会知道自己签的是一份拍色情片的合同。

律师提醒

上述案例中，该公司是采用高薪招聘的形式来吸引人，以"假合同"的形式留住人，然后再以"真合同"的方式强制人。该公司这种做法是完全违背《劳动合同法》的。

《劳动合同法》规定，订立劳动合同，应当遵循合法、公平、平等自愿、协商一致、诚实信用的原则。该公司是以欺诈的方法，使劳动者在违背其真实意思的情况下签订劳动合同。根据我国法律的规定，以欺诈、胁迫的手段或者乘人之危，使对方在违背真实意思的情况下订立或者变更劳动合同的，该合同无效或部分无效。本案中，该摄影公司违背了平等自愿、协商一致、诚实信用的原则，采取欺诈方式与小李签订的劳动合同为无效。

🔍 **陷阱防范**

为避免遇到像上述案例中的陷阱，劳动者在签订劳动合同时，一是要审查用人单位是否有从事相关经营的资格、资质、履约能力、信用等级等。二是要审查与您签合同的工作人员是否有该用人单位的授权，保存对方的授权委托书复印件。三是要注意劳动合同形式。《劳动合同法》规定，建立劳动关系，应当订立书面劳动合同。四是要注意劳动合同的内容。

我国法律规定：劳动合同应当具备以下条款：

1. 用人单位的名称、住所和法定代表人或者主要负责人；

2. 劳动者的姓名、住址和居民身份证或者其他有效身份证件号码；

3. 劳动合同期限；

4. 工作内容和工作地点；

5. 工作时间和休息休假；

6. 劳动报酬；

7. 社会保险；

8. 劳动保护、劳动条件和职业危害防护；

9. 法律、法规规定应当纳入劳动合同的其他事项。

劳动合同除前款规定的必备条款外，用人单位与劳动者可以约定试用期、培训、保守秘密、补充保险和福利待遇等其他事项。

在现实生活中，劳动者求职还是要去一些正规的公司。签订合同时，劳动者应仔细阅读合同条款，明确双方当事人的权利和义务，这样可以避免上当受骗。

⚡ **法条链接**

《中华人民共和国劳动合同法》

第三条 订立劳动合同，应当遵循合法、公平、平等自愿、协商一致、诚实信用的原则。

依法订立的劳动合同具有约束力，用人单位与劳动者应当履行劳动合同约定的义务。

第二十六条 下列劳动合同无效或者部分无效：

（一）以欺诈、胁迫的手段或者乘人之危，使对方在违背真实意思的情况下订立或者变更劳动合同的；

（二）用人单位免除自己的法定责任、排除劳动者权利的；

（三）违反法律、行政法规强制性规定的。

对劳动合同的无效或者部分无效有争议的，由劳动争议仲裁机构或者人民法院确认。

○ 口头承诺，您信吗？

大学生毕业之前，总会有很多企业去学校招聘。针对大学生急于毕业找工作的心理，一些企业使出了他们特有的招数来欺骗单纯善良的大学生，比如"口头承诺"。口头承诺这个问题属于《合同法》调整的范围。在实务处理上说，只有双方都认可的口头承诺才具有法律效力。倘若产生纠纷，为使口头承诺具有法律效力，可提供相关证据，例如与本案无利害关系的人证、录音带等物证，这样口头承诺才具有法律效力。很明显，当双方发生纠纷时，在对方不认可的情形下，另一方如果提供不出相关的证据来证明口头承诺的内容属双方的真实意思表示，那么该口头承诺就不具有法律效力。

💬情景再现

　　某年某月某日，某市某所大学的10名学生集体到广东一家化工企业做化验师。当时，该企业给学生的口头承诺是月薪5000元，外加年终分红；工作满1年，分房；工作满3年，配车。所有人都认为这几个学生遇到了天上掉馅饼的好事。这10人没有和该企业签订任何的书面合同就去了广东。

　　到了广东之后，急于求成的学生们草率地与该企业签订了工作合同。1个月之后，所有人都大呼上当。他们的月薪确实是定在了5000元，但是在工作中他们经常违反合同上的"霸王条款"，例如迟到一次罚款300元，在食堂吃饭，剩饭、剩菜罚款100元。结果，大家1个月工作下来，扣掉各种罚款，实际发到手里只有可怜的三四百元钱。学生集体反抗，说要辞职不干了。该企业拿出工作合同，要求每个学生交8000元的违约金。学生说，在学校谈的时候可不是这么说的。该企业则请学生拿出证据来。众学生默然。

📎 **律师提醒**

上述案例中，该化工企业就是利用学生的单纯，以口头许诺的形式给他们下了一个圈套。该化工企业是想利用大学生的知识，却又想逃避对他们许诺的高薪。该化工企业制定的规章制度不符合《劳动合同法》的相关规定。该化工厂的罚款规定明显不符合实际，而且化工厂在制定劳动规章制度的时候也没有与工会或职工代表协商，这是不合法的。

《劳动合同法》第4条规定，用人单位应当依法建立和完善劳动规章制度，保障劳动者享有劳动权利、履行劳动义务。用人单位在制定、修改或者决定有关劳动报酬、工作时间、休息休假、劳动安全卫生、保险福利、职工培训、劳动纪律以及劳动定额管理等直接涉及劳动者切身利益的规章制度或者重大事项时，应当经职工代表大会或者全体职工讨论，提出方案和意见，与工会或者职工代表平等协商确定。在规章制度和重大事项决定实施过程中，工会或者职工认为不适当的，有权向用人单位提出，通过协商予以修改完善。用人单位应当将直接涉及劳动者切身利益的规章制度和重大事项决定公示，或者告知劳动者。

由上述法条可知，用人单位在制定、修改或者决定有关劳动报酬、劳动纪律等涉及劳动者切身利益的规章制度或重大事项时，应当经职工代表大会或者全体职工讨论，提出方案和意见，与工会或职工代表平等协商确定。法律规定，在规章制度和重大事项决定实施过程中，工会或者职工认为不适当的，有权向用人单位提出，通过协商予以修改完善。此外，用人单位应当将直接涉及劳动者切身利益的规章制度和重大事项决定公示，或者告知劳动者。

🔍 **陷阱防范**

为了防范上述案例中的陷阱，大学生在选择工作的时候最好能通过正规的途径，事先了解好与该公司有关的一些事实。求职者在与用人单位洽谈的过程中，应当就工资、保险、加班等事宜进行明确，写进合同中。对于合同中有霸王条款的，应当慎重。一旦发现用人单位侵犯自己在劳动中的合法权益，求职者要敢于维护自己的合法权益，并要通过正确的途径，不得使用非法形式。否则，不但维权不能成功，自己反而有可能触犯法律。

⚕ **法条链接**

《中华人民共和国劳动合同法》

第四条 用人单位应当依法建立和完善劳动规章制度，保障劳动者享有劳动权利、履行劳动义务。

用人单位在制定、修改或者决定有关劳动报酬、工作时间、休息休假、劳动安全卫生、保险福利、职工培训、劳动纪律以及劳动定额管理等直接涉及劳动者切身利益的规章制度或者重大事项时，应当经职工代表大会或者全体职工讨论，提出方案和意见，与工会或者职工代表平等协商确定。

在规章制度和重大事项决定实施过程中，工会或者职工认为不适当的，有权向用人单位提出，通过协商予以修改完善。

用人单位应当将直接涉及劳动者切身利益的规章制度和重大事项决定公示，或者告知劳动者。

○ 公民个人开办的职业介绍所，你尝试过吗？

在外地找工作，劳动部门和非劳动部门开办的职业介绍所往往对求职者的要求较高，大部分的求职者可能找不到合适的工作。所以一些公民个人开办的职业介绍所就很有吸引力，毕竟去那地方的人少。有时候，那里对求职者的要求并不算高，而且求职者可以进一些好的用人单位，可能也花不了多少中介费。一些不法分子正是利用了这一点从中渔利，骗取求职者的钱财。

💬**情景再现**

有一次，小阳在本地劳动职业介绍所找了一份工作。和他一起的有13个人，他们到了山东青岛后进了即墨市的一家韩资电子厂。不久后，小阳和另外几个人受不了电子厂费眼的工作，于是辞职了。小阳心想，这附近都是厂子，出去了肯定不会饿肚子。一个月过去了，他们仍然在寻觅着，身上的钱也花得差不多了。小阳就找还在那厂子上班的老乡借了点钱，去了一个私人开办的职业介绍所。由于小阳他们只有18岁，没上过什么学，刚开始职介的人不愿意为他们找，后来交了200元人家才答应。就这样过了两天，职介通知小阳找到工作了，要他第二天带着行李去职介。小阳和他的朋友到了职介后，人家说，想去工作得先办张卡，这卡既是上班卡也是饭卡，就让小阳他们一人交了300元。就这样，小阳他们还没上班，每人已经交了500元，也没开任何的收据。后来，那家职介所再也没有开过门。

📎 律师提醒

上述案例中，该职介所的行为完全是借着帮忙找工作的幌子，给小阳他们设的一个陷阱。该职介所根本没有对劳动者就业和用人单位招聘提供指导和咨询，开展对求职者素质的测试和评价工作，帮助其了解职业状况，掌握求职方法，指导用人单位正确选择招聘方法和执行国家规定的招聘标准，也完全没有依法执行国家有关职介方面的方针、政策，更没有向任何用人单位推荐小阳他们。这种行为完全违背了国家发展职介的目的，没有尽到任何作为职介的职责，也违反了我国相关的法律法规，应受到法律的制裁。

我国《职业介绍规定》第4条规定，职业介绍必须依法进行，执行国家有关方针、政策。

该法第14条规定，职业介绍机构应向求职者提供职业需求信息、为求职者推荐用人单位。

该法第15条规定，职业介绍机构应向用人单位提供劳动力资源信息、为用人单位推荐求职者。

该法第16条规定，职业介绍机构应对劳动者就业和用人单位招聘提供指导和咨询，开展对求职者素质的测试和评价工作，帮助其了解职业状况，掌握求职方法，指导用人单位正确选择招聘方法和执行国家规定的招聘标准。

该法第17条规定，职业介绍机构应向职业培训和就业训练机构提供职业需求信息，推荐需要培训的人员。

由上述法条可知，职介所在为求职者介绍工作时，应当依法进行，不得违背国家有关方针、政策。该规定第14~17条规定了职介所的职责，主要是对求职者做好就业指导，并向用人单位推荐合适的求职者，要符合国家的就业政策。本案中，该公民个人开办的职介所完全是利用职介的形式欺诈求职者，所以应由劳动行政部门处以罚款，并赔偿小阳他们的损失。

🔍陷阱防范

对于上述案例中的陷阱，大家要注意的有三点：其一，找工作不可急于求成，这样会被一些不法职介所利用。其二，别相信任何在一般条件下不可能办到的事情，如只要交一点手续费，他们可以帮忙办成。遇到这样的情形，求职者不可以轻易去相信，做事情要三思后行。这样，上当受骗的几率应该可以少点。其三，当不幸遇到这样的黑中介的时候，智取是关键。事后要运用法律武器维护自己的合法权益。这既是保护自己，同时也是保护他人，用自己的亲身经历为更多的人提个醒。

⚑ 法条链接

《职业介绍规定》

第四条 职业介绍必须依法进行，执行国家有关方针、政策。

第十四条 职业介绍机构应向求职者提供职业需求信息，为求职者推荐用人单位。

求职者是指到职业介绍机构进行求职登记的城镇失业人员、需要转换职业的在职职工和农村剩余劳动力及其他人员。

第十五条 职业介绍机构应向用人单位提供劳动力资源信息、为用人单位推荐求职者。

第十六条 职业介绍机构应对劳动者就业和用人单位招聘提供指导和咨询，开展对求职者素质的测试和评价工作，帮助其了解职业状况，掌握求职方法，指导用人单位正确选择招聘方法和执行国家规定的招聘标准。

第十七条 职业介绍机构应向职业培训和就业训练机构提供职业需求信息，推荐需要培训的人员。

第三十六条 对在职业介绍活动中有欺诈行为的，由劳动行政部门处以相当于其非法所得五至十倍的罚款；构成犯罪的，依法追究其刑事责任；对求职者造成损害的，还应承担赔偿责任。

○ 新技工的试用期，您觉得多长时间合适？

对于一个初学者来说，有技术含量的工作，需要的适应时间会相对长一些。新技工的培训期往往被一些用人单位当作是廉价劳动力的使用时期。他们一般根据新技工的学习掌握情况来确定试用期的长短。这样合法吗？

💬情景再现

> 某公司招聘技工2名，因为考虑到技工从事的工作比较特殊，要经过老师傅长时间的培训和指导，因此招聘启事中声明，因技工工作性质特殊，其试用期设定为5个月，合同期限为3年。但是，由于这2名技工在试用期间无法熟练操作，该公司将合同内容变更，约定试用期再延长5个月。这2名技工认为，虽然自己现在还不能熟练操作，但是跟刚开始相比已经熟练了很多，不能再忍受将试用期延长。

📎律师提醒

上述案例中用人单位的试用期陷阱在现实生活中是普遍存在的。该用人单位侵犯了2名技工的合法权益，违反了我国相关法律对劳动者试用期期限的规定。

试用期是指用人单位和劳动者双方相互了解、确定对方是否符合自己的招聘条件或求职条件而约定的考察期。对用人单位而言，试用是供用人单位考察劳动者是否适合其工作岗位的一项制度，给企业考察劳动者是否与录用要求相一致的时间，避免用人单位遭受不必要的损失。对劳动者而言，在劳动合同中约定试用期，可以维护新招收职工的利益，使被录用的职工有时间考察了解用人单位的工作内容、劳动条件、劳动报酬等是否符合劳动合同的规定。在劳动合同中规定试用期，既是订立劳动合同双方当事人的权利与义务，同时也为劳动合同其他条款的履行提供了保障。但试用期期限的长短要符合法律的规定。我国《劳动法》第19条规定，试用期最长不得超过6个月。而且，同一用人单位与同一劳动者只能约定一次试用期。

此外，该条还进一步作了详细的规定：劳动合同期限3个月以上不满1年的，试用期不得超过1个月；劳动合同期限1年以上不满3年的，试用期不得超过2个月；3年以上固定期限和无固定期限的劳动合同，试用期不得超过6个月。本案中，该公司将试用期延长5个月，完全不符合法律的规定。该公司应当根据自己的具体情况设定合理试用期，不能因技工工作性质特殊就违法约定试用期。

🔍 陷阱防范

为了防范上述案例中的陷阱，劳动者在与用人单位签订劳动合同时，应当将试用期明确记载在合同中。用人单位不得根据试用期阶段劳动者的表现来自行决定试用期的长短，而应该按照我国法律规定的试用期来规范劳动者的试用期期限。劳动合同内容变更应当按照我国《劳动合同法》第35条的规定，用人单位与劳动者协商一致，可以变更劳动合同约定的内容。变更劳动合同，应当采用书面形式。变更后的劳动合同文本由用人单位和劳动者各执一份。

本案中，该用人单位并未与2名技工商量，而是采取自行变更，然后以通知的形式告知，这种做法是不合法的。况且，该用人单位延长两名技工试用期的行为违反了我国法律规定。劳动者在接到一些用人单位不合理的试用期规定的时候，应与用人单位协商；协商不成的，要敢于拿起法律武器维护自己的合法权益。

⚡ 法条链接

《中华人民共和国劳动合同法》

第十九条 劳动合同期限三个月以上不满一年的，试用期不得超过一个月；劳动合同期限一年以上不满三年的，试用期不得超过二个月；三年以上固定期限和无固定期限的劳动合同，试用期不得超过六个月。

同一用人单位与同一劳动者只能约定一次试用期。

……

第三十五条 用人单位与劳动者协商一致，可以变更劳动合同约定的内容。变更劳动合同，应当采用书面形式。

变更后的劳动合同文本由用人单位和劳动者各执一份。

○ 企业的"密薪制"，是否成为员工心中最大的疑惑？

现在，几乎所有的企业都采取"密薪制"，这似乎值得我们去反思。透明可以一目了然，而保密似乎加了一层神秘。到底"密薪"的背后，是否真的在侵犯着劳动者的合法权益？

情景再现

> 某绢花生产公司与新来的工人刘某签订劳动合同，约定由公司包吃包住，每月工资700元。刘某工作2个月后听说全厂就他工资最低，很多人的工资都一千多。刘某很不服气：大家做一样的工作，凭什么自己的工资就这么低。他向公司提出增加工资。公司总经理表示，这一次招收的工人中只有他一个人在本市没有住处，公司要解决其吃住问题，公司包吃包住的成本折合起来是300元，由刘某个人承担100元。新来的工人发的都是试用期工资，是正式职工的80%。正式工的基本工资都是1000元。如果把实际发的700元加上扣发的100元，就是800元。这完全符合法律规定。

律师提醒

上述案例中的情形是很多用人单位采用的伎俩。在这种陷阱中，该绢花生产公司与刘某在签订合同时违反了《劳动合同法》的规定，没有如实告知劳动者劳动报酬。这不符合我国《工资支付暂行规定》中规定的工资发放形式以及我国《关于工资总额组成的规定》关于工资构成和禁止列入工资总额范围的规定。

工资是指用人单位依据国家有关规定和劳动关系双方的约定，以货币形式支付给员工的劳动报酬。劳动者付出了劳动，用人单位必须给劳动者支付工资。对劳动者包吃包住属于用人单位给予职工的福利，用人单位不能将此计算在工资之内。用人单位通过贴补伙食、住房等支付给劳动者的非货币性收入亦不包括在工资内。因此公司总经理的说法有错误，不能以包吃包住为理由扣发员工工资，而应给刘某实际工资800元，不应当扣发100元。该公司总经理关于刘某是新来的工人，发的试用期工资是正式职工80%的说法，合乎我国《劳动合同法》的规定。正式职工的基本工资都是1000元，刘某的工资就应当是800元。

《劳动合同法》第8条规定，用人单位招用劳动者时，应当如实告知劳动者工作内容、工作条件、工作地点、职业危害、安全生产状况、劳动报酬，以及劳动者要求了解的其他情况；用人单位有权了解劳动者与劳动合同直接相关的基本情况，劳动者应当如实说明。

《工资支付暂行规定》第5条规定，工资应当以法定货币支付。不得以实物及有价证券替代货币支付。

《关于工资总额组成的规定》第4条规定："工资总额由下列六个部分组成：

（一）计时工资；

（二）计件工资；

（三）奖金；

（四）津贴和补贴；

（五）加班加点工资；

（六）特殊情况下支付的工资。"

同时，该规定第11条规定，下列各项不列入工资总额的范围：……（二）有关劳动保险和职工福利方面的各项费用；……

由上述法条可知，用人单位在与劳动者签订劳动合同时，必须如实告知劳动者与劳动者相关的情况。而且，用人单位支付工资必须以法定货币支付，不得以实物及有价证券替代货币支付，不得违反法律的禁止性规定。

🔍陷阱防范

为了防范上述案例中的陷阱，劳动者在事后发现自己的工资存在不合理或不合法时，可以和用人单位就工资事项进行协商。根据我国《工资支付暂行规定》第19条的规定：劳动者与用人单位因工资支付发生劳动争议的，当事人可依法向劳动争议仲裁机关申请仲裁。对仲裁裁决不服的，可以向人民法院提起诉讼。

⚓ 法条链接

《中华人民共和国劳动合同法》

第八条　用人单位招用劳动者时，应当如实告知劳动者工作内容、工作条件、工作地点、职业危害、安全生产状况、劳动报酬，以及劳动者要求了解的其他情况；用人单位有权了解劳动者与劳动合同直接相关的基本情况，劳动者应当如实说明。

《工资支付暂行规定》

第五条　工资应当以法定货币支付。不得以实物及有价证券替代货币支付。

第十九条　劳动者与用人单位因工资支付发生劳动争议的，当事人可依法向劳动争议仲裁机关申请仲裁。对仲裁裁决不服的，可以向人民法院提起诉讼。

《关于工资总额组成的规定》

第四条　工资总额由下列六个部分组成：

（一）计时工资；

（二）计件工资；

（三）奖金；

（四）津贴和补贴；

（五）加班加点工资；

（六）特殊情况下支付的工资。

第十一条 下列各项不列入工资总额的范围：

（一）根据国务院发布的有关规定颁发的发明创造奖、自然科学奖、科学技术进步奖和支付的合理化建议和技术改进奖以及支付给运动员、教练员的奖金；

（二）有关劳动保险和职工福利方面的各项费用；

（三）有关离休、退休、退职人员待遇的各项支出；

（四）劳动保护的各项支出；

（五）稿费、讲课费及其他专门工作报酬；

（六）出差伙食补助费、误餐补助、调动工作的旅费和安家费；

（七）对自带工具、牲畜来企业工作职工所支付的工具、牲畜等的补偿费用；

（八）实行租赁经营单位的承租人的风险性补偿收入；

（九）对购买本企业股票和债券的职工所支付的股息（包括股金分红）和利息；

（十）劳动合同制职工解除劳动合同时由企业支付的医疗补助费、生活补助费等；

（十一）因录用临时工而在工资以外向提供劳动力单位支付的手续费或管理费；

（十二）支付给家庭工人的加工费和按加工订货办法支付给承包单位的发包费用；

（十三）支付给参加企业劳动的在校学生的补贴；

（十四）计划生育独生子女补贴。

○ 员工的社会保险，企业可以任意改变其缴纳形式吗？

根据我国《劳动合同法》的相关规定，在用人单位与劳动者签订劳动合同时，社会保险条款是劳动合同条款中的必备条款。所以说，用人单位应当为劳动者缴纳社会保险。此外，我国法律还明确规定了用人单位应当自用工之日起30日内为其职工向社会保险经办机构申请办理社会保险登记。

💬情景再现

> 　　某代理公司只有12名员工，公司招聘时，老板一再承诺会为过试用期员工缴纳社会保险。但由于人数太少，加上办理社保的手续相对复杂一些，该公司就以现金的方式将公司应该缴纳的社会保险金发放给员工。公司还建议员工，如果想缴纳社会保险的话，可以申请缴纳自由职业社保。

📎律师提醒

　　上述案例中的陷阱中，该代理公司老板是以口头许诺的形式欺骗劳动者的。该公司不为劳动者缴纳社会保险的行为，违反了《中华人民共和国社会保险法》（以下简称《社会保险法》）的相关规定。根据该法的规定，用人单位应当自用工之日起30日内为其职工向社会保险经办机构申请办理社会保险登记；未办理社会保险登记的，由社会保险经办机构核定其应当缴纳的社会保险费。

　　社会保险是为保障职工在丧失劳动能力和失业时的基本生活设立的一种保障制度。它是在劳动者退休、生病医疗、失业期间所享受的一种国家规定的福利待遇，属于职工在特殊情况下的一种权益保障。职工和单位都有按国家规定缴纳社会保险费的义务，如果没按规定缴纳各项社会保险费用，必然影响到职工能否领取养老金、能否享受医疗保险待遇，其他如失业、生育、工伤保险待遇等也将相应受到损害。

　　在现实生活中，我们常说的"社保"即指"五险一金"，五险即养老保险、医疗保险、失业保险、生育保险和工伤保险；一金即住房公积金。具体单位和个人承担的比例是住房公积金按照个人全年平均工资计算，不低于工资的10%，效益好的单位可以高些，职工和单位各承担50%；养老保险单位承担20%，个人承担8%；医疗保险单位承担6%，个人2%；失业保险单位承担2%，个人1%；生育保险1%全由单位承担；工伤保险0.8%，也是全由单位承担，职工个人不承担生育和工伤保险。企业缴纳的社保费用一部分进入统筹基金账户，其中有一部分划入个人账户。社保统筹费用涉及国家、企业、个人三方的权益，企业不能将其折合成现金支付给员工。该代理公司也并未告知员工工资中的哪一部分属于社保费用，更有故意侵犯员工合法权益之嫌。通过这种方式来逃避缴费义务不仅是不诚信的行为，而且是违法的。

🔍陷阱防范

　　为了防范上述案例中的陷阱，首先劳动者应当在签订劳动合同时与用人单位约定好，如果用人单位不履行合同约定的事项，劳动者可以告其违约，并要求获得赔偿或者解除劳动合同。其次，劳动者还应当向社会保险行政部门举报。根据《社会保险法》的规定，用人单位不办理社会保险登记的，由社会保险行政部门责令限期改正；逾期不改正的，对用人单位处应缴社会保险费数额1倍以上3倍以下的罚款，对其直接负责的主管人员和其他直接责任人员处500元以上3000元以下的罚款。

↓ 法条链接

《中华人民共和国劳动合同法》

第十七条 劳动合同应当具备以下条款：

（一）用人单位的名称、住所和法定代表人或者主要负责人；

（二）劳动者的姓名、住址和居民身份证或者其他有效身份证件号码；

（三）劳动合同期限；

（四）工作内容和工作地点；

（五）工作时间和休息休假；

（六）劳动报酬；

（七）社会保险；

（八）劳动保护、劳动条件和职业危害防护；

（九）法律、法规规定应当纳入劳动合同的其他事项。

劳动合同除前款规定的必备条款外，用人单位与劳动者可以约定试用期、培训、保守秘密、补充保险和福利待遇等其他事项。

《中华人民共和国劳动法》

第七十条 国家发展社会保险事业，建立社会保险制度，设立社会保险基金，使劳动者在年老、患病、工伤、失业、生育等情况下获得帮助和补偿。

第七十二条 社会保险基金按照保险类型确定资金来源，逐步实行社会统筹。用人单位和劳动者必须依法参加社会保险，缴纳社会保险费。

《中华人民共和国社会保险法》

第五十八条 用人单位应当自用工之日起三十日内为其职工向社会保险经办机构申请办理社会保险登记。未办理社会保险登记的，由社会保险经办机构核定其应当缴纳的社会保险费。

......

第八十四条 用人单位不办理社会保险登记的，由社会保险行政部门责令限期改正；逾期不改正的，对用人单位处应缴社会保险费数额一倍以上三倍以下的罚款，对其直接负责的主管人员和其他直接责任人员处五百元以上三千元以下的罚款。

○ 话费补助是无条件的吗？

根据我国法律的规定，劳动者就与用人单位发生的劳动争议可以提请劳动仲裁部门仲裁；对仲裁裁决不服的，可以在有效期限内向人民法院起诉。但是，在劳动合同解除一年半后，劳动者是否还可以通过上述办法要回企业没有兑现的补助呢？

💬情景再现

> 　　方某是某商贸公司的员工，他在职期间约定每月工资为600元，奖金按每月的工作业绩提成。同时，双方还约定，每月给方某补助话费100元，在合同解除后一次性付清。方某工作能力一般，看到他人每月工资都是好几千，而他只有可怜的600元，工作积极性不高。方某在该商贸公司工作半年后提出辞职，退出该公司。但是在离职时，该公司却以方某工作不突出为由不予补助。方某离职一年半后到当地劳动争议仲裁委员会提请仲裁，认为当时商贸公司合同中约定的每月给方某的100元通话费没有实际到位。他要求商贸公司补发他600元的话务补贴。

📎律师提醒

上述案例中，该公司给方某每月补助话费100元其实是有条件的，但是在签订劳动合同时却没有明确，目的就是在解除劳动合同后不予支付。但是，既然在签订合同时该公司没有指出任何条件，在支付条件成立后就应当支付。根据《劳动合同法》第30条的规定，用人单位应当按照合同的约定，向劳动者及时足额支付劳动报酬。用人单位拖欠或者未足额支付劳动报酬的，劳动者可以依法向当地人民法院申请支付令，人民法院应当依法发出支付令。所以说，该公司应当承担对方某的话费补助。但是，根据我国法律的相关规定，就劳动争议而申请仲裁的有一定的时效。仲裁时效是指权利人向仲裁机构请求保护其权利的法定期限，也即权利人在法定期限内没有行使权利，即丧失提请仲裁以保护其权益的权利。在我国，错过仲裁时效，当事人即丧失胜诉权，其合法权益将得不到保护。《中华人民共和国劳动争议调解仲裁法》（以下简称《劳动争议调解仲裁法》）第27条规定，劳动争议申请仲裁的时效期间为一年。……劳动关系存续期间因拖欠劳动报酬发生争议的，劳动者申请仲裁不受本条第一款规定的仲裁时效期间的限制；但是，劳动关系终止的，应当自劳动关系终止之日起一年内提出。方某离职一年半以后才提起仲裁，要求公司补发600元话务补贴，已经过了仲裁时效，其合法权益得不到法律的支持和保护。

🔍 陷阱防范

在上述案例中，该公司成功地达到了自己的目的，但并不是根据其所说的理由，而是由于方某提请仲裁过了仲裁期限。所以说，在现实生活中，当您的合法权益受到侵害时，一定要及时行使请求国家保护的权利。否则，过了时效，在法律上就视为您放弃追究责任的权利了。

🔌 法条链接

《中华人民共和国劳动合同法》

第三十条 用人单位应当按照劳动合同约定和国家规定，向劳动者及时足额支付劳动报酬。

用人单位拖欠或者未足额支付劳动报酬的，劳动者可以依法向当地人民法院申请支付令，人民法院应当依法发出支付令。

《中华人民共和国劳动争议调解仲裁法》

第二十七条 劳动争议申请仲裁的时效期间为一年。仲裁时效期间从当事人知道或者应当知道其权利被侵害之日起计算。

前款规定的仲裁时效，因当事人一方向对方当事人主张权利，或者向有关部门请求权利救济，或者对方当事人同意履行义务而中断。从中断时起，仲裁时效期间重新计算。

因不可抗力或者有其他正当理由，当事人不能在本条第一款规定的仲裁时效期间申请仲裁的，仲裁时效中止。从中止时效的原因消除之日起，仲裁时效期间继续计算。

劳动关系存续期间因拖欠劳动报酬发生争议的，劳动者申请仲裁不受本条第一款规定的仲裁时效期间的限制；但是，劳动关系终止的，应当自劳动关系终止之日起一年内提出。

○ 招聘招来个"假学历"。

招聘通常由用人标准及人数确定、信息传播、交流沟通、考核考评、比较选择、试用、录用等构成。用人者制订招聘计划，并通过一定方式对被用者予以录取。在现实生活中，用人单位给求职者设的陷阱比较普遍。但是，求职者会给用人单位设置陷阱吗？不同的学历当然会有不同的薪资，所以，有一些求职者为了拿到高工资不惜伪造学历与用人单位签订劳动合同，以此来达到自己的目的，但毕竟好景不长，这总会有东窗事发的一天。假学历不仅侵害了用人单位的利益，同时也伤害了持假学历者自身的利益，造成两败俱伤的双输结果。更令人担忧的是，这种风气对社会信用构成了极大的威胁，形成互不信任、人人自危的局面，造成了于民族、国家、团体、个人均不利的尴尬局面。

💬 情景再现

2007年3月，某经贸公司通过一家职业介绍中心，聘得持有某财经大学文凭的张某为该公司销售经理。双方于2007年4月订立劳动合同，合同约定销售经理的月薪为2500元，合同期限至2009年4月止。

2008年5月，该经贸公司查实张某所持的某财经大学文凭是假冒的，遂决定通知张某，从2008年6月1日起解除双方于2007年4月所签订的劳动合同。嗣后，该经贸公司对张某2008年5月份工资仅支付了一半。张某不服，遂向劳动仲裁委员会提起仲裁。张某同意解除劳动合同，但坚持认为双方所订劳动合同已实际履行是有效的，公司应全额支付2008年5月份工资，并要求该经贸公司给付经济补偿金2500元。

📎 律师提醒

本案中，张某使用假学历与该经贸公司签订了销售经理一职、月薪为2500元、合同期限为两年的合同，违反了我国法律的强制性规定，违背了订立劳动合同的基本原则——诚实信用原则，属欺诈行为。张某通过欺诈使用人单位陷入错误认识，违背了用人单位的真实意思，因此双方所订立的劳动合同无效。尽管双方所签订的劳动合同是无效的，但张某已付出劳动，作为用人单位的某经贸公司应当向劳动者张某全额支付最后一个月的劳动报酬。但经济补偿金于法无据，不应支付。本案劳动合同无效，应从订立时起就没有法律约束力，也就是从一开始就在法律上对双方当事人无约束力。无约束力并不意味着用人单位无需支付劳动者已付劳动的报酬。《劳动合同法》第28条规定，劳动合同被确认无效，劳动者已付出劳动的，用人单位应当向劳动者支付劳动报酬。故某经贸公司应向张某全额支付最后一个月工资。因劳动合同无效，张某关于提前解除劳动合同的经济补偿金便没有任何法律依据。故对张某经济补偿的请求依法不应支持。

陷阱防范

对于本案中的陷阱防范，有一些用人单位的人力资源管理者说，他们曾在招聘时遇到这样的事情。两位拿着名牌大学学历的应聘者吸引了他们，由于公司急等着用人，加上没有经验，当时用人单位未作太多审查就聘用了他们。上岗一段时间用人单位才意外发现，两个人全是"水货"。目前，由于缺乏全国联网的个人学历系统，企业要快速证实应聘者学历真伪需要费不少周折。为此，许多招聘单位的负责人呼吁，为了减少假学历的干扰，在人才流动日益提速的今天，应尽快建立人才信用体系。假学历之风不仅是求职者的原因造成的，市场的压力、用人单位招人门槛的抬高、就业局势的紧张等因素也在无形中促使着求职者去造假。所以，在复杂的环境中，希望大家都能树立诚信意识，增强诚信观。这样才能从根本上防止假学历之风。

法条链接

《中华人民共和国劳动合同法》

第二十六条 下列劳动合同无效或者部分无效：

（一）以欺诈、胁迫的手段或者乘人之危，使对方在违背真实意思的情况下订立或者变更劳动合同的；

（二）用人单位免除自己的法定责任、排除劳动者权利的；

（三）违反法律、行政法规强制性规定的。

对劳动合同的无效或者部分无效有争议的，由劳动争议仲裁机构或者人民法院确认。

第二十八条 劳动合同被确认无效，劳动者已付出劳动的，用人单位应当向劳动者支付劳动报酬。劳动报酬的数额，参照本单位相同或者相近岗位劳动者的劳动报酬确定。

第三章 一般经济合同中的陷阱

○ 老客户之间往来的合同，不必仔细阅读就可以签字吗？

老客户是一种信用财富。对于老客户，我们会像相信国家免检产品一样放心。老客户可能已经从客户的身份转为朋友的身份，转为事业的伙伴。对于老客户，我们可能更在乎他们的信誉，而不仅仅是利益。但是，做生意嘛，讲究个"以防万一"。俗话说，不怕一万，就怕万一。所以，对待老客户之间往来的合同，应该像对待一般合同一样仔细、认真、一丝不苟。

💬情景再现

> 某模具公司是某生产设备供应商的老客户。他们之间签订了一份买卖合同，在合同中，双方约定只要货到就付款。但是生产设备供应商已经将该模具公司所要的设备交付，却迟迟不见该模具公司付款，严重影响了其生产，造成了损失。生产设备供应商没有办法，只得拉下脸面派人与该模具公司商议，但该模具公司就是不付款。最后，生产设备供应商将该模具公司诉至法院。在法院受理案子对双方签订的合同进行审查时，发现他们签的所谓货到付款的合同，不是"货"到付款，而是"贷"到付款。对此，该生产设备供应商负责人傻眼了。他认为模具公司的老板是他的老客户了，在签订买卖合同时并没有仔细阅读合同就签字了。

📎律师提醒

上述案例中的陷阱，完全是该模具公司以老客户身份设的一个文字陷阱。该模具公司认为自己没有违反合同，他们的理解是：我们约定的是"贷"到付款，但是目前我公司资金周转不灵，在银行贷不到款，所以才迟迟未付款，我们并没有违约。但是，《合同法》规定，当事人行使权利、履行义务应当遵循诚实信用原则。该模具公司违反了诚实信用的原则，采取故意隐瞒的方式，使对方在违背真实意思的情况下签订了买卖合同。这在合同法上被称作有瑕疵的合同，是可变更或可撤销的合同。

合同双方当事人在签订合同时，应当遵循诚实信用的原则，不得以欺诈的方式与对方在违背其真实意思的情况下签订合同。在一方使用了故意隐瞒的方式使对方产生误解的情况下签订的合同给对方当事人造成损害的应当承担损害赔偿责任，对方还有权请求人民法院或者仲裁机构变更或撤销。当事人请求变更的，人民法院或者仲裁机构不得撤销。

⚲ 陷阱防范

为了防范上述案例中的陷阱，在签订合同时，不管是新客户，还是老客户，您在作出意图产生法律后果的行为时都应当慎重，仔细阅读合同内容，明确双方当事人之间的权利和义务。如果产生合同纠纷，合同所载的内容就是有力的证据。

此外，您在签订合同的时候应一视同仁，不能因为是老客户就粗心大意。

⚡ 法条链接

《中华人民共和国合同法》

第六条 当事人行使权利、履行义务应当遵循诚实信用原则。

第四十二条 当事人在订立合同过程中有下列情形之一，给对方造成损失的，应当承担损害赔偿责任：

（一）假借订立合同，恶意进行磋商；

（二）故意隐瞒与订立合同有关的重要事实或者提供虚假情况；

（三）有其他违背诚实信用原则的行为。

第五十四条 下列合同，当事人一方有权请求人民法院或者仲裁机构变更或者撤销：

（一）因重大误解订立的；

（二）在订立合同时显失公平的。

一方以欺诈、胁迫的手段或者乘人之危，使对方在违背真实意思的情况下订立的合同，受损害方有权请求人民法院或者仲裁机构变更或者撤销。

当事人请求变更的，人民法院或者仲裁机构不得撤销。

○ 担保人可以随便为人担保吗?

为促进资金融通和商品流通,保障债权的实现,发展社会主义市场经济,1995年6月30日我国第八届全国人民代表大会常务委员会第十四次会议通过了《中华人民共和国担保法》(以下简称《担保法》)。该法规定,在借贷、买卖、货物运输、加工承揽等经济活动中,债权人需要以担保方式保障其债权实现的,可以依法设定担保。可见,担保在我国是有专门法来规范的,担保人在为债务人提供担保时应遵照该法。

💬情景再现

2010年7月13日,张某向李某借款30万元。当时签了借款合同,由张某分期付款,利息每月4000元,由张某工厂的一些生产设备作抵押。当年10月,张某跑了,其工厂被法院拍卖,钱付给工人当作工资了,向李某借的款没有还。我跟张某是好朋友,合同上我是担保人。于是,李某找我还钱。我给张某作担保的时候,也没想到能让我还钱。要早知道这样,我不会给他担保。

📎律师提醒

本案中,张某逃跑这样一个事实对于担保人来说是一个陷阱。在现实生活中,有很多人由于不懂法,在做出一个法律行为时往往是很盲目的。因为他不知道做出这样的行为后会承担什么样的后果。而一些借款人往往是利用了这一点,在借到钱后不顾一切地逃跑,把所有的责任都留给担保人来承担。其实,这对于借款人来说并不是一件好事。因为法律迟早会惩罚这样的人,这是法的公平公正精神。

《担保法》第6条规定,本法所称保证,是指保证人和债权人约定,当债务人不履行债务时,保证人按照约定履行债务或者承担责任的行为。

该法第21条规定,保证担保的范围包括主债权及利息、违约金、损害赔偿金和实现债权的费用。保证合同另有约定的,按照约定。当事人对保证担保的范围没有约定或者约定不明确的,保证人应当对全部债务承担责任。

该法第31条规定,保证人承担保证责任后,有权向债务人追偿。

由上述法条可知,担保人在为他人提供担保时,要明确自己的责任。当债务人不履行债务时,保证人应该按照约定履行债务或者承担责任。当担保人在承担责任后,可以向债务人追偿。在本案中,张某的朋友——"我"是要承担还款责任的,但是"我"还款后,可以向张某追偿。

陷阱防范

《中华人民共和国公司法》（以下简称《公司法》）上对企业破产清算有一个顺序。公司财产依次用于支付清算费用、职工工资和劳动保险费用，缴纳所欠税款，清偿公司债务。本案中张某的工厂在支付完工人工资后，没有剩余资产了，债权人只能向担保人要求履行债务。但是根据《担保法》第32条规定，人民法院受理债务人破产案件后，债权人未申报债权的，保证人可以参加破产财产分配，预先行使追偿权。可知，担保人可以在债权人未申报债权的情况下参加破产财产分配。这样可以为以后自己所担保的债务履行支付义务，可以减少担保所承担的风险。

法条链接

《中华人民共和国担保法》

第二条　在借贷、买卖、货物运输、加工承揽等经济活动中，债权人需要以担保方式保障其债权实现的，可以依照本法规定设定担保。

……

第六条　本法所称保证，是指保证人和债权人约定，当债务人不履行债务时，保证人按照约定履行债务或者承担责任的行为。

第二十一条　保证担保的范围包括主债权及利息、违约金、损害赔偿金和实现债权的费用。保证合同另有约定的，按照约定。

当事人对保证担保的范围没有约定或者约定不明确的，保证人应当对全部债务承担责任。

第三十一条　保证人承担保证责任后，有权向债务人追偿。

第三十二条　人民法院受理债务人破产案件后，债权人未申报债权的，保证人可以参加破产财产分配，预先行使追偿权。

《中华人民共和国公司法》

第一百八十七条　清算组在清理公司财产、编制资产负债表和财产清单后，应当制定清算方案，并报股东会、股东大会或者人民法院确认。

公司财产在分别支付清算费用、职工的工资、社会保险费用和法定补偿金，缴纳所欠税款，清偿公司债务后的剩余财产，有限责任公司按照股东的出资比例分配，股份有限公司按照股东持有的股份比例分配。

……

○ 碍于情面为好朋友担保，这种做法对吗？

自从《担保法》颁布以来，我国担保制度就走上了法制化的轨道。随着我国经济的发展以及人们法制观念的增强，我国的担保制度已经趋于成熟，且在不断地发展。在现实生活中，当我们在为他人提供担保的时候，要明确自己的责任；考虑好自己的风险后，再为别人提供担保，以免上当受骗；不要只是碍于情面就为好朋友担保。

💬情景再现

2007年8月9日，一家工厂的负责人孙先生由于资金周转不灵做出借款决定。在一次聚会上，孙先生认识了某知名化肥厂的老总张某。但迫于没有深交，孙先生始终无法开口借钱。后经朋友李某的介绍，孙先生从张某个人那里借款50万元，迫于朋友的情面，李某做了担保人。但让李某出乎意料的是：在同年8月15日，孙先生便将工厂转手，尔后不知去向。这样，张某便理所当然地向李某要求还清欠款50万元。李某拿出50万元替孙先生还了款，但却给自己的独资企业带来了经济困难。其实，孙先生和张某不过是为了想出国而共同给李某设了个局。

📎律师提醒

本案中，孙先生和张某的做法是合谋骗取李某50万元。这对于李某来说是一个圈套。债权债务合同的双方当事人串通骗取保证人提供担保的行为违反了我国《担保法》，在法律上保证人是不承担民事责任的。同时，《合同法》中也有明确的规定，双方当事人恶意串通损害第三人利益的合同为无效合同。根据《合同法》第58条，合同无效或者被撤销后，因该合同取得的财产，应当予以返还；不能返还或者没有必要返还的，应当折价补偿。有过错的一方应当赔偿对方因此所受到的损失，双方都有过错的，应当各自承担相应的责任。

本案中，孙先生和张某签订的合同为无效合同。这种债务人和债权人相互串通骗取担保人提供担保的行为在法律上是无效的，担保人可以不承担民事责任。这是《担保法》第30条明确规定的。在《合同法》中规定，债权债务合同为主合同，担保合同为从合同。由于主合同的双方当事人恶意串通共同损害第三人的利益，为无效合同。主合同无效，当然从合同也就无效了，担保人就不用承担民事责任了。由于李某拿出50万元给自己厂子带来了经济困难，造成了一定的损失，孙先生和张某应当承担赔偿责任。

🔍 陷阱防范

上述案例中，李某完全是被孙先生和张某骗了。为了防范这种担保诈骗的案例，担保人在做出担保决定时，应该对债务人的信誉以及债权人的信誉做出考量，并对他们所签订的借款合同进行认真研究，在确保自己的合法权益不受侵害的情况下再给债务人作担保。所以当您为他人提供担保的时候，一定要仔细考量，切不可因碍于情面，就草率地为朋友担保；这样不仅会给自己带来风险，而且也有可能被好朋友利用。

⚓ 法条链接

《中华人民共和国担保法》

第二十八条 同一债权既有保证又有物的担保的，保证人对物的担保以外的债权承担保证责任。

债权人放弃物的担保的，保证人在债权人放弃权利的范围内免除保证责任。

第三十条 有下列情形之一的，保证人不承担民事责任：

（一）主合同当事人双方串通，骗取保证人提供保证的；

（二）主合同债权人采取欺诈、胁迫等手段，使保证人在违背真实意思的情况下提供保证的。

《中华人民共和国合同法》

第五十二条 有下列情形之一的，合同无效：

（一）一方以欺诈、胁迫的手段订立合同，损害国家利益；

（二）恶意串通，损害国家、集体或者第三人利益；

（三）以合法形式掩盖非法目的；

（四）损害社会公共利益；

（五）违反法律、行政法规的强制性规定。

第五十八条 合同无效或者被撤销后，因该合同取得的财产，应当予以返还；不能返还或者没有必要返还的，应当折价补偿。有过错的一方应当赔偿对方因此所受到的损失，双方都有过错的，应当各自承担相应的责任。

○ "加工手套，免费培训，全部回收，在家轻松赚大钱"是真的吗？

一些招聘报纸上常会有一些加工承揽类的工作。承揽方推出大量的"优惠"信息，比如免费培训，全部回收，不限制工作时间，不限制工作地点，每人每天平均可以赚到250～300元等。当这些信息疯狂散播的时候，工商部门受理的投诉案例也在大幅度增加。可见，这对于加工方来说是具有相当大的挑战性的。所以，当您抱着想在家轻松赚钱的念头去接单子的时候千万要慎重，否则可能会竹篮打水一场空。

💬情景再现

报纸上有一个广告称：加工手套，免费培训，全部回收，在家轻松赚大钱。这对于暑假在家的大学生小红和小明来说，无疑可以给他们拮据的生活减轻一些负担。于是，他们来到了指定地点，签订了一份加工合同，交了1000元押金，还瞒着父母借了3000元租赁编织机器和购买毛线。在一个暑假里，他们兄妹俩辛辛苦苦地按照定作方的要求加工手套，但交货时却被一次次拒绝。之后，小红和小明才发现，该定作方卖给他们的毛线是高价品，租给他们的机器根本就是使用相当困难的机器，致使他们不能在有限的时间里完成定作方所提出的数量和质量要求。

✒️律师提醒

本案中，很明显定作方的真实目的并不是想要让承揽方按照自己的要求加工出合格的手套，而根本就是利用加工合同，高价卖出毛线和收取租金。定作方规定了在一定的期限内生产的手套的数量和质量，根本就是想让加工方违约，以此来逃避退还押金的责任。

该定作方使用欺诈的手段使大学生小红和小明在违背其真实意思的情形下所签订的加工合同是可以撤销或变更的，被撤销的合同自始没有法律效力。根据我国《合同法》第58条规定，合同无效或者被撤销后，因该合同取得的财产，应当予以返还；不能返还或者没有必要返还的，应当折价补偿。有过错的一方应当赔偿对方因此所受到的损失，双方都有过错的，应当各自承担相应的责任。所以，该定作方应当返还小红和小明的财产，而且还应当赔偿他们因此所受的损失。

🔍 **陷阱防范**

上述案例中的定作方是采取假定作的方式高价卖毛线和赚取破旧机器的使用费，扣留承揽方的押金。对于像这样的定作方，承揽方在签订合同时，应仔细审查该定作方的资质、资信以及厂方规模等与企业有关的一些信息，确定为合法企业后，再进行进一步的协商。这是避免上当受骗的前提条件。在签订合同后，承揽人应当及时对定作人提供的材料以及技术要求进行检验，发现不合格的，应当及时通知定作人更换或者改进以减少损失。

⚡ **法条链接**

《中华人民共和国合同法》

第五十四条 下列合同，当事人一方有权请求人民法院或者仲裁机构变更或者撤销：

（一）因重大误解订立的；

（二）在订立合同时显失公平的。

一方以欺诈、胁迫的手段或者乘人之危，使对方在违背真实意思的情况下订立的合同，受损害方有权请求人民法院或者仲裁机构变更或者撤销。

当事人请求变更的，人民法院或者仲裁机构不得撤销。

第五十八条 合同无效或者被撤销后，因该合同取得的财产，应当予以返还；不能返还或者没有必要返还的，应当折价补偿。有过错的一方应当赔偿对方因此所受到的损失，双方都有错的，应当各自承担相应的责任。

第二百五十六条 定作人提供材料的，定作人应当按照约定提供材料。承揽人对定作人提供的材料，应当及时检验，发现不符合约定时，应当及时通知定作人更换、补齐或者采取其他补救措施。

......

第二百五十七条 承揽人发现定作人提供的图纸或者技术要求不合理的，应当及时通知定作人。因定作人怠于答复等原因造成承揽人损失的，应当赔偿损失。

○ 物流公司与车主协议好运货之后，就可以放心了吗？

物流是指为了满足客户的需求，以最低的成本，通过运输、保管、配送等方式，实现原材料、半成品、成品或相关信息由商品的产地到商品的消费地的计划、实施和管理的全过程。在现代生活中，物流的存在与发展极大方便了人们的生活。但是，目前物流市场也存在极为混乱的一面。有物流公司在经营活动中遇到"黑车"的，还有货车驾驶员上当受骗的。种种骗局陷阱让托运行业中各方都受到不同程度的"创伤"。

情景再现

2009年6月，新疆某物流公司与一车主谈好，运一车价值40万元的羊肉去江西。该物流公司将车辆的行驶证、保险证，以及车主的驾驶证、身份证都进行了验证。但是，13天后货物还没有运到，该物流公司拨打车主留下来的电话号码，结果为暂时无法接通。又过了几天，电话仍是无法接通。后来才发现，该车主的一系列证件均为伪造。

律师提醒

本案中，该车主是利用伪造的证件给物流公司设下了陷阱，致使物流公司遭受了极大的损失。根据《合同法》第311条的规定，承运人对运输过程中货物的毁损、灭失承担损害赔偿责任，但承运人证明货物的毁损、灭失是因不可抗力、货物本身的自然性质或者合理损耗以及托运人、收货人的过错造成的，不承担损害赔偿责任。意思就是，该物流公司在接管货物后，对在运输过程中货物的毁损、灭失承担损害赔偿责任。在本案中，货物的灭失完全是因为物流公司的原因而致使的，所以不存在不可抗力、货物本身的自然性质以及货主和收货人的过错。本案中货主的损害由该物流公司承担。但是，在物流公司承担后，可以通过司法途径对车主进行控告，同时提出附带民事赔偿。

对于货损的赔偿，根据《合同法》第312条的规定，货物的毁损、灭失的赔偿额，当事人有约定的，按照其约定；没有约定或者约定不明确，依照本法第61条的规定（合同生效后，当事人就质量、价款或者报酬、履行地点等内容没有约定或者约定不明确的，可以协议补充；不能达成补充协议的，按照合同有关条款或者交易习惯确定）仍不能确定的，按照交付或者应当交付时货物到达地的市场价格计算。法律、行政法规对赔偿额的计算方法和赔偿限额另有规定的，依照其规定。由此可知，本案中货主的损失为40万元，所以由该物流公司赔偿损失。

🔍 陷阱防范

为了防范上述案例中的陷阱，物流公司在选择配送车时应认真审查车辆的全部证件，其中包括行驶证、车购费、养路费、车辆保险、营运证等，并实地查看是否与车辆的车架号、发动机号相符合；仔细审查车主身份证及驾驶证，并获取驾驶员及车主详细的家庭地址及电话；对于贵重物品必须安排专人押运，还要认真签订运输合同，增加必要约定和违约处理办法。此外，办理货物保险也是规避这类风险的有效途径。

⚱ 法条链接

《中华人民共和国合同法》

第六十一条 合同生效后，当事人就质量、价款或者报酬、履行地点等内容没有约定或者约定不明确的，可以协议补充；不能达成补充协议的，按照合同有关条款或者交易习惯确定。

第三百一十一条 承运人对运输过程中货物的毁损、灭失承担损害赔偿责任，但承运人证明货物的毁损、灭失是因不可抗力、货物本身的自然性质或者合理损耗以及托运人、收货人的过错造成的，不承担损害赔偿责任。

第三百一十二条 货物的毁损、灭失的赔偿额，当事人有约定的，按照其约定；没有约定或者约定不明确，依照本法第六十一条的规定仍不能确定的，按照交付或者应当交付时货物到达地的市场价格计算。法律、行政法规对赔偿额的计算方法和赔偿限额另有规定的，依照其规定。

⭕ 企业联营，要防范合同"圈套"

联营企业指两个及两个以上相同或不同所有制性质的企业法人或事业单位法人，按自愿、平等、互利的原则，共同投资组成的经济组织。在我国，联营分为紧密型联营、半紧密型联营和松散型联营。每一种类型的联营在双方的权利和义务方面都大不相同。所以当您在进行企业联营时，要对自己的权利和义务有一个明确的认识，才不至于在合同中落入对方的圈套。

💬**情景再现**

> 山东某食品加工集团的创始人一直以来都想把生意做到全国去。到目前为止，该集团只有河南还没有自己的销售商。于是，该集团就在河南本地找了一家企业与自己合作。经过双方协商，签订了联营合同，双方合作组成"某某加工企业"。双方签订的合同约定："某某加工企业"的经营管理以山东某食品加工集团为主，河南本地某企业派出一名财务人员及一名管理人员协助管理，由河南本地某企业承担房租费。但河南本地某企业不承担"某某加工企业"的亏损。如"某某加工企业"经营盈利，则由山东某食品加工集团与河南本地某企业按6∶4的比例分享，另由山东某食品加工集团交每月的"保底利润"2万元整。开业后"某某加工企业"一度生意兴隆，双方利润按比例分配。后由于"某某加工企业"违法经营被处罚，内部管理又出现矛盾，造成严重亏损。于是，双方同意终止联营合同，解散"某某加工企业"。但是，双方却因"保底利润"而争执不下，于是诉至法院。

📎**律师提醒**

所谓联营，是企业之间、企业与事业单位之间横向经济联合的一种法律形式。在联营中，联营各方的权利和义务应该是平等的。任何一方以土地使用权、房屋、商标、专利、技术等作为投资条件，无论其条件如何优越，在投资上都应该是平等对待，都要计价折股。当然，对于联营各方以土地使用权、房屋、专利、商标等非资金投资的财产，在计价折股和盈利分成上，可以考虑其对联营特别有价值的一面，通过协商一致，确定一个各方都满意的适当的额度。但是，联营合同中的"保底利润"等条款却是以当事人权利不平等为前提的。双方的联营体"某某加工企业"是双方共同出资，共同经营的一个合作项目，利润共享，则应该风险共担。所谓的"保底条款"是对山东某食品加工集团一方的不公平条款约定，是违反我国民法的公平原则的。依据《最高人民法院关于审理联营合同纠纷案件若干问题的解答》的规定，联营合同中的保底条款，通常是指联营一方虽向联营体投资，并参与共同经营，分享联营的盈利，但不承担联营的亏损责任，在联营体亏损时，仍要收回其出资和收取固定利润的条款。保底条款违背了联营活动中应当遵循的共负盈亏、共担风险的原则，损害了其他联营方和联营体的债权人的合法权益，因此，应当确认无效。联营企业发生亏损的，联营一方依保底条款收取的固定利润，应当如数退出，用于补偿联营的亏损，如无亏损，或补偿后仍有剩余的，剩余部分可作为联营的盈余，由双方重新商定合理分配或按联营各方的投资比例重新分配。

本案中的陷阱就在于双方签订的联营合同中的"保本利润"。为什么说这是一个陷阱呢？因为在双方签订合同时，其中的一方可能就是冲着合同的"保底条款"才愿意签订合同的。另一方就是利用这个条款，在其他方面作出有损于对方的不利条款，比如在利润分配方面采用6：4的方式。这样，最后吃亏的仍然是接受"保底利润"的一方。本案中，山东某食品加工集团是提供"保底利润"的一方，河南本地某企业是接受"保底利润"的一方。双方签订了联营合同，提供保底利润的一方虽然付出了提供"保底利润"的代价，但他知道这没有什么实质性损害。但是对河南本地某企业而言，这则是一个定心丸。河南本地某企业错误地认为，在联营经营中他完全没有经营风险，不管联营体经营是否亏损，他均可以得到利润。而山东某加工集团在合作条件中增加这么一个不切实际的许诺，一是可以吸纳河南省当地的商业企业参与联营经营；二是工厂产品销售盈利后，可保持自己是盈利的大头，取得联营体经营中的主动权；三是单靠其自身在河南本地开办食品加工厂，资金实力不够，风险太大。而将其本应付给对方的房租报酬转变成联营体的对方利润，万一联营体经营亏损，对方也应当承担经济损失。这样他的损失可以降低到最低程度，连房租也不用缴付。相反，河南本地某企业却没有仔细审查合同，在合同签约时中了圈套，走进了法律的误区。到不利结果出现时该企业想依法补过但为时已晚，最后花费了大量的人力、财力求得一个败诉的后果。

🔍 陷阱防范

为了防范本案中的陷阱，在签订联营合同时就不应约定保底条款。因为根据法律的规定，保底条款是无效的，没有实质性的收益。但是，另一方可能会因为这个没有实质性损失的条款，而在其他方面作出对接受保底条款一方不利的约定。这样算下来，对方得到的是实质性的收益，而接受保底条款的一方得到的则是没有实质意义的虚假承诺；最后即便是采取法律办法维权，但也只能落个败诉的结局。

🖋 **法条链接**

《最高人民法院关于审理联营合同纠纷案件若干问题的解答》

四、关于联营合同中的保底条款问题

（一）联营合同中的保底条款，通常是指联营一方虽向联营体投资，并参与共同经营，分享联营的盈利，但不承担联营的亏损责任，在联营体亏损时，仍要收回其出资和收取固定利润的条款。保底条款违背了联营活动中应当遵循的共负盈亏、共担风险的原则，损害了其他联营方和联营体的债权人的合法权益，因此，应当确认无效。联营企业发生亏损的，联营一方依保底条款收取的固定利润，应当如数退出，用于补偿联营的亏损，如无亏损，或补偿后仍有剩余的，剩余部分可作为联营的盈余，由双方重新商定合理分配或按联营各方的投资比例重新分配。

○　合同中的违约金条款，仔细考量过吗？

现实生活中存在着大量的合同欺诈现象。所谓合同欺诈是以订立合同为手段，以非法占有为目的，用虚构事实或隐瞒真相的欺骗方法骗取公私财物的行为。合同欺诈的行为表现为合同当事人一方为了获取非法利益，故意捏造虚假情况，或歪曲、掩盖真实情况，使对方陷入错误认识，并因此作出不合真意的意思表示，订立、履行合同的行为。即一方当事人故意告知对方虚假情况，或者故意隐瞒真实情况，诱使对方当事人作出错误意思表示。正因为在现实生活中存在着大量的合同欺诈现象，所以当您在签订合同时，应认真对合同的内容进行考量，对自己的履约能力进行评估，这样才不至于在付出了辛劳后还得赔偿对方高额的违约金。

💬**情景再现**

　　中国某进出口公司与某国某公司签订了1亿条沙包袋的出口合同，交货期限为合同成立后的3个月内，价格条款为每条1美元，违约金条款为：如合同一方在合同履行期内未能履行合同规定的义务，则必须向另一方支付合同总价3.5%的违约金。中方公司急于扩大出口、赚取外汇，只看到合同利润优厚，未实际估计自己是否有能力履行合同，便与外商订立了合同。实际上中方公司并无在3个月内加工1亿条该类沙包袋的能力。合同期满，中方能够向外方交付的沙包袋数量距1亿条还相差很远。中方无奈，只有将已有的沙包袋向外方交付并与之交涉合同延期。外方态度强硬，以数量不符合同规定为由拒收，并以中方公司违约而要求按合同支付违约金。双方协商未果，最后中方某进出口公司只得向对方支付违约金300多万美元，损失巨大。

📎 律师提醒

本案中，该外国某公司是以合法手段掩盖非法目的，利用合同违约金条款欺诈。该外国某公司与一家中国某进出口公司以签订合同的形式，通过约定高额违约金条款来达到欺诈的目的。该外国公司给中国某进出口公司约定了在一定的期限内根本不可能完成的合同任务量，使对方在合同标的交付期届满时违约而获得高额的违约金。如果该外国某公司接受了中方公司已有的沙包袋并与之交涉可以延期交付的话，就不算是一个陷阱，因为这样的话对双方而言损失已降低到最小。根据《合同法》第52条，本案中中方某进出口公司与某国某公司签订的进出口贸易合同因以合法形式掩盖非法目的，应认定为无效合同。无效的合同自始没有法律约束力。《合同法》第58条规定，合同无效或者被撤销后，因该合同取得的财产，应当予以返还；不能返还或者没有必要返还的，应当折价补偿。有过错的一方应当赔偿对方因此所受到的损失，双方都有过错的，应当各自承担相应的责任。本案中，该外国某公司因合同欺诈从中国某进出口公司骗取了300多万美元，因其与中国某进出口公司所签订的进出口贸易合同已被认定为无效合同，所以，该外国某公司从无效合同中取得的财产300多万美元应当返还给中国某进出口公司。该外国某公司存在过错是不容置疑的，但由于中国某进出口公司在签订进出口合同时，没有对自己的履约能力进行认真的评估，结果被对方利用，因此，在这方面应认定其也存在过错。根据法律的规定，双方都有过错的，应当各自承担相应的责任。

🔍 陷阱防范

由于本案是合同欺诈案，所以提醒大家在签订合同时首先应当做好订立合同的前期准备。审查和了解关系合同是否成立和可行的因素，是订立合同的前提条件。其一，要进行必要的市场调查。有些当事人吃亏上当，就是对市场行情不了解，对市场需求和其他客观条件没有充分地调查。其二，要对签约主体资格进行审查。包括对方是否依法领取营业执照、合法经营范围、履行合同能力及履行合同信用等，以免重蹈覆辙，被没有签约资格的不法分子欺骗。其三，要对合同的内容进行仔细的考评。其四，合同条款要齐全。合同条款是经济合同的内容和核心，是认定合同是否合法有效的重要依据。经济合同，一般主要条款有标的、数量和质量、价款和酬金、履行期限、地点和方式、违约责任，订立合同必须具备这些条款。现实中，抱有不良动机的当事人往往在合同条款上故意缺项，为利用合同行骗制造机会。因此，合同条款一定要齐全，缺一不可。其五，合同条款的表述要具体、准确。合同条款不准确或不具体，是造成合同纠纷或给不法分子以可乘之机的重要方面。防范合同陷阱，特别要注意合同条款的表述。

1. 标的条款的表述。标的条款，应写明产品的名称、牌号、商标、型号、规格、等级，甚至花色等，力求清楚、准确，不能有简略，也不能以为专业人员懂了就行，更不能因双方经济往来频繁，便以"按老规矩办"来订立合同。

2. 产品质量条款的表述。由于产品质量标准没有写清楚造成合同纠纷或被骗的，在经济合同案例中占的比例较大，因此要特别注意。质量的表述，可因买卖方式不同而不同，有的可根据样品表述，有的可按产品规格、型号、等级表述，有的可按产品牌号、商标表述，有的可从产地名称方面表述，不管是哪种方式，都要力求具体准确，不要使用"上好"等不好检验的语言。

3. 数量条款的表述。标的数量是合同的主要条款之一，特别是注意数量的计量单位，要使用国家规定的计量标准和方法，不要使用含糊不清的计量概念，如"一堆"、"一垛"、"一捆"、"一套"、"一箱"等。对以"包"、"箱"、"件"、"打"为单位的货物，应规定每包、每箱、每件、每打的具体数量。更不要用"要多交多少"、"房屋一间"等笼统有弹性的提法。

总之，合同的每一个条款都可能成为合同一方欺诈的手段。合同的当事人可能在合同的标的、数量、质量、价款、履行期限、地点或方式等任何一个方面作文章，然后使合同的另一方违约，从而达到获取高额违约金的目的。要防范违约金条款欺诈，主要措施在于对自己的实际履约能力做到心中有数，在签订合同时能够从自己的实际能力出发，实事求是，不要被表面的优厚利润所迷惑，丧失判断事物的理性。卖方应逐项分析己方履约能力的构成因素，确保能够在合同规定的履约期内完全履行自己的义务。经济合同在经济往来中发挥着重要的作用，也是不法分子图谋的主要方向。只有提高警惕，审慎防范，才不至于陷入圈套。

法条链接

《中华人民共和国合同法》

第五十二条　　有下列情形之一的，合同无效：

（一）一方以欺诈、胁迫的手段订立合同，损害国家利益；

（二）恶意串通，损害国家、集体或者第三人利益；

（三）以合法形式掩盖非法目的；

（四）损害社会公共利益；

（五）违反法律、行政法规的强制性规定。

第五十六条 无效的合同或者被撤销的合同自始没有法律约束力。合同部分无效，不影响其他部分效力的，其他部分仍然有效。

第五十八条 合同无效或者被撤销后，因该合同取得的财产，应当予以返还；不能返还或者没有必要返还的，应当折价补偿。有过错的一方应当赔偿对方因此所受到的损失，双方都有过错的，应当各自承担相应的责任。

○ 不法分子的违法活动，连中国联通都骗了。

中国联通和移动经常会搞一些优惠活动，虽然我们不知道在这些优惠活动的背后隐藏了什么，但是，只要能使老百姓获得真正优惠的活动就是好活动。他们在推出某项优惠活动时，经过了严格的规划以及对成本的估算、对风险进行控制，但是，也难免在有些时候因为或多或少的差错没有评估到位，或者在实践中某个环节出了问题，出现了被一些不法分子利用的现象，给自己造成了不小的损失。

💬情景再现

2002年9月份，中国联通河南省焦作市分公司推出了"预交部分手机话费，并提供个人身份证明、单位担保，即可租用一部CDMA手机，使用两年后，该手机即可归己"的优惠活动。2002年9月至11月1日被告人曹佳佳按照联通公司的优惠活动办法，先是预付联通公司所要求的部分电话费（一部手机预付1000元到2000元不等的话费），同时用虚构的注册单位做担保，与焦作联通公司大客户部签订了租用手机的协议。签订完合同之后，曹佳佳先后租得不同品牌的CDMA手机50余部，其中20余部未遂。租得之后将手机倒卖给同村的丁某，从中谋利。2002年10月22日至30日，被告人马彬、马刚知道联通公司的这项优惠措施之后，也采取了同样的办法，预付了联通公司要求的部分电话费，之后也用虚构的注册单位做担保，与焦作联通公司大客户部签订了租用手机的协议。签订完合同之后，马彬和马刚租得联通公司焦作分公司的CDMA手机99部，随后用较低的价格将其倒卖给同村的丁某，获得巨额利润。仅在2002年下半年，联通公司焦作分公司就损失近百万元。

📎律师提醒

人民法院在审理本案时认为，被告人曹佳佳、马彬、马刚与联通公司签订协议租用手机的目的是将手机转卖出去，从中获利，而不是履行合同，使用手机，故从目的上可以看出被告人具有非法占有手机的故意。他们所使用的手段是冒用他人的名义，提供虚假的担保，骗取联通公司手机。其中被告人曹佳佳诈骗数额为人民币65 190元，被告人马彬、马刚诈骗数额为人民币153 550元，均数额巨大。被告人曹佳佳、马彬、马刚的行为均构成合同诈骗罪。被告人丁某明知是诈骗所得的手机，而予以收购，其行为构成掩饰、隐瞒犯罪所得罪。

从合同诈骗罪的构成要件讲，首先，同类客体上，被告人的行为直接破坏了国家对合同的管理制度，严重地扰乱了市场经济秩序；直接客体上，被告人的行为严重侵犯了联通公司的合法权益。其次，客观行为上，被告人在签订合同时以虚构的单位为担保，隐瞒事实真相，获取对方的信任，诈骗手机近百部。再次，主观方面上，被告人具有诈骗的故意，主观恶意性显而易见。最后，主体上，被告人是完全刑事责任能力人，应当对其犯罪行为负全部责任。此外，从被告人的犯罪目的上看，被告人的行为是以非法占有为目的，且欲倒手获得更多的非法利益。在合同诈骗罪里，非法占有的目的是其重要的构成要件，本案中被告人非法占有联通公司CDMA手机的目的十分明显，因此构成合同诈骗罪，应受到法律的制裁。

🔍陷阱防范

为了防范本案中的陷阱，联通公司在搞优惠活动之前，要及时对自己推出的优惠活动进行一个全方位的规划，找出其中的漏洞，防止被一些不法分子利用。

对参与人的身份证明、提供的单位担保应进行实质性的审查，不能草率了事。只获得参与人的部分话费就给予对方手机的行为，是对风险的忽视和对不法分子猖狂行为的纵容。结果，虽然犯罪分子受到了应有的惩罚，但毕竟自己的损失再也无法挽回了。

🔌 **法条链接**

《中华人民共和国刑法》

第二百二十四条 有下列情形之一，以非法占有为目的，在签订、履行合同过程中，骗取对方当事人财物，数额较大的，处三年以下有期徒刑或者拘役，并处或者单处罚金；数额巨大或者有其他严重情节的，处三年以上十年以下有期徒刑，并处罚金；数额特别巨大或者有其他特别严重情节的，处十年以上有期徒刑或者无期徒刑，并处罚金或者没收财产：

（一）以虚构的单位或者冒用他人名义签订合同的；

（二）以伪造、变造、作废的票据或者其他虚假的产权证明作担保的；

（三）没有实际履行能力，以先履行小额合同或者部分履行合同的方法，诱骗对方当事人继续签订和履行合同的；

（四）收受对方当事人给付的货物、货款、预付款或者担保财产后逃匿的；

（五）以其他方法骗取对方当事人财物的。

......

第二百六十四条 盗窃公私财物，数额较大的，或者多次盗窃、入户盗窃、携带凶器盗窃、扒窃的，处三年以下有期徒刑、拘役或者管制，并处或者单处罚金；数额巨大或者有其他严重情节的，处三年以上十年以下有期徒刑，并处罚金；数额特别巨大或者有其他特别严重情节的，处十年以上有期徒刑或者无期徒刑，并处罚金或者没收财产。

○ 经济合同条款陷阱防不胜防。

合同条款是合同条件的表现和固定化，是确定合同当事人权利和义务的根据。就法律文书而言，合同的内容是指合同的各项条款。因此，合同条款应当明确、肯定、完整，而且条款之间不能相互矛盾，否则将影响合同成立、生效和履行以及实现订立合同的目的。所以，准确理解条款含义有重要意义。

💬 **情景再现**

2004年2月，河南郑州市的甲公司向广西南宁的乙公司购买了一套车床加工设备（价值78万元）。双方约定，甲公司向乙公司预付货款15%，甲公司提货时付款50%，余款在设备安装调试半月后付给乙公司，由乙公司代办托运。设备运送到郑州后，经多次安装调试均不能正常运转。2005年7月，甲公司无奈向郑州某法院起诉，乙公司主张郑州法院对该案没有管辖权，应当由乙公司所在地法院审理。郑州法院经2个月的审理，裁定该案应由广西南宁某法院（乙公司所在地法院）审理。2005年10月，广西南宁某法院判决乙公司违约，退还甲公司货款并赔偿损失若干。乙公司不服判决，上诉至该地中级人民法院。案件审理过程中，乙公司债权人向法院申请乙公司破产。

律师提醒

在本案中，甲公司与乙公司签订的合同中有如下几方面对甲公司不利：①设备交付方式；②款项支付方式。合同约定的交货地点、交货方式以及货款的支付方式应当以尽量减少当事人的风险为主要的风险控制指标。根据《合同法》规定，货物的交货地点是合同的履行地，是货物风险发生转移的地点。合同履行地也是确定法院受案管辖的依据。在不同的交货方式下，交货地点是不同的。在上述案例中，合同约定的交货方式是在乙公司所在地交货。这样，甲公司就要承担货物的在途风险。当双方发生法律纠纷，按照《中华人民共和国民事诉讼法》（以下简称《民事诉讼法》）的规定，甲公司要到乙公司所在地的法院打官司，这对甲公司是极为不利的。同时，在本案中，款项条款也是对甲公司不平等的。因为在尚未确定乙公司货物是否合格的情况下就支付了货款总额的65%。在此情况下，合同存在着乙公司预期违约的极大的风险。甚至该合同也有可能成为乙公司的欺诈工具。

陷阱防范

为了防范本案中合同条款的陷阱，当事人在签订合同时应当严格审查合同的各项条款，保证重要条款的完备，尤其是要特别注意其中隐藏的风险。如果有条件的话，当事人在签订合同时可以委托律师从法律上进行审查，这样可以避免合同的另一方当事人钻了法律的空子，从而使合同的一方当事人受欺诈，在错误的认识下签订了所谓"公平"的合同。根据合同诈骗的特点，为了防止对方利用合同条款来弄虚作假，应该严格审查合同各项条款，以便使合同权利义务关系规范、明确和便于履行。并且应特别注意合同的重要条款。

合同的重要条款，一般包括：

1. 货物质量标准；

2. 货物价格；

3. 交货时间；

4. 交货地点；

5. 交货和验货方式（交货凭证签字、验货时间）；

6. 付款方式（现金、转账、汇票）；

7. 发票开出时间（是付款前开出发票还是付款后开出发票）。

上述重要条款的约定要力求表达得清晰、明确、完整、不厌其烦，决不能含混不清、残缺不全或者模棱两可，给合同以后的履行埋下隐患。

实践无数次证明，合同越简单，风险越大。如果客户抱怨合同内容过于复杂，并因此拒绝签订合同，只能说明该客户管理素质较差或该客户有欺骗的嫌疑。

⚓ 法条链接

《中华人民共和国合同法》

第十二条　合同的内容由当事人约定，一般包括以下条款：

（一）当事人的名称或者姓名和住所；

（二）标的；

（三）数量；

（四）质量；

（五）价款或者报酬；

（六）履行期限、地点和方式；

（七）违约责任；

（八）解决争议的方法。

当事人可以参照各类合同的示范文本订立合同。

第一百四十二条　标的物毁损、灭失的风险，在标的物交付之前由出卖人承担，交付之后由买受人承担，但法律另有规定或者当事人另有约定的除外。

《中华人民共和国民事诉讼法》

第二百六十五条　因合同纠纷或者其他财产权益纠纷，对在中华人民共和国领域内没有住所的被告提起的诉讼，如果合同在中华人民共和国领域内签订或者履行，或者诉讼标的物在中华人民共和国领域内，或者被告在中华人民共和国领域内有可供扣押的财产，或者被告在中华人民共和国领域内设有代表机构，可以由合同签订地、合同履行地、诉讼标的物所在地、可供扣押财产所在地、侵权行为地或者代表机构住所地人民法院管辖。

○　经济合同的对方当事人在签订合同后是否真的会履行合同？

经济合同的整个过程包括合同订立前、订立、履行等过程，任何一个过程中都有可能发生不可预料的法律风险。如何把握住这些风险，并在具体执行的过程中予以防范，是合同订立人和履行人应当考虑的问题。

💬情景再现

被告人张某在担任山东某图书销售公司（该公司虽注册为股份制私营企业，但工商登记注册资金100万元根本不存在）总经理期间，在明知公司没有实际履行能力的情况下，于2005年12月15日同陕西某图书策划公司签订价值315万元的《商品买卖合同》。为使陕西某图书策划公司按合同规定发货，张某于2005年12月26日交付了预付款40万元，诱使陕西某图书策划公司于2006年1月6日、1月9日和3月4日三次将总价值315万元的图书全部发运。山东某图书销售公司收货后仅于2006年3月18日付款30万元，先后共付款70万元，尚欠245万元没有偿付。于是，陕西某图书策划公司法定代表人周某将其诉至法院，要求其支付剩余欠款245万元。

📎律师提醒

本案法院在审理时认为，被告人张某以非法占有为目的，以签订合同为手段，明知没有实际履行能力，骗取对方当事人财物数额特别巨大，其行为构成合同诈骗罪，依照《刑法》第224条第1款第（3）项之规定，以合同诈骗罪判处被告人罗某有期徒刑14年，并处罚金10万元。

所谓合同诈骗罪是指以非法占有为目的，在签订、履行合同的过程中，骗取对方当事人的财物，数额较大的行为。本罪侵犯的客体是经济合同管理秩序和公私财物的所有权；在客观方面，表现为在签订、履行合同的过程中骗取对方当事人财物，数额较大的行为。合同诈骗罪在主观方面表现为直接故意，并且具有非法占有公私财物的目的。非法占有既包括意图本人对非法所得的占有，也包括意图为单位或者第三人对非法所得的占有。行为人往往是先以真实身份骗取对方当事人的信任，在合同签订后，行为人没有履行合同的诚意，坐等对方当事人履约上当，从而使诈骗目的得逞。被告张某知道其公司没有履约能力，其与原告陕西某图书策划公司签订合同之时根本就没有打算履行合同。为了取得原告的信任，达到骗取财物的目的，被告人张某亲自预付陕西某图书策划公司40万元货款。原告相信了被告，即按合同约定把全部货物发送给被告所在的公司。被告张某接到原告300多万元的货物后，不给付被害人货款，使被害人的权利不能实现。纵观本案，被告张某签订合同就是为了骗取被害人的货物，实现其单位非法占有被害人财物的目的。因此，其行为构成合同诈骗罪。

陷阱防范

订立合同是一件技术要求高、风险也很大的经营行为。无论对于合同的效力，还是履约能力或陷阱条款，企业及经营者都可能因缺乏经验而难以准确进行把握。只有充分借助法律专业人员，才能更好地预防合同纠纷，如让法律专业人员参与合同的签订，或委托公证、鉴证机关进行公证或鉴证。当然，最直接也最普遍的方法是聘请律师进行咨询解决或向公司常年法律顾问求助。

法条链接

《中华人民共和国刑法》

第二百二十四条 有下列情形之一，以非法占有为目的，在签订、履行合同过程中，骗取对方当事人财物，数额较大的，处三年以下有期徒刑或者拘役，并处或者单处罚金；数额巨大或者有其他严重情节的，处三年以上十年以下有期徒刑，并处罚金；数额特别巨大或者有其他特别严重情节的，处十年以上有期徒刑或者无期徒刑，并处罚金或者没收财产：

（一）以虚构的单位或者冒用他人名义签订合同的；

（二）以伪造、变造、作废的票据或者其他虚假的产权证明作担保的；

（三）没有实际履行能力，以先履行小额合同或者部分履行合同的方法，诱骗对方当事人继续签订和履行合同的；

（四）收受对方当事人给付的货物、货款、预付款或者担保财产后逃匿的；

（五）以其他方法骗取对方当事人财物的。

……

第四章　借贷中的陷阱

○　亲戚来借钱，借据可以不写吗?

资金的供需是工商社会的重要课题，借钱周转在日常生活中极为常见。在法律意义上，借贷是指由贷方与借方成立一项"借贷契约"，贷方将金钱所有权移转给借方，到期时由借方返还同额的钱。由于民间的金钱借贷关系日渐普遍，因此金钱借贷所发生的纷争也格外频繁。有关借贷的法律常识也成了人们消费生活中的必备工具。借据是发生借款纠纷时必要的证据。所以，在日常生活中，亲戚朋友之间借钱，碍于情面没有写借据，一旦双方关系恶化，起诉时，因为没有证据也有可能败诉。

💬情景再现

2010年8月，张某的舅舅因为他儿子结婚买房，从张某的妈妈那里借了30万元，说等买了房办了抵押贷款后就会还上。当初因为碍于情面，而且张某跟他舅舅家相处也十分不错，于是张某的妈妈就没写借据。他舅舅买房后不久，陆续还了10万元，就再也没有还钱的动静了。而张某现在也面临着结婚买房，但他舅舅就说没钱，而且还挺理直气壮地声称："反正没写借条，就算你去告我，也没辙。"

📎律师提醒

本案中，张某的舅舅仗着他们之间的借款没有借据而显得嚣张。根据《合同法》的规定，借款合同采用书面形式，但自然人之间借款另有约定的除外。借款合同的内容包括借款种类、币种、用途、数额、利率、期限和还款方式等条款。本案中，很明显采取的是口头形式，而且未约定明确的还款期限。该法还规定，合同生效后，当事人就质量、价款或者报酬、履行地点等内容没有约定或者约定不明确的，可以协议补充；不能达成补充协议的，按照合同有关条款或者交易习惯确定。

由此可知，张某可以和舅舅补签一个借据，就还款事项进行协商，约定好还款期限。如果不能约定好还款期限的，张某可以随时要求其舅舅还款。这是我国法律明确规定的。

由此可知，虽然法律不排除借款合同采用除书面形式以外的形式，但最好采用书面形式，方便查询。对于一些在合同中没有约定的事项或者约定不明确的，当事人双方可以协议补充；不能达成补充协议的，可以按照合同有关条款或者交易习惯确定。对于履行期限不明确的，债务人可以随时履行，债权人也可以随时要求履行，但应当给对方必要的准备时间。

🔍 陷阱防范

为了防范上述案例中的陷阱，首先在有关借贷的方面，不管是陌生人还是亲戚朋友，在签订合同时最好能采用书面形式。这样可以有利于维护合法债权关系。即便是上法庭，也不至于没有证据。其次，借款合同的内容包括借款种类、币种、用途、数额、利率、期限和还款方式等条款，当事人双方在约定合同内容的时候应当尽量写明条款，明确各自的责任，注意合同用语，防止文字陷阱。此外，根据我国法律的相关规定，在借款时，可以要求债务人提供担保。

⚡ 法条链接

《中华人民共和国合同法》

第六十一条 合同生效后，当事人就质量、价款或者报酬、履行地点等内容没有约定或者约定不明确的，可以协议补充；不能达成补充协议的，按照合同有关条款或者交易习惯确定。

第六十二条 当事人就有关合同内容约定不明确，依照本法第六十一条的规定仍不能确定的，适用下列规定：

（一）质量要求不明确的，按照国家标准、行业标准履行；没有国家标准、行业标准的，按照通常标准或者符合合同目的的特定标准履行。

（二）价款或者报酬不明确的，按照订立合同时履行地的市场价格履行；依法应当执行政府定价或者政府指导价的，按照规定履行。

（三）履行地点不明确，给付货币的，在接受货币一方所在地履行；交付不动产的，在不动产所在地履行；其他标的，在履行义务一方所在地履行。

（四）履行期限不明确的，债务人可以随时履行，债权人也可以随时要求履行，但应当给对方必要的准备时间。

（五）履行方式不明确的，按照有利于实现合同目的的方式履行。

（六）履行费用的负担不明确的，由履行义务一方负担。

第一百九十七条　借款合同采用书面形式，但自然人之间借款另有约定的除外。

借款合同的内容包括借款种类、币种、用途、数额、利率、期限和还款方式等条款。

第一百九十八条　订立借款合同，贷款人可以要求借款人提供担保。担保依照《中华人民共和国担保法》的规定。

○　银行贷款预先扣除贷款利息，您知道吗？

银行贷款，是指银行根据国家政策以一定的利率将资金贷放给资金需要者，并约定期限归还的一种经济行为。银行贷款一方面可以解决一些企业资金周转不灵的现象，而且银行自己也可以收取利息。这在促进我国经济发展，稳定市场经济秩序方面起着不可或缺的作用。但是，银行贷款应按照有关法律的规定进行，不得违反法律的禁止性规定。

💬情景再现

某育种厂决定购买一批新的生产设备，以提高产量和效率，向银行贷款50万元。育种厂依法向银行提供了相关的书面材料后，贷款很快批了下来。贷款合同约定银行提供借款50万元，贷款期限2年。合同签订后正式放款时，育种厂发现银行将所贷款项按扣除2年利息后的余额发放给自己。

📎律师提醒

本案中，银行预先扣除利息的做法对于借款人来说是不公平的。借款合同，是当事人约定一方将一定种类和数额的货币所有权移转给他方，他方于一定期限内返还同种类同数额货币的合同。提供货币的一方称贷款人，在我国多为商业银行。受领货币的一方称借款人，一般是自然人或法人。商业银行贷款是营利性活动，其中会产生利息，针对利息《合同法》明确规定，借款的利息不得预先在本金中扣除。由此可知，借款人不得以任何原因、任何借口在贷款中提前扣除利息。该银行在向育种厂放款时直接将利息从本金中扣除是没有法律依据的，并使其预期的经济收益受到影响。育种厂在实际还款时，依法应按照实际借款数额返还借款并计算利息。

《合同法》第200条规定，借款的利息不得预先在本金中扣除。利息预先在本金中扣除的，应当按照实际借款数额返还借款并计算利息。

由上述法条可知，该银行的做法违背了我国法律的规定，银行预先扣除2年利息后，育种厂应该按照实际借款数额返还借款并计算利息。

🔍 陷阱防范

为了防范上述案例中的陷阱，大家要知道一个法律常识：自然人之间的借款合同为"实践"合同，借款合同的签订仅意味着合同的成立但并未生效，只有借款实际支付后借款合同才生效，而金融机构借款合同为"诺成"合同，合同签订即生效，对双方产生法律约束力。《合同法》第200条规定，借款的利息不得预先在本金中扣除。其目的在于防止出借人利用其优势地位损害借款人的合法利益，影响资金的正常使用。故按照法律规定，出借人仅能就实际交付的借款数额主张权利。

⚱ 法条链接

《中华人民共和国合同法》

第二百条　借款的利息不得预先在本金中扣除。利息预先在本金中扣除的，应当按照实际借款数额返还借款并计算利息。

第二百一十条　自然人之间的借款合同，自贷款人提供借款时生效。

○　民间借贷，借条中未约定或者约定不明的利息可以忽略不计吗？

随着我国社会经济的不断发展，人们的生活水平有了很大的提高，手中的闲钱也越来越多，民间借贷也就应运而生了。随着民间借贷的普遍发展，借贷纠纷也纷至沓来。一些人因为借款人是家人、亲戚朋友，顾及面子，而没有留下证据；也有一些人在借贷时故意为对方设下了圈套，以便为不还钱埋下伏笔。因此提醒大家在借贷时一定要树立法制观念，保存证据，依法维权。

情景再现

　　杨某与邻居王大叔商量好借款10 000元，期限为1年，利息为年息2%。杨某在出具借条时写道："今借到王某现金10 000元。"王大叔想都是邻居，抬头不见低头见的，就没有把约定的利息写在借条上。况且，杨某一个劲地说："不用写利息了，就那点利息钱，我指定还你。"1年后，王大叔要求杨某还款付息，杨某拒绝。王大叔最后诉至法院，法院却判杨某只归还王大叔本金10 000元。王大叔想不通，很困惑。

律师提醒

　　本案中，杨某给王大叔设的这个陷阱就是在借据中未把利息明确记载。法院驳回王大叔的归还利息的请求是正确的。根据《合同法》第211条第1款规定，自然人之间的借款合同对支付利息没有约定或者约定不明确的，视为不支付利息。杨某和王大叔之间的借款合同未把商定好的利息写进借条中，可视为借款合同中没有约定利息。对此，《合同法》第61条规定，当事人就质量、价款或者报酬、履行地点等内容没有约定或者约定不明确的，可以协议补充；不能达成补充协议的，按照合同有关条款或者交易习惯确定。

　　仍不能明确的，就按照我国《合同法》第62条的规定确定。可见，在合同未约定或者约定不明的情况下，对一些标准可以达成补充协议，不能达成补充协议的按照习惯确定。但是，对于自然人之间的借款合同，借据中未约定利息的，视为不支付利息。所以，当您没有把约定的利息写进借据中时，相当于放弃了对利息的支付要求。

陷阱防范

　　本案中的陷阱防范很简单，就是当您在签订借款合同时，先研究一下相关法条，学习一下法律知识。这样，才不会使您的合法权益受到损失，也可以防止一些不法之徒利用您不懂法这一点来蒙骗您。通过这个案例要提醒大家，不是所有你认为合理的事情都会得到法律的支持。比如说，自然人之间的借款利息未约定或约定不明确的就不能得到法律的支持。此外，还要提醒大家的是，当您的合法权益受到不法侵害时，一定要及时行使您的权利，不要超过诉讼时效。所谓诉讼时效，指民事权利受到侵害的权利人在法定的时效期间内不行使权利，当时效期间届满时，人民法院对权利人的权利不再进行保护的制度。在法律规定的诉讼时效期间内，权利人提出请求并经法院认可的，人民法院就强制义务人履行所承担的义务。而在法定的诉讼时效期间届满之后，权利人行使请求权的，人民法院就不再予以保护。对约定有还款期限的借条，要在还款期限届满之后2年内主张权利，即向人民法院起诉。根据我国法律规定，当事人请求人民法院保护民事权利的诉讼时效期间为2年，如果借款人在借款到期2年后向人民法院起诉，且没有诉讼时效中止、中断、延长情形的，就会丧失胜诉权。

⚱ 法条链接

《中华人民共和国合同法》

第六十一条　合同生效后，当事人就质量、价款或者报酬、履行地点等内容没有约定或者约定不明确的，可以协议补充；不能达成补充协议的，按照合同有关条款或者交易习惯确定。

第六十二条　当事人就有关合同内容约定不明确，依照本法第六十一条的规定仍不能确定的，适用下列规定：

（一）质量要求不明确的，按照国家标准、行业标准履行；没有国家标准、行业标准的，按照通常标准或者符合合同目的的特定标准履行。

（二）价款或者报酬不明确的，按照订立合同时履行地的市场价格履行；依法应当执行政府定价或者政府指导价的，按照规定履行。

（三）履行地点不明确，给付货币的，在接受货币一方所在地履行；交付不动产的，在不动产所在地履行；其他标的，在履行义务一方所在地履行。

（四）履行期限不明确的，债务人可以随时履行，债权人也可以随时要求履行，但应当给对方必要的准备时间。

（五）履行方式不明确的，按照有利于实现合同目的的方式履行。

（六）履行费用的负担不明确的，由履行义务一方负担。

第二百一十一条　自然人之间的借款合同对支付利息没有约定或者约定不明确的，视为不支付利息。

自然人之间的借款合同约定支付利息的，借款的利率不得违反国家有关限制借款利率的规定。

《中华人民共和国民法通则》

第一百三十五条　向人民法院请求保护民事权利的诉讼时效期间为二年，法律另有规定的除外。

○　民间借贷，借据中的条款可以不推敲吗?

在借贷中，借据是唯一能说明双方当事人存在怎样的权利和义务的凭证。如果一方故意在借据中对双方的权利和义务没有约定或者约定了能产生歧义的条款，对于其中的另一方当事人来说，这无疑是一个最大的陷阱。为了最大程度地避免自己的合法权益受到损害，借贷双方当事人在签订借贷合同时一定要仔细阅读合同条款，明确双方当事人的权利和义务。对于一些模棱两可的合同语句，当事人应当就其可能产生的意思作额外补充，指明此句在此所要阐述的意思，这样才不至于在以后合同的履行当中陷于被动。

💬情景再现

> 张某向刘某借款10万元，向刘某出具借条一份。2个月后张某归还1万元，并要求刘某把原借条撕毁，重新再为刘某出具借条一份:"张某借刘某现金10万元，现还欠款1万元。"对于这样一份借条，如果您是债权人，您敢接受吗?

📎律师提醒

本案中，张某出具的借条中，"现还欠款1万元"是有歧义的。张某就是利用这句话来给刘某设置了还款陷阱。这句话有两种含义:一是，跟事情的真实情况一样，张某还了1万元，现在还剩9万元未还。二是，张某总共欠刘某10万元，到目前为止，还欠1万元。意思就是，已经还了9万元。根据《合同法》第125条第1款的规定，当事人对合同条款的理解有争议的，应当按照合同所使用的词句、合同的有关条款、合同的目的、交易习惯以及诚实信用原则，确定该条款的真实意思。但是，根据《民事诉讼法》"谁主张，谁举证"的相关规定，如果刘某不能提供其他证据证实张某仍欠9万元，那么其权利就不会得到保护。

由此可知，《合同法》规定了对合同条款的理解有争议的，应当按照合同所使用的词句、合同的有关条款、合同的目的、交易习惯以及诚实信用原则，确定该条款的真实意思。但是，如果其中的一方当事人不承认，而另一方又拿不出相关的证据证明，最后诉至法院的话，法院也会以原告证据不足不予支持。

🔍 陷阱防范

防范本案中的陷阱其实也不难。如果您不幸签订了这样一份有歧义条款的合同，在债务人还款1万元后，债权人应当给开个收据，收据写："今已收到某某还款1万元。"这样，在诉至法院的时候，在"谁主张，谁举证"的原则下，如果当事人没有相反证明，胜诉的几率是很大的。此外，根据《合同法》的规定，当事人在签订合同的时候，当事人行使权利、履行义务应当遵循诚实信用原则；故意隐瞒与订立合同有关的重要事实或者提供虚假情况，给对方当事人造成损失的，应当承担赔偿损失的责任。所以，希望随着我国诚信经济的发展，人们的诚信观念也能够随之提高，在行使自己合法权益的同时，不损害他人的合法权益。

⚕ 法条链接

《中华人民共和国合同法》

第六条 当事人行使权利、履行义务应当遵循诚实信用原则。

第四十二条 当事人在订立合同过程中有下列情形之一，给对方造成损失的，应当承担损害赔偿责任：

（一）假借订立合同，恶意进行磋商；

（二）故意隐瞒与订立合同有关的重要事实或者提供虚假情况；

（三）有其他违背诚实信用原则的行为。

第一百二十五条 当事人对合同条款的理解有争议的，应当按照合同所使用的词句、合同的有关条款、合同的目的、交易习惯以及诚实信用原则，确定该条款的真实意思。

……

《中华人民共和国民事诉讼法》

第六十四条 当事人对自己提出的主张，有责任提供证据。

当事人及其诉讼代理人因客观原因不能自行收集的证据，或者人民法院认为审理案件需要的证据，人民法院应当调查收集。

人民法院应当按照法定程序，全面地、客观地审查核实证据。

○ 民间借贷，借据中可以用艺名签名吗？

有借有还，再借不难。民间借款不仅缓解了借款人的危机，也给出借人一定的优惠。但是，总有一些人在想方设法地为别人设圈套。在一本名为《陷阱》的书中，有这么一句话，"世上的陷阱起初都是给别人设的，后来却往往是陷了自己"。

💬情景再现

赵某向朋友孙某借款5万元，并写下借条，约定1年后还本付息。但是，1年后，赵某拒绝还款，而且也不提供任何理由。后来，其朋友孙某只好将赵某诉至法院。经法院审查，借据上借款人的名字不是赵某，而是其艺名"月亮"。赵某以不是他本人为由，不承认该借据。

📎律师提醒

本案中，赵某是利用其艺名作签名借款给其朋友孙某设了一个陷阱。合同是双方当事人自愿签订为某种法律行为的真实意思表示，签名只是为了证明为这种法律行为的主体身份，不管是"艺名"还是"化名"，签字的人毕竟都是本人，即真正的责任承担者。在法律上，合同也指当事人的合意。也就是说，只要当事人达成了合意，合同即告成立；而合同书，即书面合同，则是合同的形式问题。当事人的合意不一定要用书面的形式体现出来，其他形式诸如口头、传真、邮件等形式都是可以的。所以说，借款是赵某与孙某的合意，是双方的意思表示，所以合同是有效的。诉至法院的话，只要法院给借据中的签名做个笔迹鉴定，就可以知道签名的人是否为赵某。

🔍陷阱防范

为了防范本案中的陷阱，提醒大家在签合同的时候，为了不引起纠纷，在签名的时候最好双方当事人都使用自己身份证上的名字，或者在签艺名时，也把自己的真名作个备注，或者盖个章，以便减少不必要的麻烦与纠纷。

🔱 **法条链接**

《中华人民共和国合同法》

第十条 当事人订立合同，有书面形式、口头形式和其他形式。

法律、行政法规规定采用书面形式的，应当采用书面形式。当事人约定采用书面形式的，应当采用书面形式。

○ 房屋抵押，检查产权登记是关键。

《中华人民共和国物权法》（以下简称《物权法》）为我国办理财物抵押提供了法律保障，房屋抵押方面也同时受益。房屋抵押是人们在资金短缺时，为了缓解经济困难的局面而向债权人借款后，为其提供的担保。法律上规定，房屋的所有权以产权登记为主。所以，债务人向您借款后，您在审查抵押担保时，一定要用房屋的产权登记证作抵押，而且要去相关部门进行核查。因为我国房地产产权管理采用的是登记制度，未经登记的商品房买卖是不受法律保护的，当然未登记的房屋抵押也不受保护。

💬**情景再现**

2009年8月，吕某利用租借的一户居民住宅让办假证的人员办理了房屋所有权证，然后以经商短缺资金为由，用该伪造的房屋产权证向朋友王某借款20万元。

吕某诈骗成功后，退掉所租房屋后逃匿。2010年11月，王某贷出的款项到期后，既不见吕某还款又找不到吕某的踪迹，便开始怀疑自己被骗了。

经查证，吕某抵押的房屋产权证是假的。

✏️**律师提醒**

本案中，吕某给王某设的陷阱是利用伪造的房屋所有权证诈骗钱财。这在我国已经构成诈骗罪。吕某的行为触犯了《刑法》。诈骗罪是指以非法占有为目的，用虚构事实或者隐瞒真相的方法，骗取数额较大的公私财物的行为。

🔍陷阱防范

由于本案中的陷阱，王某因疏忽大意使自己受到了损失。要防范本案中的陷阱，首先要知道在我国房屋抵押借款应当进行房屋抵押登记。所谓房屋抵押登记，就是将拟抵押的房屋向房屋产权管理机关申请登记，由登记机关确认登记的行为。未经房屋登记机关登记的抵押行为不受法律保护。一旦发生纠纷，即便出借人手持他人的房屋产权证也没有实际意义。因为没有借款人的同意，房屋登记机关不会给予办理过户手续。反之，对已经登记的抵押房屋，借款不按期归还的，房屋登记机关或者人民法院有权强制变更房屋产权人。其次，要查明借款人的真实身份以及他是否是该抵押房屋真实的合法所有权人，并向有关机关办理产权抵押登记。这样，当出借人合法权益受到侵害后，可以得到法律的保护。

⚘ 法条链接

《中华人民共和国刑法》

第二百六十六条　诈骗公私财物，数额较大的，处三年以下有期徒刑、拘役或者管制，并处或者单处罚金；数额巨大或者有其他严重情节的，处三年以上十年以下有期徒刑，并处罚金；数额特别巨大或者有其他特别严重情节的，处十年以上有期徒刑或者无期徒刑，并处罚金或者没收财产。本法另有规定的，依照规定。

○　在日常生活中为了朋友而代替他人借款，这样做好吗？

现实生活中，朋友之间的经济往来是很普遍的，为朋友帮点忙是理所当然的。但是，一旦这种很普遍的友谊被一些不法之徒所利用，朋友之间的信任关系也随之消亡。亲兄弟还明算账呢，更何况是朋友。一切顺利的时候，代人借款对大家都好，但是一旦关系恶化这就会引发纠纷。

💬情景再现

　　杨某和许某是好朋友，许某和钱某是好朋友。杨某是一家面粉加工厂的老板，由于最近手头有点紧，资金周转不灵，所以请求许某向其好朋友钱某借

30 000元。双方约定月利率是2分，即600元。5个月后，杨某支付利息3000元给许某，并由许某转交给钱某。之后，杨某因经营不善，外出后下落不明。因当时借款是由于好朋友的关系未出具借条，后来钱某经与许某商量，补办了一张借条。称："许某代借钱某30 000元转借杨某。"出具借条后，许某经再三寻找杨某无望。于是，钱某将许某诉至法院，要求许某偿还本金及利息。

律师提醒

本案中，杨某是利用许某对他的信任而给许某设了一个陷阱。从本案来看，杨某和许某之间存在借贷关系，许某和钱某之间也存在着借贷关系。那么，钱某将许某诉至法院，要求许某承担责任，这个要求合理吗？其实在钱某和杨某之间并不存在借贷关系，所以钱某只能向许某要求继续履行合同的还款义务，不能要求杨某一起承担还款义务。但是，在许某偿还了钱某以后，可以向杨某追偿。

债是在当事人之间产生的特定的权利和义务关系，是一种对人权（指必须通过义务人实施一定的行为才能实现并只能对抗特定人的权利），而不是一种对世权（指无须通过义务人实施一定的行为即可实现并可对抗不特定人的权利）。最典型的对人权莫过于债权。所以，在钱某和杨某之间不存在债的关系。而在许某和钱某之间存在合法的债的关系。所以，钱某可以行使自己作为债权人的权利，许某必须履行自己的义务。但是，在杨某和许某之间存在合法的债的关系，所以许某可以向杨某要求行使自己合法的债权权利。

陷阱防范

在本案中，许某扮演的角色类似于一个担保人的角色。许某的初衷并不想参与，但是事实上参与了，而且成了债务的主要履行人。要防范这类陷阱，最好的方法是在钱某和杨某之间签一个借款合同，约定双方的权利和义务，说明许某不是合同双方的当事人。此外，出借人借钱给借款人时最好能让借款人提供担保，以免自己的债权得不到保障。

法条链接

《中华人民共和国民法通则》

第八十四条 债是按照合同的约定或者依照法律的规定，在当事人之间产生的特定的权利和义务关系。享有权利的人是债权人，负有义务的人是债务人。

债权人有权要求债务人按照合同的约定或者依照法律的规定履行义务。

第九十条　合法的借贷关系受法律保护。

○ 银行卡丢失后，进行口头挂失后是否就万事大吉了？

在现实生活中，相比一些实力较大的商家，消费者似乎总是处于"弱势"地位。当我们的合法权益受到侵害的时候，是否真的可以要求他们负赔偿责任？生活中总会存在过错，是不是别人的过错也由我们自己承担后果？当因他人的原因而使个人受到损害时，是否可以提出赔偿？

💬情景再现

2009年6月4日，小王去了离家最近的银行去取钱，回来后没多久，小王发现自己的银行卡不见了。这时，他一看表，已经是下午17:30了。他想，在银行下班前赶过去显然已经是不可能了。所以他就拨打该银行的客服电话挂失。接电话的客服人员小张帮他核查了银行卡的余额，发现分文未少，小王才放心了。小张要求小王第二天上银行柜台处办理挂失手续。第二天，小王去银行办理挂失手续时，发现自己的卡里分文不剩。于是，他要求找昨天的客服人员小张。银行工作人员说，小张今天休息，他们对于小王挂失的具体情况并不知情。而且银行方面还说："口头挂失是无效的，您的余额被取走，这是由于您没有及时办理挂失手续所造成的，与我们无关。"

📎律师提醒

本案中，该银行利用"口头挂失无效"这一措辞来逃避自己的责任，给小王的财产造成损失。本案的关键就在于口头挂失是不是有效，是否受到法律保护。根据《中国人民银行储蓄所管理暂行办法》第52条的规定，办理储蓄存款挂失时，要存款人提出本人身份证明，并提供存款开户日期、帐号、户名、种类和金额等有关情况，并要进行核实和作好详细记载，由申请人填写挂失申请书。由此可知，办理储蓄存款挂失必须亲自去银行柜台处办理书面手续。但是，该法第53条规定，如只有口头或函电要求挂失时，经查实确有存款后，抽出原分户帐，在分户帐的余额栏旁边，用红字注明"口头或函电挂失"字样，并办理临时止付的登记手续。内容包括挂失日期、时间、情况等要点。经办员签章负责，专夹保管，并要求挂失人一般在3天内补办正式挂失手续，过期无效。由此可知，在特殊情况下，是可以使用口头或函电要求挂失的。本案中，小王由于在取完钱回家后已经17：30了，去银行得1个小时，来不及使用书面形式挂失。这属于特殊情况，可以采用口头形式挂失，是受到我国法律保护的。

本案中的银行工作人员小张在接到小王的口头挂失电话后，并没有按照《中国人民银行储蓄所管理暂行办法》第53条的规定进行操作，也未向其他工作人员说明。小王的银行卡中的钱被他人冒领，是属于银行工作人员小张的错误所致。根据《中华人民共和国民法通则》（以下简称《民法通则》）第106条的规定，公民、法人违反合同或者不履行其他义务的，应当承担民事责任。公民、法人由于过错侵害国家的、集体的财产，侵害他人财产、人身的，应当承担民事责任。所以，应当由小张赔偿小王的损失。同时，我国《民法通则》第121条规定，国家机关或者国家机关工作人员在执行职务中，侵犯公民、法人的合法权益造成损害的，应当承担民事责任。由于小张的行为属于履行职务的行为，所以该赔偿责任应由其所在的银行承担。

🔍 陷阱防范

为了防范本案中的陷阱，您在向银行口头挂失后，可以去通信公司调取通话记录作为证据。此外，您的银行卡丢失后必须到您的开户银行持个人身份证办理挂失手续，而且必须是在3天内，过期无效。

⚓ 法条链接

《中国人民银行储蓄所管理暂行办法》

第五十二条 办理储蓄存款挂失时，要存款人提出本人身份证明，并提供存款开户日期、帐号、户名、种类和金额等有关情况，并要进行核实和作好详细记载，由申请人填写挂失申请书。

第五十三条 如只有口头或函电要求挂失时，经查实确有存款后，抽出原分户帐，在分户帐的余额栏旁边，用红字注明"口头或函电挂失"字样，并办理临时止付的登记手续。内容包括挂失日期、时间、情况等要点。经办员签章负责，专夹保管，并要求挂失人一般在3天内补办正式挂失手续，过期无效。

《中华人民共和国民法通则》

第一百零六条 公民、法人违反合同或者不履行其他义务的，应当承担民事责任。

公民、法人由于过错侵害国家的、集体的财产，侵害他人财产、人身的，应当承担民事责任。

……

第一百二十一条 国家机关或者国家机关工作人员在执行职务中，侵犯公民、法人的合法权益造成损害的，应当承担民事责任。

○ 对于自然人之间的借款利息，可以任由出借人自由计算吗？

债是按照合同的约定或者依照法律的规定，在当事人之间产生的特定的权利和义务关系。享有权利的人是债权人，负有义务的人是债务人。债权人有权要求债务人按照合同的约定或者依照法律的规定履行义务。这是《民法通则》中的相关规定。该法第90条规定，合法的借贷关系受法律保护。那么，哪些借贷关系是合法的呢？以利为本计复利的借贷关系受法律保护吗？

💬**情景再现**

　　2003年3月6日，孙某的母亲被查得了重病，急需一笔手术费。但当时孙某的父亲刚去世，再加上孙某还在上大学，家里没什么经济来源。在万般无奈之下，孙某向其父亲的朋友于某借款。于某听后很愿意把钱借给孙某，并让孙某写了借据："今借到于某本金10 000元，年利率为10%，借款期限为1年（到2004年3月5日止），利息为1000元。"在给孙某钱时，于某直接将利息1000元扣除，只借给其9000元。当时孙某很生气。借款到期后，孙某不愿偿还。经多次催讨，孙某仍未能还款。于是，于某诉至法院，请求法院判令孙某返还本金10 000元及利息1100元。

📎 **律师提醒**

本案中，于某是利用提前扣除利息后再以本金计利的方式给孙某设了一个陷阱。于某的做法是先将利息1000元从本金10 000元中扣除，在借款到期后孙某未还款，再把1000元加入本金的行列生利息100元。这种方法称为复利法。最为常见的是所谓"驴打滚"、"利滚利"，即以1个月为限过期不还者，利转为本，本利翻转，越滚越大。这是最厉害的复利计算形式。它属于高利贷的一种，为非法借贷关系，不受法律保护。

那么，哪些借贷关系是不合法的，不受法律保护的？

1. 借贷进行非法活动。出借人明知借款人是为了进行非法活动而借款的，其借贷关系不受法律保护。如明知个人借款用于赌博、贩卖假币、贩卖毒品、走私等非法活动而借款给他人，其借贷合同不受法律保护，对行为人还要处以收缴、罚款、拘留，甚至追究刑事责任。

2. 非法金融业务活动。包括：

（1）非法吸收公众存款，是指未经中国人民银行批准，向社会不特定对象吸收资金，出具凭证，承诺在一定期限内还本付息的活动；

（2）变相吸收公众存款，是指未经中国人民银行批准，不以吸收公众存款的名义，向社会不特定对象吸收资金，但承诺履行的义务与吸收公众存款性质相同的活动；

（3）未经依法批准，以任何名义向社会不特定对象进行的非法集资；

（4）非法发放贷款、办理结算、票据贴现、资金拆借、信托投资、金融租赁、融资担保、外汇买卖；

（5）中国人民银行认定的其他非法金融业务活动。

3. 非金融企业以合法借贷掩盖的非法金融活动。最高人民法院《关于如何确认公民与企业之间借贷行为效力问题的批复》规定：具有下列情形之一的，应当认定无效：

（1）企业以借贷名义向职工非法集资；

（2）企业以借贷名义非法向社会集资；

（3）企业以借贷名义向社会公众发放贷款；

（4）其他违反法律、行政法规的行为。

该批复还规定，借贷利率超过银行同期贷款利率4倍的，按照最高人民法院《关于人民法院审理借贷案件的若干意见》的有关规定办理。无效的民事行为不具备民事法律行为的有效要件，因而不能产生行为人预期的法律结果。

4. 企业之间的借贷合同。《贷款通则》规定，企业之间不得违反国家规定办理借贷或者变相借贷融资业务。企业之间的借贷合同违反国家金融法规，属于无效合同。依照有关法规，对于企业之间的借贷合同，法院除判决返还本金外，对出借方已经取得或约定取得的利息应当收缴，对借款方应处以相当于银行利息的罚款。

5. 明为联营实为借贷的合同。依照最高人民法院《关于审理联营合同纠纷案件若干问题的解答》，企业法人、事业法人作为联营一方向联营体投资，但不参加共同经营，也不承担联营的风险责任，不论盈亏均按期收回本息，或者按期收取固定利润的，是明为联营实为借贷，违反了有关金融法规，应当确认合同无效。除本金可以返还外，对出资方已经取得或者约定取得的利息应予收缴，对另一方则应处以相当于银行利息的罚款。

6. 违背真实意图的借贷关系。一方以欺诈、胁迫等手段或者乘人之危，使对方在违背真实意图的情况下所形成的借贷关系，应认定无效。借贷关系无效由债权人的行为引起的，只返还本金；借贷关系无效由债务人的行为引起的，除返还本金外，还应参照银行同类贷款利率给付利息。

7. 高利贷利息。最高人民法院《关于人民法院审理借贷案件的若干意见》规定，民间借贷的利率可以适当高于银行的利率，各地人民法院可根据本地区的实际情况具体掌握，但最高不得超过银行同类贷款利率的4倍（包含利率本数）。超出此限度的，超出部分的利息不予保护。由此可见，高利贷利息不受法律保护。

根据《最高人民法院关于贯彻执行〈中华人民共和国民法通则〉若干问题的意见（试行）》第125条规定，公民之间的借贷，出借人将利息计入本金计算复利的，不予保护；在借款时将利息扣除的，应当按实际出借款数计息。此外，我国《合同法》第200条也规定，借款的利息不得预先在本金中扣除。利息预先在本金中扣除的，应当按照实际借款数额返还借款并计算利息。由上述法条可知，于某预先扣除了1000元，孙某在还款时，应当按照借款9000元的实际数额确定利息。所以，于某只能要求孙某还款9000元本金及900元利息。

🔍 陷阱防范

本案中的陷阱在于于某最后要求孙某多还自己1100元。这对于孙某来说是显失公平的。在日常生活中，您在签订借款合同后，要明确实际得到的借款金额是否为合同中约定的金额。在向出借人还款时，以实际借到的款项为本金计算利息，是我国法律明文规定的合法借贷关系。如果出借人使出各种招数来给您设陷阱的话，最好的方法是在约定合同之前对国家的相关法律知识作一个了解，从而明确自己的权利和义务，避免一些不法侵害。

法条链接

《最高人民法院关于贯彻执行〈中华人民共和国民法通则〉若干问题的意见（试行）》

125. 公民之间的借贷，出借人将利息计入本金计算复利的，不予保护；在借款时将利息扣除的，应当按实际出借款数计息。

《中华人民共和国合同法》

第二百条　借款的利息不得预先在本金中扣除。利息预先在本金中扣除的，应当按照实际借款数额返还借款并计算利息。

○ 借款人和出借人可以自己约定利息吗？

民间借贷是法律所承认的借贷方式，优点是自由、灵活。同时，它的缺点是随意性太大。自然，民间借贷的纠纷也就比较多。那么，对于民间借贷的利息是否可以由双方当事人来约定呢？如果可以的话，利息约定多少才受法律的保护呢？

情景再现

在房地产行业蓬勃发展，势头一路向好的2006年，张某向朋友卢某借了100万投资房地产行业。美国"次贷危机"从2006年春季开始逐步显现，2007年8月开始席卷美国、欧盟和日本等世界主要金融市场，张某投资失利，无法还清朋友的借款。借款期满后，卢某要求张某还款，而张某以卢某要求的利率12%太高，只能按银行同期利率2%归还。卢某拒绝，遂诉至法院。

律师提醒

本案中，卢某是利用高利率向好朋友张某设了一个圈套。如果张某不懂法律对"民间借贷利率最高不得超过银行同类贷款利率的4倍"的规定，那么卢某就能得到他们在合同中约定的借贷利息即本金的12%，而这对于张某来说是显失公平的。其实，根据我国《最高人民法院关于贯彻执行〈中华人民共和国民法通则〉若干问题的意见（试行）》第122条规定，公民之间的生产经营性借贷的利率，可以适当高于生活性借贷利率。如因利率发生纠纷，应本着保护合法借贷关系，考虑当地实际情况，有利于生产和稳定经济秩序的原则处理。《最高人民法院关于人民法院审理借贷案件的若干意见》第6条规定，民间借贷的利率可以适当高于银行的利率，各地人民法院可根据本地区的实际情况具体掌握，但最高不得超过银行同类贷款利率的4倍（包含利率本数）。超出此限度的，超出部分的利息不予保护。由此可知，张某用于经营房产属于进行生产经营借贷，可以适当高于生活性借贷利率。但是，最高不得超过银行同类贷款利率的4倍（包含利率本数）。可见，卢某和张某约定归还12%的利率超过了银行同类贷款利率的4倍，即张某应当归还卢某本金100万及本金的8%的利息，高出的部分得不到法律保护，是不合法的借贷。

🔍 陷阱防范

防范本案中的陷阱其实很简单。只要大家掌握一个知识点，便可以防范出借人任意抬高利率而使自己受损。那就是《最高人民法院关于人民法院审理借贷案件的若干意见》第6条规定，民间借贷的利率可以适当高于银行的利率，但最高不得超过银行同类贷款利率的4倍（包含利率本数）。超出此限度的，超出部分的利息不予保护。记住这个法律规定，对于您以后签订借款合同有很大的帮助，可以避免您的财产遭受不必要的损失。

⚖ 法条链接

《最高人民法院关于贯彻执行〈中华人民共和国民法通则〉若干问题的意见（试行）》

122. 公民之间的生产经营性借贷的利率，可以适当高于生活性借贷利率。如因利率发生纠纷，应本着保护合法借贷关系，考虑当地实际情况，有利于生产和稳定经济秩序的原则处理。

《最高人民法院关于人民法院审理借贷案件的若干意见》

六、民间借贷的利率可以适当高于银行的利率，各地人民法院可根据本地区的实际情况具体掌握，但最高不得超过银行同类贷款利率的四倍（包含利率本数）。超出此限度的，超出部分的利息不予保护。

○ 用假离婚来逃避债务的行为，是否真的可以逃避呢？

夫妻可以约定婚姻关系存续期间所得的财产以及婚前财产归各自所有、共同所有或部分各自所有、部分共同所有，约定应当采用书面形式。没有约定或者约定不明确的，除婚前财产外适用共同财产所有制。夫妻对婚姻关系存续期间所得的财产以及婚前财产的约定，对双方具有约束力。夫妻对婚姻关系存续期间所得的财产约定归各自所有的，夫或妻一方对外所负的债务，第三人知道该约定的，以夫或妻一方所有的财产清偿。

💬情景再现

吕某经营一个有一定规模的鱼塘，生意特别好，急需钱来扩大再生产。吕某家的资金几乎已经全部用在这个鱼塘上。而他的妻子杨某的好朋友罗某是一个富太太，吕某与其妻商量后决定向罗某借钱，立有一份借据："今借到罗某人民币30万元，期限为半年。"半年后，罗某要求杨某还款，但杨某以资金不足为由拒绝还款。无奈，罗某诉至法院，要求杨某的丈夫吕某履行还款义务。吕某在法庭上辩称：借据中的借款人是杨某，自己已经和杨某离婚，没有必要再替杨某还款。杨某和吕某在婚姻关系存续期间未约定财产归属，而且他们在离婚时签的离婚协议书中对该笔借款只字未提。经查，杨某和吕某是故意串通先离婚后再进行复婚。

📎律师提醒

本案中，杨某和吕某串通以假离婚的方式来给罗某设了一个陷阱。案件中已经交代杨某和吕某在婚姻关系存续期间未约定财产归属情况，收入视为共同财产。这时，吕某应当承担还款责任。在杨某和吕某婚姻关系存续期间，杨某以个人名义向罗某借的钱是用于经营鱼塘，应当由共同财产来偿还。

但是，现在杨某和吕某离婚了，吕某是否还承担连带责任呢？所谓连带，指依照法律规定或者当事人约定，两个或者两个以上当事人对其共同债务全部承担或部分承担，并能因此引起其内部债务关系的一种民事责任。当责任人为多人时，每个人都负有清偿全部债务的责任，各责任人之间有连带关系。对于在夫妻关系存续期间双方以个人名义所负的债务由夫妻双方共同承担。本案中，因为杨某所借罗某的款项是在杨某和吕某婚姻关系存续期间，而且是用于经营的，收益属于夫妻共同财产，所以不管杨某和吕某是否还存在婚姻关系，都不影响罗某要求吕某偿还其债务。可见，即便是杨某和吕某的婚姻关系不存在了，吕某还是要承担连带责任。

吕某和杨某想以假离婚来逃避债务的行为并不能得到法律的支持。夫妻双方在婚姻关系存续期间以个人名义的借款，应由其共同偿还，不因婚姻关系的破裂而使另一方免除其连带偿还欠款的责任。

🔍陷阱防范

本案中杨某和吕某是不懂法才做出了损人不利己的事情，为了逃避债务而搞假离婚，结果债务没逃避得了，婚姻却不存在了。这件事对于杨某和吕某来说是一个教训，对于大家来说也要引以为戒。出借人在借款时应当让对方提供担保，提供人的担保或是物的抵押等。这样，在债务人到期不还款时，出借人可以向担保人要求履行债务，或者对抵押物进行拍卖，优先受偿。这样，出借人对于收回自己出借的款项，不至于付出太大的代价。

⚓ 法条链接

《最高人民法院关于贯彻执行〈中华人民共和国民法通则〉若干问题的意见（试行）》

43. 在夫妻关系存续期间，一方从事个体经营或者承包经营的，其收入为夫妻共有财产，债务亦应以夫妻共有财产清偿。

《中华人民共和国婚姻法》

第十七条 夫妻在婚姻关系存续期间所得的下列财产，归夫妻共同所有：

（一）工资、奖金；

（二）生产、经营的收益；

（三）知识产权的收益；

（四）继承或赠与所得的财产，但本法第十八条第三项规定的除外；

（五）其他应当归共同所有的财产。

夫妻对共同所有的财产，有平等的处理权。

《最高人民法院关于适用〈中华人民共和国婚姻法〉若干问题的解释(二)》

第十一条 婚姻关系存续期间，下列财产属于婚姻法第十七条规定的"其他应当归共同所有的财产"：

（一）一方以个人财产投资取得的收益；

（二）男女双方实际取得或者应当取得的住房补贴、住房公积金；

（三）男女双方实际取得或者应当取得的养老保险金、破产安置补偿费。

第二十四条　债权人就婚姻关系存续期间夫妻一方以个人名义所负债务主张权利的，应当按夫妻共同债务处理。但夫妻一方能够证明债权人与债务人明确约定为个人债务，或者能够证明属于婚姻法第十九条第三款规定情形的除外。

第五章　房屋买卖、租赁中的陷阱

○　在您购买了房屋，支付了全部价款后，房子就归您了吗？

所谓物权，是指权利人依法对特定的物享有直接支配和排他的权利，包括所有权、用益物权和担保物权。不动产物权的设立、变更、转让和消灭，应当依照法律规定登记。动产物权的设立和转让，应当依照法律规定交付。在我国，房子属于不动产，所以房子的买卖合同应当依照法律的规定登记。没有进行登记的，不为法律所保护。

💬情景再现

> 张某将自己的一套两室一厅的房子卖给了小王并签订了房屋买卖合同，但是张某故意没有到房产部门办理过户登记，暗自等待出更高价格的人来购买。小王支付全部房屋价款后全家就搬了进去。不料，一天小王家来了一位周某，称自己昨天刚从张某那儿买的房子，并拿出来房产证，房产证上记载的是周某的名字。小王一下子傻眼了。现在这房子是谁的？如果房子归周某，小王如何维护自己的合法权益呢？

📎律师提醒

本案中，小王没能得到该房子的所有权，是因为张某给他设了一个未登记陷阱。一房二卖的现象在现实中经常发生。不动产以登记的方式进行公示，没有登记的不动产所有权不发生转移，也不受国家法律的保护。根据《物权法》第9条第1款规定，不动产物权的设立、变更、转让和消灭，经依法登记，发生效力；未经登记，不发生效力，但法律另有规定的除外。由上述法条可知，小王虽然付清了房子的全部价款，但是我国法律对不动产实行的是登记制度，该房子的所有权不属于小王，小王也不是该房子的合法所有人。本案中，张某先后与小王和周某签订了买卖合同，这两份合同都是有效的，但是小王没有进行过户登记，所以他虽然占有房子，却不能取得该房子的所有权。而周某对房子进行了过户登记，因此取得了房子的所有权。本案中，小王可以根据有关法律请求张某承担违约责任，或者请求解除合同、返还已付购房款及利息、赔偿损失，并可以请求其承担不超过已付购房款一倍的赔偿责任。对于房子出卖人张某的行为，我国相关法律也作出了赔偿责任的规定。

🔍 陷阱防范

为了防范本案中的陷阱，大家在进行像房屋这类不动产的转让时，一定要去相关部门办理过户登记手续，否则，买受人不能取得不动产的所有权。

⚓ 法条链接

《中华人民共和国物权法》

第九条　不动产物权的设立、变更、转让和消灭，经依法登记，发生效力；未经登记，不发生效力，但法律另有规定的除外。

……

最高人民法院《关于审理商品房买卖合同纠纷案件适用法律若干问题的解释》

第八条　具有下列情形之一，导致商品房买卖合同目的不能实现的，无法取得房屋的买受人可以请求解除合同、返还已付购房款及利息、赔偿损失，并可以请求出卖人承担不超过已付购房款一倍的赔偿责任：

……

（二）商品房买卖合同订立后，出卖人又将该房屋出卖给第三人。

○　您可以因为房子便宜而直接去购买吗？

房屋买卖，是指以房屋这种不动产为标的物的一种买卖。由买受人与出卖人签订房屋买卖合同，买受人支付一定价款，出卖人将房屋所有权转移给买受人。商品房买卖作为房屋买卖的一种类型，首先是一种买卖合同。《合同法》规定，买卖合同是出卖人转移标的物的所有权于买受人，买受人支付价款的合同。商品房买卖是以商品房为标的物，由出卖人交付并转移商品房的所有权于买受人，买受人支付相应价款，以取得商品房的所有权。那么，当您在与房地产开发商签订商品房买卖合同的时候，是否已经考虑全面了？是否可以只因房子便宜而对其他事项不管不顾？

💬情景再现

　　某市的张某选中了某投资有限公司开发建设的商品房。该投资有限公司的商品房价格相比同类商品房来说，在同样的条件下是便宜了一些。张某觉得这对自己来说很优惠，于是就草率地签订了买卖合同。对于一些细节，张某根本没有仔细规定在合同中，而是签订了该公司给拟订的格式合同。该合同中，双方未约定何时可以把房产证办下来。张某在住房2年后，仍不见房产证下来。他找开发商理论，但开发商却再三推辞。经多次交涉无果，张某请律师对该公司进行了调查，发现该公司还未取得《房地产开发资质等级证书》就开始进行商品房的开发销售。该公司未取得《施工许可证》就擅自开工建设商品房，最重要的是它未取得合法的土地使用权。所以说，此开发商进行的房产开发是违法建筑，不可能办下受国家法律保护的房产证。

📎律师提醒

　　本案中，该房地产开发商作为房屋出卖人不符合我国相关法律对房地产开发商的要求。根据我国相关法律的规定，房地产开发企业应具备的条件是：①房地产开发企业作为商品房销售的出卖人，应当是独立的企业法人，并且符合法律的规定；②必须已经取得合法的土地使用权；③必须持有《房地产开发资质等级证书》；④必须具有《建设工程规划许可证》和《施工许可证》。房地产开发企业必须具备以上4个条件才能成为合格的出卖人，其销售的房子才能成为合法的商品房。本案中，张某只贪图房子便宜，没有去审核该开发商的资质以及一些合法的手续（是否取得施工许可证，是否获得了合法的土地使用权等）。因此，张某购买了违法的商品房，得不到房产证，是得不偿失。

🔍陷阱防范

　　为了防范本案中的陷阱，首先消费者在进行房屋买卖时应首先审查该房地产开发商的资质，看其是否具备上述房地产开发商应具备的4个条件。否则，您购买的房子可能是违法建筑。其次，要对该开发商的信誉进行审核。如果该开发商的信誉不好，那么他的房子再便宜也不能购买，否则您可能会吃亏。开发商可能私自减少房子的实际面积，增加公摊面积，改变楼盘的结构、朝向，多收取物业费、少提供物业服务等，使您的合法权益受到不法侵害。

💡 **法条链接**

《中华人民共和国城市房地产管理法》

第三十条　房地产开发企业是以营利为目的，从事房地产开发和经营的企业。设立房地产开发企业，应当具备下列条件：

（一）有自己的名称和组织机构；

（二）有固定的经营场所；

（三）有符合国务院规定的注册资本；

（四）有足够的专业技术人员；

（五）法律、行政法规规定的其他条件。

设立房地产开发企业，应当向工商行政管理部门申请设立登记。工商行政管理部门对符合本法规定条件的，应当予以登记，发给营业执照；对不符合本法规定条件的，不予登记。

……

《商品房销售管理办法》

第七条　商品房现售，应当符合以下条件：

（一）现售商品房的房地产开发企业应当具有企业法人营业执照和房地产开发企业资质证书；

（二）取得土地使用权证书或者使用土地的批准文件；

（三）持有建设工程规划许可证和施工许可证；

（四）已通过竣工验收；

（五）拆迁安置已经落实；

（六）供水、供电、供热、燃气、通讯等配套基础设施具备交付使用条件，其他配套基础设施和公共设施具备交付使用条件或者已确定施工进度和交付日期；

（七）物业管理方案已经落实。

○ 商品房销售广告中的承诺与房地产开发商的实际履行不一致怎么办？

为激起购房人的购买欲望，开发商充分利用人类虚荣心和想象力，将刺激性、煽动性的诗意语言写入广告，比如温馨家园、依山傍水、黄金地带、商机无限、无限升值潜力、居家置业首选等。在现实生活中，您是否因为开发商的广告宣传而蠢蠢欲动呢？当您要求开发商按照广告陈述与承诺履行合同时，开发商则以广告属于要约邀请，未订入合同，且广告注明其享有最终解释权为由，予以抗辩。

💬情景再现

2004年12月9日，姚某与某房地产公司签订商品房买卖合同一份，约定：姚某购买该房地产公司开发的"海盛商贸城"商品房一套，总价162 325元，包含沃克斯电梯、约克中央空调。合同签订的当日，姚某向某房地产公司支付了全部房款，后某房地产公司将该房交付姚某占有、使用。交付的电梯为浙江沃克斯电梯有限公司生产，空调为约克（无锡）空调冷冻设备有限公司提供。另查明，某房地产公司散发的"巩义市海盛商贸城"销售广告和宣传彩页中载有"巩义市唯一一家配置室内进口中央空调"、"唯一一家配置6部进口快捷购物扶梯"及"德国沃克斯大跨度自动扶梯"、"美国约克中央空调"等关于配套设施的描述。姚某以该房地产公司的广告宣传内容和实际履行不一致构成违约为由提起诉讼，要求赔偿损失，并继续履行未履行的合同。

✒️律师提醒

本案中，该房地产开发商是否给姚某设置了陷阱，关键就在于该商品房销售广告宣传中的承诺是否为商品房销售合同的一部分。如果是，房地产开发商只要发生实际履行与广告宣传不一致的情况就视为违约，就应当承担违约责任。通常情况下，宣传广告是要约邀请，不是要约，不构成合同的一部分。要约是当事人希望和他人订立合同的意思表示，要约邀请是希望对方向自己发出要约的意思表示，通俗地说，要约离合同的成立只有"承诺"这一步之遥，要约邀请还要经历"要约"和"承诺"两道门槛。要约是订立合同的必备方式，没有要约，就不会成立合同。要约必须具备两个条件：①希望和他人订立合同的意思表示内容具体确定；②只要经受要约人承诺，要约人即受该意思表示约束。由《合同法》第15条可知，商业广告的内容符合要约规定的，视为要约。本案中，该房地产开发商的广告宣传即商业广告（"巩义市唯一一家配置室内进口中央空调"、"唯一一家配置6部进口快捷购物扶梯"及"德国沃克斯大跨度自动扶梯"、"美国约克中央空调"）内容具体确定，视为要约。所以，本案中的广告宣传属于要约，是商品房销售合同的一部分。此外，最高人民法院《关于审理商品房买卖合同纠纷案件适用法律若干问题的解释》第3条详细解释，如果出卖人就商品房开发规划范围内的房屋及相关设施所作的说明和允诺具体确定，并对商品房买卖合同的订立以及房屋价格的确定有重大影响的，应视为要约。

接下来，需要证明该开发商的实际履行与其广告宣传不一致从而构成违约。本案中，合同中的"沃克斯电梯，约克中央空调"和广告中的"巩义市唯一一家配置室内进口中央空调、唯一一家配置6部进口快捷购物扶梯、德国沃克斯大跨度自动扶梯、美国约克中央空调"，前者可以理解为进口或者合资、外资等企业生产的同种牌子的同类产品，后者就将电梯和空调限制在"进口"之列，二者的价格、性能等有很大差异。很显然，该房地产开发商是在格式合同中使用"沃克斯电梯"、"约克中央空调"等相对比较模糊、笼统的字眼，来规避与宣传广告不一致的尴尬，最终导致双方产生争议。现实生活中，商品房买卖合同一般都是开发商制作的格式合同，本案也如此。《合同法》第41条规定，对格式合同的理解发生争议的，应当按照通常理解予以解释。对格式条款有两种以上解释的，应当作出不利于提供格式条款一方的解释。格式条款和非格式条款不一致的，应当采用非格式条款。被告所作的格式合同中关于电梯和空调的表述显然会产生不同的解释，并且被告在宣传广告中的"进口、美国、德国"之描述，已经非常具体明确，理应作出对原告更有利的解释，即将宣传广告中的内容认定为双方订立合同时的真实意思表示。那么，如果广告中的承诺未兑现，该房地产开发商就构成违约，应承担违约责任。

🔍 陷阱防范

为了防止本案中的陷阱，双方当事人之间应当签订一份有效的合同。而契约自由是私法的核心，意思自治原则被视为合同法的灵魂。只要合同的内容是平等双方当事人之间订立合同时的真实意思表示，并且不违反法律法规等强制性规定，即为有效合同，受到合同法的保护。而避免合同签订后产生争议的唯一途径就是相关内容在合同中的约定以更加明确、具体、醒目、不容易产生异议的方式出现。

🖋 **法条链接**

《中华人民共和国合同法》

第十三条 当事人订立合同，采取要约、承诺方式。

第十四条 要约是希望和他人订立合同的意思表示，该意思表示应当符合下列规定：

（一）内容具体确定；

（二）表明经受要约人承诺，要约人即受该意思表示约束。

第十五条 要约邀请是希望他人向自己发出要约的意思表示。寄送的价目表、拍卖公告、招标公告、招股说明书、商业广告等为要约邀请。商业广告的内容符合要约规定的，视为要约。

第四十一条 对格式条款的理解发生争议的，应当按照通常理解予以解释。对格式条款有两种以上解释的，应当作出不利于提供格式条款一方的解释。格式条款和非格式条款不一致的，应当采用非格式条款。

最高人民法院《关于审理商品房买卖合同纠纷案件适用法律若干问题的解释》

第三条 商品房的销售广告和宣传资料为要约邀请，但是出卖人就商品房开发规划范围内的房屋及相关设施所作的说明和允诺具体确定，并对商品房买卖合同的订立以及房屋价格的确定有重大影响的，应当视为要约。该说明和允诺即使未载入商品房买卖合同，亦应当视为合同内容，当事人违反的，应当承担违约责任。

○ 购房者可以随便与房地产开发商签订《商品房认购书》吗？

无论房子是大是小、地理位置如何、价位如何，您在购房过程中都必然会遇到这样的情况：当您根据楼盘宣传或广告前往看房的时候，售楼人员会立即带着您看沙盘、看户型图、参观样板房，随即指着沙盘对楼盘美好的未来进行描述。

在这种"描述"之下，您可能会对房子产生无穷的"好感"。就当您"依依不舍"的时候，销售人员会告诉你："这套房子多好呀，好多人都看上了，要真想买到这套房，最好是先签个《商品房认购书》，交点定金，把房子给定下来。要不然明天这房子可能就没有了。"

　　这里所说的《商品房认购书》，是指商品房买卖双方在签订商品房预售合同或商品房现房买卖合同之前所签订的文书，是对双方交易房屋有关事宜的初步确认。那么在我国，商品房认购书的法律效力如何？

💬**情景再现**

　　2005年10月4日，周某应房产公司要求与其签订《房产认购协议书》，并交付了定金2万元，约定购买该公司开发的一处房屋。当时该公司声称该房屋绝对不存在抵押等情况。签订协议后，周某于2005年10月9日携带购房款到房产公司准备正式签订商品房买卖合同。签订合同前，周某经向产权机关查询得知他预订的该套住宅已于2005年9月29日抵押给银行。周某遂拒绝签订商品房买卖合同，要求房产公司返还定金2万元，并提出在房产公司解除对该房屋的抵押后，双方再签订商品房买卖合同。但房产公司不愿退还已收取的定金。周某遂将房产公司告上法庭，要求法院判令该公司撤销《房产认购协议书》，返还已交的2万元定金并加倍赔偿2万元。

　　开庭后，房产公司辩称，该房产确实已抵押给银行，但公司在与周某签订协议之前，已告知周某房产被抵押的事实，银行也同意公司销售被抵押的房产，何况目前周某没有遭受任何损失。由于周某没有按时签订商品房买卖合同已经违约，故公司不退还购房定金的行为并无不当，请求法院驳回其诉讼请求。

　　法院审理后认为，由于房产公司在订立《房产认购协议书》时没有如实向购房者说明房产已被抵押，根据最高人民法院《关于审理商品房买卖合同纠纷案件适用法律若干问题的解释》作出判决：撤销双方签订的《房产认购协议书》，房产公司返还周某已付购房定金2万元，并支付赔偿金2万元。

📎**律师提醒**

　　本案中，该房产公司显然已经把与周某签订的《房产认购协议书》认定为是商品房买卖合同的一部分，而且为了使周某继续履行合同，还让周某交付了2万元定金。我国最高人民法院《关于审理商品房买卖合同纠纷案件适用法律若干问题的解释》第4条规定，出卖人通过认购、订购、预订等方式向买受人收受定金作为订立商品房买卖合同担保的，如果因当事人一方原因未能订立商品房买卖合同，应当按照法律关于定金的规定处理；因不可归责于当事人双方的事由，导致商品房买卖合同未能订立的，出卖人应当将定金返还买受人。也就是说，房产公司与周某签订《房产认购协议书》并收取定金的行为可以认定为其是以认购的方式向周某收取定金作为订立商品房买卖合同的担保行为。本案中，经法院审理后可知，双方未能订立商品房买卖合同，是由于该房产公司未如实向周某说明他卖给周某的房子已经向银行做了抵押，而使他们的意思未能达成一致。所以说，这应当按照法律关于定金的规定处理。在我国，所谓定金是指合同一方当事人为了担保其债务的履行，而向对方给付的一定金钱或其他替代物。根据《担保法》第89条规定，当事人可以约定一方向对方给付定金作为债权的担保。债务人履行债务后，定金应当抵作价款或者收回。给付定金的一方不履行约定的债务的，无权要求返还定金；收受定金的一方不履行约定的债务的，应当双倍返还定金。同时，《合同法》第115条规定，当事人可以依照《担保法》约定一方向对方给付定金作为债权的担保。债务人履行债务后，定金应当抵作价款或者收回。给付定金的一方不履行约定的债务的，无权要求返还定金；收受定金的一方不履行约定的债务的，应当双倍返还定金。本案中，该房产公司在与周某签订《房产认购协议书》时存在欺诈行为，所以根据《合同法》的相关规定，双方签订的《房产认购协议书》属于可撤销的。最后，法院撤销了双方签订的《房产认购协议书》并根据我国最高人民法院《关于审理商品房买卖合同纠纷案件适用法律若干问题的解释》第4条的规定判断该房产公司违约，返还周某已付购房定金2万元，而且支付赔偿金2万元。

🔍 陷阱防范

为了防范本案中《房产认购协议书》中的"定金"陷阱，购房者在与房产公司签订的《房产认购协议书》中涉及定金时一定要谨慎，需要知道认购书签订后如何认定认购人的行为构成违约。这主要有以下几种情况。根据各种不同的情形，是否构成违约也不尽相同：

第一，如果是因为准买受人无意前来和开发商根据认购书约定的主要条款洽谈买卖合同而签约，则开发商有权不予返还定金。

第二，如果开发商事先隐瞒未取得商品房预售许可证这一事实，却依然诱惑购房者签订认购书，应该认定属于欺诈。此时认购人并无过错，此时签订的认购书（所谓的内部认购），因商品房未取得预售许可证，属于违反法律强制性规定的无效合同，认购书当然无法律效力，开发商应当返还定金。

　　第三，当期限到来之后，双方无法协商一致，导致本约合同无法订立。此种情况下认购人是否违约?

　　双方签订的认购书如未具备《商品房销售管理办法》第16条规定的商品房买卖合同所需的必备条款，认购书只能算是双方约定了双方都有义务进一步磋商，努力使正式的合同成功签订。但正式的《商品房买卖合同》的条款，如房屋的交付条件和交付期限等，不能只由开发商单方面规定。同样地，认购人也无权强迫公司接受认购人的修改要求。合同条款须经双方协商一致才能确定。如果就相关条款未能达成一致，根据《合同法》、最高人民法院《关于审理商品房买卖合同纠纷案件适用法律若干问题的解释》及相关规定，视为本合同未能顺利成立，并不能视为认购人违约。未成立的合同对双方都没有法律约束力。开发商如果收受了准买受人的定金或预付款的话，应当予以退回。

　　一句话，在约定定金条款时，要使自己能"退出"（免责），不要使自己陷入由于这笔钱款无法退还，会造成自己的损失，为了"防止损失"而"不得已"签约的困境。

　　♀ **法条链接**

　　最高人民法院《关于审理商品房买卖合同纠纷案件适用法律若干问题的解释》

　　第四条　出卖人通过认购、订购、预订等方式向买受人收受定金作为订立商品房买卖合同担保的，如果因当事人一方原因未能订立商品房买卖合同，应当按照法律关于定金的规定处理；因不可归责于当事人双方的事由，导致商品房买卖合同未能订立的，出卖人应当将定金返还买受人。

　　第五条　商品房的认购、订购、预订等协议具备《商品房销售管理办法》第十六条规定的商品房买卖合同的主要内容，并且出卖人已经按照约定收受购房款的，该协议应当认定为商品房买卖合同。

　　《商品房销售管理办法》

　　第十六条　商品房销售时，房地产开发企业和买受人应当订立书面商品房买卖合同。

　　商品房买卖合同应当明确以下主要内容：

　　（一）当事人名称或者姓名和住所；

　　（二）商品房基本状况；

　　（三）商品房的销售方式；

（四）商品房价款的确定方式及总价款、付款方式、付款时间；

（五）交付使用条件及日期；

（六）装饰、设备标准承诺；

（七）供水、供电、供热、燃气、通讯、道路、绿化等配套基础设施和公共设施的交付承诺和有关权益、责任；

（八）公共配套建筑的产权归属；

（九）面积差异的处理方式；

（十）办理产权登记有关事宜；

（十一）解决争议的方法；

（十二）违约责任；

（十三）双方约定的其他事项。

《中华人民共和国担保法》

第八十九条　当事人可以约定一方向对方给付定金作为债权的担保。债务人履行债务后，定金应当抵作价款或者收回。给付定金的一方不履行约定的债务的，无权要求返还定金；收受定金的一方不履行约定的债务的，应当双倍返还定金。

《中华人民共和国合同法》

第一百一十五条　当事人可以依照《中华人民共和国担保法》约定一方向对方给付定金作为债权的担保。债务人履行债务后，定金应当抵作价款或者收回。给付定金的一方不履行约定的债务的，无权要求返还定金；收受定金的一方不履行约定的债务的，应当双倍返还定金。

○　在接受房屋时故意不检查，反正出现质量问题可以退房并要求赔偿损失，是真的吗？

根据《消费者权益保护法》及《产品质量法》的相关规定，消费者可以对购买到有质量问题的产品要求销售者退货。但是商品房出现质量问题时，购房者能否要求房地产开发商退房呢？

💬情景再现

　　2004年2月19日，原告宋某与被告南康市某房地产有限公司签订了一份商品房买卖合同，由原告向被告购买商品房一套，房屋总额为84 199元。房屋交付时，房主没有进行质量检查便对房屋进行了装修。不久，该商品房墙体出现多处裂缝。2005年8月10日晚，该商品房靠东边的主卧室天花板坠落面积为一平方米的水泥石灰砂浆，差点造成人身伤害。于是，原告于2005年12月20日以该商品房存在严重质量问题、不符合正常的居住安全及使用条件为由起诉至南康法院，要求依法解除商品房买卖合同，由被告退回原告购房款84 199元及利息，并赔偿装修损失及现房差价48 000元。

　　被告辩称，原告所购买的商品房是顶层，墙体出现裂缝是温差所致，而房屋天花板砂浆坠落只能说明原告在对墙体抹面施工中存在一定的问题，不是房屋的主体结构存在质量问题。该商品房通过了有关部门的检测，出具了建筑工程质量验收合格报告，符合安全居住的条件。现被告同意对已出现的问题进行修复，但不同意解除合同。

✐律师提醒

　　本案中，双方的焦点就在于原告宋某的房子出现的质量问题是否达到了可以与被告解除合同，即退房的地步。根据我国《最高人民法院关于审理商品房买卖合同纠纷案件适用法律若干问题的解释》的相关规定，可以解除合同的情形有两种：一是房屋主体结构质量经核验确属不合格，买受人请求解除合同和赔偿损失的，应予支持；二是因房屋质量问题严重影响正常居住使用，买受人请求解除合同和赔偿损失的，应予支持。由有关部门检测出具的建筑工程质量验收合格报告可知，本案不存在该法规定可以解除合同的第一种情形，即房屋主体结构质量不存在问题。那么，原告宋某的房子出现的质量问题是否已经严重影响了其正常居住使用呢？要界定什么情况是属于"严重影响正常居住使用"。该法的相关规定操作性不强，必须通过司法鉴定来进行综合评定。法官也可以从以下三个方面进行综合考量：

　　1.查找相关的法律法规明确哪些房屋质量问题不应解除合同。如《中华人民共和国建筑法》（以下简称《建筑法》）第60条第2款，建筑工程竣工时，屋顶、墙面不得留有渗漏、开裂等质量缺陷；对已发现的质量缺陷，建筑施工企业应当修复。这一规定就列举了部分质量问题应当进行修复的情况，而不是原告所诉的解除合同。

2.综合分析若房屋进行修复后是否仍然存在威胁购房人人身、财产安全的因素。如果该房屋经修复后仍然不能保证购房人的人身和财产安全，那么就应该是达到了"严重影响居住使用"条件，应解除双方的买卖合同关系，并要求出卖人赔偿相应的损失。

3.如果房屋经鉴定确实存在严重质量缺陷，无法正常使用，严重干扰和影响了购房人的生活，可以提出解除合同和赔偿损失的请求。反之，则不应解除合同。

从以上方面进行综合分析判断，本案宋某的房屋出现的质量问题应属于《建筑法》第60条第2款规定的质量缺陷，应该是只适用于修复，而不是解除双方的合同。原告宋某不能要求退房，只能要求被告承担修复责任。

🔍 陷阱防范

为了防范本案中的陷阱，购房者在遇到自己购买的商品房有质量问题时，首先要了解相关的法律法规，明确当商品房出现怎样的质量问题才可以要求开发商退房，再以充分的理由诉至法院时，才会得到法院的支持。否则，消费者通过了漫长的诉讼过程，最后并不一定能得到法院的支持。当自己的合法权益受到侵害时，不能盲目，而要保持清醒的头脑。只有做出理智的选择才是正确之举。

⚓ 法条链接

《最高人民法院关于审理商品房买卖合同纠纷案件适用法律若干问题的解释》

第十二条　因房屋主体结构质量不合格不能交付使用，或者房屋交付使用后，房屋主体结构质量经核验确属不合格，买受人请求解除合同和赔偿损失的，应予支持。

第十三条　因房屋质量问题严重影响正常居住使用，买受人请求解除合同和赔偿损失的，应予支持。

......

《中华人民共和国建筑法》

第六十条　建筑物在合理使用寿命内，必须确保地基基础工程和主体结构的质量。

建筑工程竣工时，屋顶、墙面不得留有渗漏、开裂等质量缺陷；对已发现的质量缺陷，建筑施工企业应当修复。

○ 在商品房买卖合同中，一切都以条款的形式约定好后，真的能如约定的那样吗?

在购房人与卖房人签订购房合同时，一些开发商总是怕购房人违约，要么是要求交定金，要么是提前收了购房款。但是在完全保障了自己的权利后，开发商却在损害购房人的利益。他们不是在房子质量上"挖墙脚"，就是在交房时间上与购房人玩"躲猫猫"。显然一些不法开发商就是在明目张胆地损害购房人的利益。对于这样的不法行为，是否购房人就只能任其摆布呢? 购房人因为他们逾期交房造成的损失可以忽略不计吗?

💬情景再现

市民李女士于2010年2月与某房地产开发公司签订了房屋买卖合同，合同约定房屋的交房日期为当年8月31日。但在到期交房时，房地产开发公司却无法出示房屋竣工验收合格证、消防验收合格证明、房屋验收备案表等证件及资料。为此，李女士以房屋达不到交房条件为由拒绝收房。事后，李女士将房地产开发公司告上法庭，申请法院判令房地产开发公司给付因逾期交房而产生的已付款利息、违约金、租房费等损失共5万元。庭审中，房地产开发公司辩称，涉诉商品房并非李女士所说，其实已经符合了业主入住的条件，已经取得竣工验收报告，而且合同中约定的交付条件并不包含房屋验收备案表，故无需出示验收备案表给李女士。此外，房地产开发公司对李女士提交的租赁协议等均不认可。

📎律师提醒

本案中，该房产开发商其实是以一种违背法律的行为来逃避另一种违背法律的行为。开发商辩称，合同中约定的交付条件并不包含房屋验收备案表，违反了我国《城市房地产管理法》第27条第2款的规定，即房地产开发项目竣工，经验收合格后，方可交付使用。同时，《城市房地产开发经营管理条例》第17条第1款规定，房地产开发项目竣工，经验收合格后，方可交付使用；未经验收或者验收不合格的，不得交付使用。所以说，开发商的辩驳理由得不到法院的支持。但是，李女士的诉讼请求是否能够得到法院的全部支持呢?《合同法》第107条规定，当事人一方不履行合同义务或者履行合同义务不符合约定的，应当承担继续履行、采取补救措施或者赔偿损失等违约责任。由上述法条可知，赔偿损失是违约人承担违约责任的一种方式。所以说，李女士的诉讼请求中要求该房产开发商支付因逾期交房而产生的已付款利息、违约金、租房费等损失共5万元中的利息跟租房费与违约金是重复的。所以，李女士只能选择其中的一项。根据《合同法》第114条的规定，当事人可以约定一方违约时应当根据违约情况向对方支付一定数额的违约金，也可以约定因违约产生的损失赔偿额的计算方法。经调查发现违约金数额不能弥补李女士的租房费损失，则违约金应以李女士的房租替代。最终，法院判令房地产开发公司赔偿李女士已付款利息、租房费等损失共计3.6万余元。

🔍 陷阱防范

本案的"逾期交房"陷阱从表面上看，似乎是因为李女士到期拒收房屋而造成的。其实该房地产开发商所交的房屋是不符合交付条件的，因为该房屋没有经过建筑工程竣工验收，合格不合格还是个未知数。根据我国法律的规定，未经竣工验收合格的房屋是不能交付的。所以说，虽然该房产开发商在合同中约定给李女士的期限交房，但实际上已经是"逾期交房"了。为了防止一些房产开发商利用购房人的资金来做自己的生意，对于在现实生活中的"逾期交房"现象，购房人在与其签订商品房买卖合同的同时，对交房的期限要有约定条款。当房产开发商违反约定逾期交房时，应当承担的违约责任及承担方式都要有具体条款，需要数字明确，操作性强，内容理解不发生歧义。这样，当房地产开发商违约的情形出现时，才不至于非要通过诉讼途径来解决。此外，对于不可抗力的条款也要作出约定。根据"谁主张，谁举证"的原则，如果在一些房产开发商对于其违约用不可抗力来抗辩时，法院会要求他提供证据。如果他提供不出证据，则得不到法院的支持。

⚓ 法条链接

《城市房地产管理法》

第二十七条　房地产开发项目的设计、施工，必须符合国家的有关标准和规范。

房地产开发项目竣工，经验收合格后，方可交付使用。

《城市房地产开发经营管理条例》

第十七条　房地产开发项目竣工，经验收合格后，方可交付使用；未经验收或者验收不合格的，不得交付使用。

……

《中华人民共和国合同法》

第一百零七条 当事人一方不履行合同义务或者履行合同义务不符合约定的，应当承担继续履行、采取补救措施或者赔偿损失等违约责任。

第一百一十三条 当事人一方不履行合同义务或者履行合同义务不符合约定，给对方造成损失的，损失赔偿额应当相当于因违约所造成的损失，包括合同履行后可以获得的利益，但不得超过违反合同一方订立合同时预见到或者应当预见到的因违反合同可能造成的损失。

……

○ 从中介买房，警惕不法中介从中"吃差价"。

与中介打交道，是目前许多购房者在寻找房源时必经的一道步骤。好的中介公司可以令购房者及时、有效地获得第一手的信息，反之，则有可能使购房者花冤枉钱，引发复杂的诉讼纠纷。尽管有一系列的条例明令禁止，但违规操作、赚取差价却仍是房地产中介市场一个近乎公开的"秘密"。有些中介公司人员冒充购房者，利用信息的不对称，隐瞒真实价格，骗取不正当的利益，或者以配合办理高额贷款为幌子欺骗原房主，让买卖双方签订不同价格的买卖合同，赚取巨额差价。这样的中介公司根本没有一点商业道德。为了避免上不良中介公司的当，购房者切记要看清合同内容再签字，过户时要核实对方身份，确认成交价格，防止中介从中渔利。

💬情景再现

陈先生买房可谓神速——第一天相中房子并交定金，第二天签购房合同并全额支付房款。然而，他却因此落入中介谋取巨额差价的圈套。

陈先生说，今年1月29日，他相中位于城站路的一套二手房，中介发布的广告称该房86平方米、33.8万元。当天看房后，陈先生经讨价还价，接受了中介共计32.5万元的要价，其中31.5万元为房主要价，1万元为中介费和各项税费。他当即支付6000元定金。然而，与中介签订购房合同时，陈先生惊异地发现，房产证上的面积仅有72.8平方米，比中介所说的足足少了13.2平方米。而且合同只是其与中介公司双方签订的房屋买卖合同。陈先生称，因为急于买房，当时并没有过多跟对方理论。

不过，2月22日领取房产证时从原房主了解到的秘密却令陈先生惊呆了。原房主说，她只收到中介的28万元房款。陈先生表示"中介没有按《合同法》规定，向我提供卖主的真实信息，从而赚取了3.5万元的巨额差价。"

律师提醒

本案中该中介公司隐瞒卖方的委托售价，故意谎报房价从而获取差价的行为构成欺诈。王先生可与中介公司协商返还房款差价3.5万元，协商不成，可向人民法院提起诉讼，请求撤销或者变更购房合同。请求撤销的，可同时要求中介方赔偿损失；请求变更的，可要求中介方返还房款差价。该中介公司由于在与陈先生签订房屋买卖合同时，就合同的重要内容——房价对陈先生存在欺诈，使陈先生在违背真实意思的情况下订立了房屋买卖合同，按照《合同法》的规定，该合同属可变更或可撤销的合同。在合同变更或撤销后，陈先生由此造成的损失由中介公司负责赔偿。

陷阱防范

对于本案中该中介多收差价的行为，专业人士支招说，首先，在和中介签订三方服务协议时，买家切记要看清协议内容再签字。协议主要内容包括介绍房屋自身状况、收取佣金标准、违约条款等。买家一定要逐条看清并理解到位；其次，在房屋交易前，买家一定要核实房主的房产证、身份证、户口簿等证件，并力争和房主面对面交流；再次，签正式合同时，买家必须要求买房、卖房及中介三方同时到场，并认真审查合同所有条款，尤其是涉及费用分摊、房款支付方式和时间、房屋交付使用日期、违约责任等方面的条款；最后，与中介签订委托合同、三方签订买卖合同及现场验房时，最好准备一个录音时间较长、效果较好的录音设备，以便后期发现对方有诈时，有充足、有力的维权证据。

法条链接

《中华人民共和国合同法》

第五十四条 下列合同，当事人一方有权请求人民法院或者仲裁机构变更或者撤销：

（一）因重大误解订立的；

（二）在订立合同时显失公平的。

一方以欺诈、胁迫的手段或者乘人之危，使对方在违背真实意思的情况下订立的合同，受损害方有权请求人民法院或者仲裁机构变更或者撤销。

当事人请求变更的，人民法院或者仲裁机构不得撤销。

第五十八条　合同无效或者被撤销后，因该合同取得的财产，应当予以返还；不能返还或者没有必要返还的，应当折价补偿。有过错的一方应当赔偿对方因此所受到的损失，双方都有过错的，应当各自承担相应的责任。

○　在购房时，对于"房主"的身份，您有怀疑过吗？

一套房子也许是许多人一辈子最大的投资，也是许多人一辈子的希望，它的任何"小事"对购房人来说都是"大事"。面积缩水、虚假广告、延期交房、私改规划等让购房人吃亏上当的事成为常态，尤其是二手房猫腻更为明显。二手房交易如今在房产交易中占有越来越重要的地位，因为二手房的价格优势及较为完善的周边配套设施，很多人把目光转移到二手房市场。然而，这也给一些不法之徒带来了"商机"。购房不慎，不仅损失钱财，还落得一肚子气。那么购房者在购买二手房时究竟会遇到哪些陷阱，又该如何避免落入陷阱呢？

💬情景再现

赵福林于2001年3月19日通过拆迁获得密云县檀州家园东区某楼房1套。2005年8月23日，赵福林将该套楼房赠与其子，并在公证处办理了赠与公证。2005年12月15日，赵福林隐瞒已将该套楼房赠与其子的事实，通过中介与范爱芬签订房屋买卖协议书，协议约定将该房以16万元的价格卖给范爱芬，从而骗取范爱芬购房首付款人民币9.5万元。赵福林表示，儿子在得到赠与的房产后，对自己未尽到赡养义务，他就可以拿回来。赵福林坚持声称自己并没有以骗取范爱芬钱财为目的，因为他认为房子本来就属于自己所有。

📎律师提醒

法院在审理本案时认为，赵福林无视国法，以非法占有为目的，虚构事实、隐瞒真相，并以签订房屋买卖协议书为手段，骗取他人财物，数额巨大，其行为已构成合同诈骗罪，依法应予惩处。北京市密云县人民检察院指控被告人赵福林犯合同诈骗罪罪名成立，法院予以支持。被告人赵福林违法所得应依法追缴。鉴于被告人赵福林自愿认罪，对其酌情从轻处罚。据此，根据被告人赵福林犯罪的事实、犯罪的性质、情节和对社会的危害程度，判决被告人赵福林犯合同诈骗罪，判处有期徒刑4年6个月，罚金人民币5000元，继续追缴被告人赵福林违法所得人民币92 000元，发还范爱芬。

合同诈骗罪是指以非法占有为目的，在签订、履行合同过程中，采取虚构事实或者隐瞒真相等欺骗手段，骗取对方当事人的财物，数额较大的行为。根据《刑法》第224条的规定，犯合同诈骗罪的，处3年以下有期徒刑或者拘役，并处或者单处罚金；数额巨大或者情节严重的，处3年以上10年以下有期徒刑，并处罚金；数额特别巨大或者情节特别严重的，处10年以上有期徒刑或者无期徒刑，并处罚金或者没收财产。该罪的构成要件为：

1.本罪的客体，是复杂客体，即国家对经济合同的管理秩序和公私财产所有权。本罪的对象是公私财物。

2.本罪的客观方面，表现为在签订、履行合同过程中，以虚构事实或者隐瞒真相的方法，骗取对方当事人财物，数额较大的行为。

3.本罪的主体，个人或单位均可构成。犯本罪的个人是一般主体，犯本罪的单位是任何单位。

4.本罪的主观方面，表现为直接故意、并且具有非法占有对方当事人财物的目的。

本案中，被告人主观上以非法占有为目的，客观上隐瞒事实真相，在不具备房屋所有权的条件下与范爱芬签订了卖房合同，从一开始就根本不准备履行合同，事实上其也没有履行合同的实际能力；拿到首付款后迟迟不能配合房产过户，虽然房子本是由赵福林所有，但在赠给其子之后其已经没有处分权。而其一直隐瞒真相拖延办理手续的时间，既在合同订立上及后期履行上都有欺诈行为，也无履行合同的实际行为。且赵福林之后将钱款挥霍一空，客观上没有补救之意，在纠纷发生后虽有悔过，但退回的3000元只是总金额的极小一部分，而且也是在受到追诉后才予以退还的。如此签订合同是假，骗取财物是真，从主客观上分析其行为已符合合同诈骗罪的构成要件，当以合同诈骗罪论处，而非简单的民事纠纷。

🔍 陷阱防范

为了防范本案中的陷阱，选择正规的中介至关重要。

在现实生活中，不少人选择中介公司买房时存在误区。一些人认为通过中介公司买房，仅是为了省去自己过户繁杂的手续。其实一家正规的中介公司不仅能做到这些，还能帮助购房者避免不少购房陷阱。

一个正规的中介公司需要具备哪些条件呢？

第一，中介公司一定是通过市住建委备案获得备案证的。

第二，中介公司要有营业执照。

第三，也是购房者最容易忽视的问题，那就是正规的中介公司要有独立的财务。

此外，购房时要签订正规详尽的买卖合同。

签订正规的房屋买卖合同不仅能保障合同的有效性，使自己被法律保护，还能在产生纠纷时保障自己的合法权益，是确定当事人权利义务的重要依据。所以购房者在签订购房合同（协议）时应注意以下几点：

1.买卖双方姓名及身份证号必不可少，而且交易房屋不管有几个共有人，都应在合同上签名。即使其中有人无法签字，代签人也应该拿出被代签人经过公证的授权委托书。

2.交易房屋的地址、面积、房产证编号及交易金额均要写明，付款方式、付款期限也必不可少。

3.要列明交房时间、交房方式。

4.要写明违约责任及合同生效时间。

5.购买二手房还要注意房间内的附属物、附属设施，这些也可写入合同（协议）或在补充合同（协议）中列明。

⚓ 法条链接

《中华人民共和国刑法》

第二百二十四条　有下列情形之一，以非法占有为目的，在签订、履行合同过程中，骗取对方当事人财物，数额较大的，处三年以下有期徒刑或者拘役，并处或者单处罚金；数额巨大或者有其他严重情节的，处三年以上十年以下有期徒刑，并处罚金；数额特别巨大或者有其他特别严重情节的，处十年以上有期徒刑或者无期徒刑，并处罚金或者没收财产：

（一）以虚构的单位或者冒用他人名义签订合同的；

（二）以伪造、变造、作废的票据或者其他虚假的产权证明作担保的；

（三）没有实际履行能力，以先履行小额合同或者部分履行合同的方法，诱骗对方当事人继续签订和履行合同的；

（四）收受对方当事人给付的货物、货款、预付款或者担保财产后逃匿的；

（五）以其他方法骗取对方当事人财物的。

……

○ 租赁房屋后，可以不对房屋内的设备进行检查而直接使用吗？

近年来随着房价的不断攀升，很多在一线城市的外地人都选择了租房。那么您对租赁了解多少呢？租赁是一种以一定费用借贷实物的经济行为。在这种经济行为中，出租人将自己所拥有的某种物品交与承租人使用，承租人由此获得在一段时期内使用该物品的权利，但物品的所有权仍保留在出租人手中。承租人为其所获得的使用权需向出租人支付一定的费用（租金）。那么出租人和承租人的权利和义务是什么呢？根据《合同法》的相关规定，出租人应当按照约定将租赁物交付承租人，并在租赁期间保持租赁物符合约定的用途。出租人应当履行租赁物的维修义务，但当事人另有约定的除外。承租人应当按照约定的期限支付租金。承租人应当妥善保管租赁物，因保管不善造成租赁物毁损、灭失的，应当承担损害赔偿责任。那么，因租赁的房屋有瑕疵而使承租人受损的，责任由谁承担？

💬 情景再现

2009年6月26日，郭某与某小区的房主张某签订了一份房屋租赁合同。该房屋是三室一厅，郭某承租其中的一间。在签订合同时，张某知道油烟机有点毛病，可能会致人损伤。但是他为了不更换油烟机，故意没有告诉郭某。郭某住进来不久后，一次在做饭时，该油烟机开关处的玻璃突然掉下来，一下子扎进了郭某的眼睛里，致使郭某左眼失明。郭某很气愤，于是，要求房主张某赔偿责任。但房主张某却表示，这是郭某自己使用不当所造成的，与自己无关，拒不承担赔偿责任。

📎 律师提醒

本案中，房主张某以郭某使用不当为由进行抗辩，是对自己义务的一种逃避。根据《合同法》第216条规定，出租人应当按照约定将租赁物交付承租人，并在租赁期间保持租赁物符合约定的用途。由此法条可以看出，出租人的义务有两项：一是交付租赁物的义务，二是对租赁物的瑕疵承担担保义务。租赁既然是有偿合同，那么出租人也就如同出卖人一样，就其供给的物负担瑕疵担保责任，担保物的品质及其用益权均合乎约定地使用。并不是所有因房屋的瑕疵而使承租人受损的情形都由出租人承担。根据我国相关法律法规的规定可以总结出以下三种免责条件：一是承租人在订立合同时明知租赁物存在瑕疵的，出租人不负瑕疵担保责任，承租人无权要求出租人进行维修、减少租金或解除合同。但在特殊情况下，如租赁物危及承租人安全或健康的，即使承租人明知，根据法律规定承租人仍有权随时解除合同。二是承租人怠于行使瑕疵通知义务。在租赁期间，出现租赁物有修理、防止危害之必要、第三人就租赁物主张权利以及其他依据诚实信用原则应当通知，而承租人怠于通知，致自己遭受损失或出租人损害的，承租人应承担责任。三是瑕疵系承租人过错所致。承租人损害租赁物，按约定或习惯应由承租人修理的，出租人不承担责任。本案中，房主张某的行为对承租人郭某导致的损害，并不属于以上三种情形，所以张某应当承担对承租人郭某的人身伤害赔偿。

🔍 陷阱防范

为了防范本案中的房屋瑕疵陷阱，承租人在与出租人签订租赁合同时，应当对房屋内的设备进行检查，如发现有危险应当及时通知出租人，要求其承担对房屋内瑕疵的修复义务。如果承租人发现该房屋内有瑕疵，但没有通知出租人，就等于是默认了房屋的瑕疵。这样，即便是在承租人因该瑕疵而遭受损害，出租人也会以承租人的"明知"做出抗辩。

⚓ 法条链接

《中华人民共和国合同法》

第二百一十六条 出租人应当按照约定将租赁物交付承租人，并在租赁期间保持租赁物符合约定的用途。

○ 租房可以不审查房屋产权证吗？

房屋租赁，是由房屋的所有者或经营者将其所有或经营的房屋交给房屋的消费者使用，房屋消费者通过定期交付一定数额的租金，取得房屋的占有和使用权利的行为。房屋租赁是房屋使用价值零星出售的一种商品流通方式。为了加强房地产市场秩序，保障当事人的合法权益，根据《城市房地产管理法》、《商品房屋租赁管理办法》等法律、法规的规定实行房屋租赁登记备案制度，对租赁双方的合同进行监证，发给承租人《房屋租赁登记证》。那么，承租人在租房时，如何确定该出租人是所要出租房的合法所有权人？

💬情景再现

2010年3月，张小姐找到一条位于北京市马驹桥附近某小区5楼的租房信息，查看房子后觉得满意，就向房东交了3000元的租赁费。岂料所谓的"房东"同样也是租房者，在找到该出租房的信息后与房东联系交付700元押金，拿到钥匙冒充"房东"，转手将房子高价租给了张小姐，骗取房款后逃离。该人之后被警方抓获。

✏️律师提醒

本案中，该"房东"给张小姐设的陷阱已经触犯了《刑法》，构成了诈骗罪。所谓诈骗罪是指以非法占有为目的，用虚构事实或者隐瞒真相的方法，骗取数额较大的公私财物的行为。在《刑法》上认定某种犯罪行为构成某种罪时，一般采用犯罪的构成要件。构成本罪的客体要件，是公私财物所有权。有些犯罪活动虽然也使用某些欺骗手段，甚至也追求某些非法经济利益，但因其侵犯的客体不是或者不限于公私财产所有权，所以不构成诈骗罪。例如拐卖妇女、儿童的，属于侵犯人身权利罪。

客观要件：本罪在客观上表现为使用欺诈方法骗取数额较大的公私财物。首先，行为人实施了欺诈行为。其次，欺诈行为使对方产生错误认识。再次，成立诈骗罪要求被害人陷入错误认识之后作出财产处分。最后，欺诈行为使被害人处分财产后，行为人便获得财产，从而使被害人的财产受到损害。此外需要注意的是，诈骗罪并不限于骗取有体物，还包括骗取无形物与财产性利益。根据《刑法》第210条的有关规定，使用欺骗手段骗取增值税专用发票或者可以用于骗取出口退税、抵扣税款的其他发票的，成立诈骗罪。

本罪主体是一般主体，凡达到法定刑事责任年龄、具有刑事责任能力的自然人均能构成本罪。

本罪在主观方面表现为直接故意，并且具有非法占有公私财物的目的。

本案中，该"房东"侵犯的客体是张小姐对其3000元租赁费的所有权。客观方面采用了自己是"房东"的欺诈方法骗取了张小姐数额较大的财物。本罪的主体是一般主体，该"房东"具备。该"房东"在主观方面表现为直接故意，并且非法占有了张小姐的3000元。所以，该"房东"的行为已经构成了《刑法》第266条规定的诈骗罪。《刑法》第266条规定，诈骗公私财物，数额较大的，处3年以下有期徒刑、拘役或者管制，并处或者单处罚金；数额巨大或者有其他严重情节的，处3年以上10年以下有期徒刑，并处罚金；数额特别巨大或者有其他特别严重情节的，处10年以上有期徒刑或者无期徒刑，并处罚金或者没收财产。本法另有规定的，依照规定。

🔍 陷阱防范

为了防范本案中的陷阱，广大市民在租房过程中确认房东的身份最为重要，一定要查看对方持有的房产证、身份证原件，并进行相关确认工作，不要存在侥幸心理，以保证所租房屋没有产权争议。这样一来能够避免被骗，二来能最大可能地绕开高价转租的"二房东"。

⚓ 法条链接

《中华人民共和国刑法》

第二百六十六条 诈骗公私财物，数额较大的，处三年以下有期徒刑、拘役或者管制，并处或者单处罚金；数额巨大或者有其他严重情节的，处三年以上十年以下有期徒刑，并处罚金；数额特别巨大或者有其他特别严重情节的，处十年以上有期徒刑或者无期徒刑，并处罚金或者没收财产。本法另有规定的，依照规定。

○ 对于租赁合同，承租人可以只听取出租人的口头承诺而不仔细阅读吗？

在现实生活中，大家去租房一般都是先和房主以口头形式讲好房价。至于租赁合同，大家似乎都没怎么太仔细阅读过。通常情况下，房主都会以格式合同与承租人签订租房合同，其中的一些条款近乎霸王条款，还有一些条款可能是房主的阴谋。尤其是在拟订违约责任时，合同一般都只规定承租人违约要承担的责任是得不到押金，而对于房主的违约责任则只字不提。对于这样的违约条款，你敢轻易地不仔细阅读而签订合同吗？

💬情景再现

某市的大学生杨某与其好友一起在校门口租了某三居单元楼其中的一间。当时，他与房东讲好房价，就草率地签了租赁合同。合同上密密麻麻地写了很多字，杨某却以为简单的租赁合同不会有什么陷阱。对于那些条款，他没仔细阅读，只听房主口头承诺。结果，在1年房租到期后，杨某在退房时，房东拿出合同——对照屋里的东西，发现一辆旧自行车不见了，要求杨某赔偿并扣除了其300元押金。而杨某清楚地记得，他住进来的时候房里根本就没有什么自行车。

📎律师提醒

本案中，该房主的做法很明显是给杨某在合同条款方面设了一个陷阱，他的做法违背了诚实信用原则。在与杨某签订租赁合同时，他故意隐瞒了与合同相关的内容，可以说是采用欺诈的方法使对方在违背真实意思的情况下签订了租赁合同。杨某可以以该房主在与自己签订租赁合同时采用了欺诈的方法使自己在违背真实意思的情况下订立合同为由，请求人民法院或者仲裁机构变更或撤销其与房主签订的租赁合同。

🔍陷阱防范：

为了防范本案中的陷阱，承租人在与房主签订租赁合同时要仔细阅读租赁合同，明确双方的权利和义务。对于合同中应该具备的条款，要看是否在租赁合同中有涉及，如果有涉及，要看是否可操作性强。对于合同的条款，双方要确定理解的是否一致，在确认租赁合同条款无误后，再签订也不晚。这样，像本案中的陷阱就可以轻易防范，不会被一些不法房主所利用。

🔌 法条链接

《中华人民共和国合同法》

第五十四条　下列合同，当事人一方有权请求人民法院或者仲裁机构变更或者撤销：

（一）因重大误解订立的；

（二）在订立合同时显失公平的。

一方以欺诈、胁迫的手段或者乘人之危，使对方在违背真实意思的情况下订立的合同，受损害方有权请求人民法院或者仲裁机构变更或者撤销。

当事人请求变更的，人民法院或者仲裁机构不得撤销。

○　对于合租房，可以只图房屋价格便宜而入住吗？

目前，在一些一线城市，随着城市化的发展以及外来人口的增多，住房拥挤的状况已人尽皆知。随着房价的疯狂攀升，租房价格也在不断疯涨。一些外地年轻人为了节省成本只能寻求合租。但是，因合租所带来的一系列问题也越来越多。

💬情景再现

　　刚来北京不久的大学生刘某在某小区的电线杆上找到了一家自己中意的房子，联系后要求看房。刘某感觉此房干净整洁，屋内采光条件还好，价格也比较优惠，就是要跟房主一块住。刘某也没太介意，与房主签订了一份租期为1年的房屋租赁合同。结果，住进来的第3天，刘某的房间就被人翻了个底朝天。经仔细观察后发现，门锁完好。原来，所谓"房主"原来也是租住者，只不过他们是整租一套三居室房子，然后再自己招合租。他们先住进来，拿了各个房门的钥匙，配好后私自使用。刘某很气愤，因为手机和手提电脑都不翼而飞了。之后该"房主"被警方抓获。

律师提醒

本案中，"房主"的合租陷阱已经触犯了《刑法》，构成了盗窃罪。所谓盗窃罪，是指以非法占有为目的，秘密窃取数额较大的公私财物或者多次秘密窃取公私财物的行为。本罪侵犯的客体是公私财物的所有权。侵犯的对象是国家、集体或个人的财物，一般是指动产而言，但不动产上之附着物，可与不动产分离的，例如，田地上的农作物，山上的树木、建筑物上之门窗等，也可以成为本罪的对象。另外，能源如电力、煤气也可成为本罪的对象。本罪在客观方面表现为行为人具有秘密窃取数额较大的公私财物或者多次秘密窃取公私财物的行为。所谓秘密窃取，是指行为人采取自认为不为财物的所有者、保管者或者经手者发觉的方法，暗中将财物取走的行为。秘密窃取的公私财物必须达到数额较大或者虽然没有达到数额较大但实行了多次盗窃的，才能认定为犯罪。本罪主体是一般主体，凡达到刑事责任年龄（16周岁）且具备刑事责任能力的人均能构成。本罪在主观方面表现为直接故意，且具有非法占有的目的。

本案中，该"房主"侵犯的客体是大学生刘某对其手机和手提电脑的所有权。客观方面采用了在刘某不知情的情况下秘密窃取了其数额较大的财物。本罪的主体是一般主体，该"房主"具备。该"房主"在主观方面表现为直接故意，并且非法占有了刘某的手机和手提电脑。所以，该"房主"的行为已经构成了盗窃罪。《刑法》第264条规定，盗窃公私财物，数额较大的，或者多次盗窃、入户盗窃、携带凶器盗窃、扒窃的，处3年以下有期徒刑、拘役或者管制，并处或者单处罚金；数额巨大或者有其他严重情节的，处3年以上10年以下有期徒刑，并处罚金；数额特别巨大或者有其他特别严重情节的，处10年以上有期徒刑或者无期徒刑，并处罚金或者没收财产。

陷阱防范

为了防范本案中的"合租"陷阱，首先大家在与陌生人合租时不但要看房，更要看人，最好多方了解对方情况后再承租。其次，不要在租住所中放置大量的金钱和价值昂贵的物品。再次，异性合租的情况最好避免。如果不能避免，一定要了解对方的身份背景，并把电话号码告知好友或带朋友过来看看等，从而保证自己的生命财产安全。合租前最好签订书面协议。最后，协议签订应尽量详细，内容应包括房租的分摊比例、空间的占用、卫生谁负责、什么时间应保持安静等等，并且事前商定对费用的分摊比例，而对于自己无法忍受的事项，最好在合租前立下君子协议，避免日后口舌相争。

法条链接

《中华人民共和国刑法》

第二百六十四条 盗窃公私财物，数额较大的，或者多次盗窃、入户盗窃、携带凶器盗窃、扒窃的，处三年以下有期徒刑、拘役或者管制，并处或者单处罚金；数额巨大或者有其他严重情节的，处三年以上十年以下有期徒刑，并处罚金；数额特别巨大或者有其他特别严重情节的，处十年以上有期徒刑或者无期徒刑，并处罚金或者没收财产。

出租人提前终止租赁合同，理由真的如他所说吗？

根据《合同法》的相关规定，租赁应签订合同，租赁期限6个月以上的，应当采用书面形式。但租赁期限不得超过20年。超过20年的，超过部分无效。租赁期间届满，当事人可以续订租赁合同，但约定的租赁期限自续订之日起不得超过20年。合同是当事人双方的真实意思表示一致而达成的协议，所以在合同中约定双方的权利和义务是法律规定的。那么，在租赁合同中，约定好租赁期限后，出租人是否可以提前终止租赁合同呢？我国法律对于解除合同的情形有哪些规定？

情景再现

2009年6月8日，张某与北京通州区马驹桥附近一小区房主吕某签订了一份房屋租赁合同，租期为2年。但是1年后，房主吕某想收取更高的房租，于是就谎称自己的父母要来北京看病，要提前收回该房子。经与张某协商后，张某也同意了。但是，他搬出去的第2天，回来取一件丢下的东西。进来后，他才发现这里已经住进了两位年轻人，他们付的租金比张某1个月高200元！张某很气愤，认为这根本是房主吕某欺骗自己，提前终止租赁合同。于是，张某诉至法院，要求房主吕某继续履行原来的租赁合同，并赔偿自己的损失。

律师提醒

本案中，房主吕某是以欺诈的方法使张某在违背真实意思的情况下同意与其提前终止租赁合同。根据《民法通则》第58条的规定，房主吕某与张某终止租赁合同的行为是无效的。无效的民事行为，从行为开始起就没有法律效力。所以说，张某与房主吕某签订的租期为2年的租赁合同继续有效。由该法第61条可知，张某有权要求房主吕某承担违约责任，并赔偿自己因无房可住而造成的损失。

陷阱防范

为了防范本案中的陷阱，可以事先在合同中约定解除条件，也可以通过了解法定的解除条件知识来判断解除方是否不具备解约条件而解约，从而要求其承担违约责任。《合同法》上有明确规定解除合同的条件。根据《合同法》第93条规定，当事人协商一致，可以解除合同。当事人可以约定一方解除合同的条件。解除合同的条件成就时，解除权人可以解除合同。

当事人可以协商解除合同，也可以在法定的解除合同条件成就的时候，当然解除合同。

本案中，如果房主吕某没有采用欺诈的方法与张某协商提前终止合同，他俩终止合同的行为是有效的，是有法律约束力的。所以当房主无故提前与您终止租赁合同时，您要意识到他这是违约，应当承担违约责任。这样，在他承担了违约责任后，可以相对减少您的损失。

法条链接

《中华人民共和国民法通则》

第五十八条 下列民事行为无效：

（一）无民事行为能力人实施的；

（二）限制民事行为能力人依法不能独立实施的；

（三）一方以欺诈、胁迫的手段或者乘人之危，使对方在违背真实意思的情况下所为的；

（四）恶意串通，损害国家、集体或者第三人利益的；

（五）违反法律或者社会公共利益的；

（六）经济合同违反国家指令性计划的；

（七）以合法形式掩盖非法目的的。

无效的民事行为，从行为开始起就没有法律约束力。

第六十一条 民事行为被确认为无效或者被撤销后，当事人因该行为取得的财产，应当返还给受损失的一方。有过错的一方应当赔偿对方因此所受的损失，双方都有过错的，应当各自承担相应的责任。

双方恶意串通，实施民事行为损害国家的、集体的或者第三人的利益的，应当追缴双方取得的财产，收归国家、集体所有或者返还第三人。

第六章　保险销售中的陷阱

○　保险销售人员将买保险说成是"储蓄"，是"理财"，是真的吗？

《中华人民共和国保险法》（以下简称《保险法》）中所称的保险，是指投保人根据合同约定，向保险人支付保险费，保险人对于合同约定的可能发生的事故因其发生所造成的财产损失承担赔偿保险金责任，或者当被保险人死亡、伤残、疾病或者达到合同约定的年龄、期限等条件时承担给付保险金责任的商业保险行为。保险属于经济范畴，它所揭示的是保险的属性，是保险的本质性的东西。而储蓄是指城乡居民将暂时不用或结余的货币收入存入银行或其他金融机构的一种存款活动，又称储蓄存款。可见，保险和储蓄是完全不同的两种概念。保险是人们规避风险的一种方式，更多注重的是保险事故发生后对被保险人的一种补偿。而储蓄是人们投资的一种方式，更侧重于理财。

💬情景再现

据有读者向某商报爆料，某人寿保险公司在其官方网站上公然进行保险产品的误导销售。该读者称，此前，该人寿保险公司电话销售渠道人员以"存款"名义向自己推荐理财产品，并称该产品相当于储蓄，零存整取，等于是由专业理财人员代为投资理财，并表示近几年该产品的理财收益较高，平均达到7%，而且是利滚利，比存在银行要划算得多。如果中途急用钱，可以通过贷款的方法贷出70%，也就是不存在钱存进去取不出来的问题。

该读者最终被说服购买了该产品。然而，他在钱被划走后不久才发现，其购买的其实是一款名为"国寿鸿康(甲款)保险"的电销保险产品。这是一款集重大疾病保障和身故保障的分红险，公司将根据每年公布的红利分配方案向投保人派发红利，同时，投保人急需资金还可以凭借保单来获取借款。

📎 **律师提醒**

本案中，该人寿保险公司故意把保险说成是"储蓄"欺骗消费者，骗取消费者投保。该人寿保险公司的行为违反了《保险法》的禁止性规定，违反了诚实信用原则。该保险公司以欺诈的手段使消费者在违背真实意思的情况下订立的保险合同，消费者有权请求人民法院或者仲裁机构变更或者撤销。被撤销的合同，自始不发生法律效力。合同被撤销后，因该合同取得的财产，应当予以返还；不能返还或者没有必要返还的，应当折价补偿。有过错的一方应当赔偿对方因此所受到的损失，双方都有过错的，应当各自承担相应的责任。可见，在保险合同被撤销后，保险公司取得的消费者依法支付的保险费应当返还给消费者，而且还应当赔偿对方因此所受到的损失。此外，根据《保险法》第162条规定，保险公司有本法第116条规定行为之一的，由保险监督管理机构责令改正，处5万元以上30万元以下的罚款；情节严重的，限制其业务范围、责令停止接受新业务或者吊销业务许可证。所以，该人寿保险公司还应该受到行政处罚。

🔍 **陷阱防范**

为了防范本案中的陷阱，消费者在选择保险种类时，应当对该险种进行仔细全面的了解后再进行购买，而不应只听保险公司业务员的极力宣传。目前，随着保险行业的发展，保险理赔纠纷也日渐增多。一方面，很多保户在遭遇保险事故后依法获得了合理的赔偿；另一方面，也有不少投保人在遭遇风险后向保险公司申请赔偿被拒绝。保险理赔路上确实布满了一个个"陷阱"，产生"陷阱"的原因也是五花八门的。所以，当您在选择保险种类时，一定不能盲目，否则，您的理赔之路会走得很艰辛。

🔌 **法条链接**

《中华人民共和国保险法》

第一百一十六条　保险公司及其工作人员在保险业务活动中不得有下列行为：

（一）欺骗投保人、被保险人或者受益人；

（二）对投保人隐瞒与保险合同有关的重要情况；

（三）阻碍投保人履行本法规定的如实告知义务，或者诱导其不履行本法规定的如实告知义务；

（四）给予或者承诺给予投保人、被保险人、受益人保险合同约定以外的保险费回扣或者其他利益；

（五）拒不依法履行保险合同约定的赔偿或者给付保险金义务；

（六）故意编造未曾发生的保险事故、虚构保险合同或者故意夸大已经发生的保险事故的损失程度进行虚假理赔，骗取保险金或者牟取其他不正当利益；

（七）挪用、截留、侵占保险费；

（八）委托未取得合法资格的机构或者个人从事保险销售活动；

（九）利用开展保险业务为其他机构或者个人牟取不正当利益；

（十）利用保险代理人、保险经纪人或者保险评估机构，从事以虚构保险中介业务或者编造退保等方式套取费用等违法活动；

（十一）以捏造、散布虚假事实等方式损害竞争对手的商业信誉，或者以其他不正当竞争行为扰乱保险市场秩序；

（十二）泄露在业务活动中知悉的投保人、被保险人的商业秘密；

（十三）违反法律、行政法规和国务院保险监督管理机构规定的其他行为。

第一百六十二条　保险公司有本法第一百一十六条规定行为之一的，由保险监督管理机构责令改正，处五万元以上三十万元以下的罚款；情节严重的，限制其业务范围、责令停止接受新业务或者吊销业务许可证。

《中华人民共和国合同法》

第五十四条　下列合同，当事人一方有权请求人民法院或者仲裁机构变更或者撤销：

（一）因重大误解订立的；

（二）在订立合同时显失公平的。

一方以欺诈、胁迫的手段或者乘人之危，使对方在违背真实意思的情况下订立的合同，受损害方有权请求人民法院或者仲裁机构变更或者撤销。

当事人请求变更的，人民法院或者仲裁机构不得撤销。

第五十八条　合同无效或者被撤销后，因该合同取得的财产，应当予以返还；不能返还或者没有必要返还的，应当折价补偿。有过错的一方应当赔偿对方因此所受到的损失，双方都有过错的，应当各自承担相应的责任。

○　以签约时没有体检为由拒绝赔偿，这合法吗？

　　保险公司与投保人签订人身保险合同时，一些保险公司总是想尽一切办法阻止被保险人按照法律规定的程序行事，以便保险事故发生后找借口把责任推到被保险人身上来逃避赔偿责任。这是一些不法保险公司实施的一贯伎俩。比如，投保以人身某种疾病为标的的险种，保险人在被保险人不知道要体检的情形下不提醒被保险人进行体检，或者是虽然保险合同中约定有体检条款，但在被保险人没有体检的情形下，保险公司也不要求。

💬情景再现

　　北京一家民营企业老板张某于2001年6月14日为自己购买了一份人身保险，保险金额为2万元，受益人是他的妻子。该民营企业老板按合同的约定交付了保费，保险公司也给他开了保单。不料，没过多久，张某在一次与客户谈判的路途中不幸遭遇车祸，经抢救无效后身亡。他的妻子及时通知了保险公司并要求其赔偿。保险公司经调查后，认为该交通事故为理赔事故，但却拒绝理赔，理由是保单上规定，体检不合格者，不得投保该险种。在签订保险合同时，投保人未进行体检，故不能投保该险种，合同不能成立。

📎律师提醒

　　保险公司以"未曾体检"为由拒绝赔偿，这在实践中是投保人经常会遇到的"陷阱"。本案中，该保险公司就是以被保险人张某"未曾体检"为由拒绝支付赔偿金。该保险公司的说法是不合法的，不能得到法院的支持。根据《合同法》的相关规定可知，当事人订立合同，采取要约、承诺方式，承诺生效时合同成立。本案中，张某投保人身保险的要约意思明确，并且支付了保费，履行了相关程序，且该保险公司也签发了保单，表明承诺生效，该保险合同成立并于此时生效。再说，该保险公司在与张某签订保险合同时，并未要求张某先体检后签合同，因此可以看作是保险公司自行放弃了合同要求张某体检合格之主张。所以，该保险公司既然放弃了主张有关体检之条款，就没有理由再以投保人未曾体检来否定合同的成立。《保险法》第30条规定，采用保险人提供的格式条款订立的保险合同，保险人与投保人、被保险人或者受益人对合同条款有争议的，应当按照通常理解予以解释。对合同条款有两种以上解释的，人民法院或者仲裁机构应当作出有利于被保险人和受益人的解释。该保险公司依据保险合同条款文义解释原则认定被保险人未曾体检，违反了保险合同的规定。而根据《保险法》第30条的规定可知，被保险人或者受益人对合同条款有争议的，应当按照通常理解予以解释。而对合同条款有两种以上解释的，人民法院或者仲裁机构应当作出有利于被保险人和受益人的解释。所以，该保险公司以"未曾体检"为由拒绝赔偿，主张合同不成立的说法是不合法的。该保险公司应当按照与张某签订的保险合同约定的赔偿条款赔偿给张某的妻子。

🔍 陷阱防范

为了防范本案中的陷阱，被保险人在交付保险费前应进行体检，避免误入"未曾体检"的"陷阱"。

⚓ 法条链接

《中华人民共和国合同法》

第十三条　当事人订立合同，采取要约、承诺方式。

第二十五条　承诺生效时合同成立。

《中华人民共和国保险法》

第三十条　采用保险人提供的格式条款订立的保险合同，保险人与投保人、被保险人或者受益人对合同条款有争议的，应当按照通常理解予以解释。对合同条款有两种以上解释的，人民法院或者仲裁机构应当作出有利于被保险人和受益人的解释。

○　被保险人没有签字，保险公司是否该赔偿?

随着我国保险行业的不断发展，保险纠纷日益增多。一些保险公司在默认的情形下与投保人签订了保险合同。当保险事故一旦发生的时候，这些保险公司就会以各种理由而拒绝赔偿。再细一点讲，在签订合同的过程中，对于投保人或者被保险人没有尽到合同义务的情形，一些保险公司总是默认或者是隐瞒。其实，这时候已经表明他们放弃了对一些权利的主张。而当保险事故发生后该理赔时，他们却以当初放弃了的权利来主张，这种做法真是荒唐至极。这很明显违反了我国市场经济的公平原则和诚实信用原则，违反了法律的禁止性规定。

🗨️情景再现

　　2008年某月，某保险代理公司介绍杨某为其母亲李某购买某保险公司终身寿险一份，保险合同载明：投保单若由他人代笔的，应有投保人、被保险人亲笔签字确认，否则保险合同无效。被保险人李某表示自己不会写字，保险代理人同意由投保人杨某代其母签字，后保险公司从杨某账户划走保费2000元。保险公司电话回访时杨某称保险单上投保人、被保险人均系各自签字。一年以后李某死亡，杨某要求保险公司赔偿时，该保险公司拒赔，理由是：被保险人没有书面同意保险金额，保险合同无效。起诉至法院后，法院判授权代办保险业务的公司承担赔偿责任，但同时，根据双方都有过错，责任分担的原则，也适当地判处杨某承担一定的损失。

📝律师提醒

　　本案中，该保险代理公司是利用被保险人没有亲自签名来给投保人杨某设的"陷阱"。在保险过程中陷阱是频频发生的，只要被保险人一个不注意便会掉进一些不法保险公司早已设好的"陷阱"里。根据《保险法》第34条的规定，以死亡为给付保险金条件的合同，未经被保险人同意并认可保险金额的，合同无效。按照以死亡为给付保险金条件的合同所签发的保险单，未经被保险人书面同意，不得转让或者质押。

　　本案中，该保险合同中主张"投保单若由他人代笔的，应有投保人、被保险人亲笔签字确认，否则保险合同无效"的条款与《保险法》第34条第1款的规定是相抵触的，应认定为此条款无效。本案中，被保险人李某之所以没有亲笔签名是因为她不会写字，而且在签订保险合同时由投保人杨某代其母签字是经过保险代理人同意的，法律就认定为他放弃了主张由被保险人亲自签名的合同条款。我国法律规定，只要经被保险人同意并认可保险金额的，合同就是有效的。该保险代理公司拒绝理赔的理由得不到法院的支持。但是，在该代理保险公司电话回访确认保险单上投保人、被保险人均系各自签字时，杨某并未如实相告，所以说导致该代理保险公司拒赔的后果也有杨某的原因。所以该代理保险公司在理赔时，可以适当减少应赔保险金。但是根据《保险法》第127条第1款规定,保险代理人根据保险人的授权代为办理保险业务的行为，由保险人承担责任。可知，本案中该保险代理公司的保险赔偿责任应由授权其代办保险业务的保险公司承担，而杨某根据其过错适当分担。

🔍 陷阱防范

为了防范本案中的陷阱，投保人对于保险人的询问应如实告知，不得隐瞒。否则，当保险事故发生后，一些保险公司会利用投保人或者被保险人没有尽到"如实告知"的义务而拒绝赔偿。本案中，杨某在某保险公司电话回访询问有关保险单上投保人、被保险人是否均系各自签字时，没有如实告知，也得到了相应的惩罚。大家在签订保险合同时，对于保险人的询问一定要尽如实告之的义务，而且还要保留相关的证据。这样，保险公司即便想拒绝赔偿也不会得到法院的支持。

⚓ 法条链接

《中华人民共和国保险法》

第三十四条 以死亡为给付保险金条件的合同，未经被保险人同意并认可保险金额的，合同无效。

按照以死亡为给付保险金条件的合同所签发的保险单，未经被保险人书面同意，不得转让或者质押。

......

第一百二十七条 保险代理人根据保险人的授权代为办理保险业务的行为，由保险人承担责任。

保险代理人没有代理权、超越代理权或者代理权终止后以保险人名义订立合同，使投保人有理由相信其有代理权的，该代理行为有效。保险人可以依法追究越权的保险代理人的责任。

⭕ 将"无证驾驶是法律明文禁止的，人人皆知"理解为"无证驾驶情况下保险公司免责也应人人皆知，无须特别告知"，正确吗？

在现实生活中，人们对于保险领域似乎都有一种敬而远之的态度。正因为保险行业存在大量不利于投保人、被保险人或者受益人的格式条款，再加上监管不力，消费者的保险知识欠缺，才导致了一些不法保险公司在法律未作详细规定的情形下私自为投保人、被保险人或者受益人设定一些"陷阱"，致使即便在保险合同中对权利和义务条款约定得再详细的，当保险事故发生后，投保人的索赔之路还是相当艰难。

💬情景再现

2007年11月13日，原告李某与被告某保险公司签订了保险合同，将原告所有的一辆"五菱"微型客车向被告投保了司乘险。2008年10月13日，原告投保的该车辆由司机杜某无证驾驶，在行驶过程中与对向行驶的一辆农用四轮拖拉机相撞，造成司机死亡、乘车人多人受伤的重大交通事故。事故发生后，原告向被告保险公司提出理赔申请，被告保险公司却以"无证驾驶"系免责条款为由拒绝理赔。但是，在原告与被告签订的保险合同中的免责条款中并没有约定被保险人无证驾驶造成投保标的损害的，保险公司可以免责。于是，原告将被告保险公司诉至法院，要求被告保险公司给付保险赔偿金。而被告保险公司辩称"无证驾驶是法律明文禁止的，人人皆知"，因此，"无证驾驶情况下保险公司免责也应人人皆知，无须特别告知"。

✒️律师提醒

本案中，该保险公司是利用"无证驾驶"来拒赔。但是，在法律上这样的狡辩能得到支持吗？根据《保险法》第17条规定，订立保险合同，采用保险人提供的格式条款的，保险人向投保人提供的投保单应当附格式条款，保险人应当向投保人说明合同的内容。对保险合同中免除保险人责任的条款，保险人在订立合同时应当在投保单、保险单或者其他保险凭证上作出足以引起投保人注意的提示，并对该条款的内容以书面或者口头形式向投保人作出明确说明；未作提示或者明确说明的，该条款不产生效力。

同时，《合同法》第39条第1款也规定，采用格式条款订立合同的，提供格式条款的一方应当遵循公平原则确定当事人之间的权利和义务，并采取合理的方式提请对方注意免除或者限制其责任的条款,按照对方的要求,对该条款予以说明。

由上述法条可知，保险人在与投保人签订保险合同之前或者签订保险合同之时，对于保险合同中所约定的免责条款，除了在保险单上提示投保人注意外，还应当就免责条款的概念、内容及法律后果等，以书面或口头的形式向投保人或其代理人作出解释，以使投保人明确该条款的真实含义和法律后果，否则，就视为其未就免责条款向被保险人履行明确告知义务。本案中，"无证驾驶"作为保险免责条款，保险人必须明确告知。杜某无证驾驶，应受行政处罚或刑事制裁，而保险合同是平等的民事主体之间就权利义务关系达成的协议，原告李某向被告保险公司投保并缴纳了保险费，该保险合同成立、有效。"无证驾驶"作为一种事实普遍存在，人人都知道"无证驾驶"为法律所禁止，但并不是人人都知道在无证驾驶的情况下造成的损失保险公司不赔，所以当其作为保险免责条款时，直接关系到双方当事人的权利义务，作为合同一方的保险公司必须明确告知，作为合同另一方的投保人有权知晓。所以，保险公司将"无证驾驶是法律明文禁止的，人人皆知"理解为"无证驾驶情况下保险公司免责也应人人皆知，无须特别告知"是错误的，其混淆了二者的适用，严重损害了保险合同投保人的合法权益，应承担相应的责任，对投保人作出赔偿。

🔍 陷阱防范

为了防范本案中的陷阱，大家在签订合同尤其是格式合同时，一定要对其中的免责条款进行仔细研究，对免责等重要条款加以细化，明确作出解释。在签订合同时由保险人向投保人详细说明合同条款的具体内容，要求投保人签字予以确认，并记录在案，这样保险纠纷发生时有据可查，不至于使保险人的利益受到损害，同时也促使投保人严格遵守安全驾驶义务，保护第三者的生命、财产安全，共同维护社会和谐稳定。

法条链接

《中华人民共和国保险法》

第十七条　订立保险合同，采用保险人提供的格式条款的，保险人向投保人提供的投保单应当附格式条款，保险人应当向投保人说明合同的内容。

对保险合同中免除保险人责任的条款，保险人在订立合同时应当在投保单、保险单或者其他保险凭证上作出足以引起投保人注意的提示，并对该条款的内容以书面或者口头形式向投保人作出明确说明；未作提示或者明确说明的，该条款不产生效力。

《中华人民共和国合同法》

第三十九条　采用格式条款订立合同的，提供格式条款的一方应当遵循公平原则确定当事人之间的权利和义务，并采取合理的方式提请对方注意免除或者限制其责任的条款，按照对方的要求，对该条款予以说明。

格式条款是当事人为了重复使用而预先拟定，并在订立合同时未与对方协商的条款。

○ 1个月内购买巨额保险后死亡，遭保险公司拒赔，合法吗？

在我国，一些保险公司往往利用投保人违反"如实告知"义务来拒赔，而不少投保人也容易误入"如实告知"的陷阱。那么到底什么是"如实告知"呢？告知的内容是什么？如实告知指投保人的陈述应当全面、真实、客观，不得隐瞒或故意不回答，也不得编造虚假情况来欺骗保险人。

告知义务的法理依据在于，保险合同是最大诚信合同，投保人远比保险人更加了解保险标的的情况，履行告知义务是投保人的法定义务。

告知的内容主要是指重要事实的告知。因为告知的目的是使保险人正确了解与保险标的危险状况有关的重要事实。根据《保险法》的规定，凡足以影响保险人决定是否同意承保或者提高保险费率的情况，即为重要事实。

从各国保险法的规定来看，投保人所应告知的事实通常包括以下四项：①足以使保险危险增加的事实；②为特殊动机而投保的，有关此种动机的事实；③表明保险危险特殊性质的事实；④显示投保人在某方面非正常的事实。由此可知，除了足以影响保险人决定是否同意承保或者提高保险费率的情况需要投保人如实告知外，投保人没有如实告知与保险标的无关内容的义务。

💬**情景再现**

据悉，某市一名私营企业主于某在1个月内从多家保险公司为自己购买了多份人身意外伤害保险，总保险金额达200万元。在连续购买了高达200万元的人身保险后几个月，投保人在一宗车祸中不幸身亡，保险受益人向保险公司申请理赔，却遭到拒绝，于是将保险公司推上了被告席。

✎ 律师提醒

本案中，多家保险公司拒赔的理由是投保人违反了"如实告知"义务。据其中几家保险公司讲，在于某与其签订的投保单上，在"告知事项"中有"是否已参加或申请其他人身保险"一项，而当时在其他公司申请、购买了保险的于某在这一项中填写了"否"。

被告均认为，于某在与其签订保险合同的时候，故意隐瞒了自己当时正在申请、购买多家保险的事实，违反了如实告知的义务，是足以影响保险人决定是否同意承保或者提高保险费率的。所以，被告均拒绝赔偿，并不退还保费。

但是，据2003年《最高人民法院关于审理保险纠纷案件若干问题的解释（征求意见稿）》第10条特别注明，"严重影响"是指未告知事项为发生保险事故的主要的、决定性的原因。如果保险事故的发生并非投保人未告知的重大事项引起，可以认定该未告知的事项对保险事故的发生没有"严重影响"，保险人不得以投保人未告知为由解除保险合同或者不承担保险责任。在本案中，保险事故的发生并非黄某的未告知行为引起的，故其未告知的事项对保险事故的发生没有严重影响。所以，被告保险公司均应承担赔偿责任。

🔍 陷阱防范

为了防范本案中"如实告知"的陷阱，投保人在与保险公司签订合同时，对于保险公司对保险标的询问事项，一定要尽"如实告知"义务。保险人设计的投保单和风险询问表，视为保险人"提出询问"的书面形式。所以，在投保时，投保人务必仔细填写和回答投保单上列明的每一个问题，对被保险人的既往病史和身体现状一定要如实告知，不要有顾虑，应把顾虑移交给保险公司。如不认真对待这具有法律效力的表格，可能无意中会掉入由于自己的过失而造成的"违反如实告知"的陷阱。

⚓ 法条链接

《中华人民共和国保险法》

第十六条　订立保险合同，保险人就保险标的或者被保险人的有关情况提出询问的，投保人应当如实告知。

投保人故意或者因重大过失未履行前款规定的如实告知义务，足以影响保险人决定是否同意承保或者提高保险费率的，保险人有权解除合同。

前款规定的合同解除权，自保险人知道有解除事由之日起，超过三十日不行使而消灭。自合同成立之日起超过二年的，保险人不得解除合同；发生保险事故的，保险人应当承担赔偿或者给付保险金的责任。

投保人故意不履行如实告知义务的，保险人对于合同解除前发生的保险事故，不承担赔偿或者给付保险金的责任，并不退还保险费。

投保人因重大过失未履行如实告知义务，对保险事故的发生有严重影响的，保险人对于合同解除前发生的保险事故，不承担赔偿或者给付保险金的责任，但应当退还保险费。

保险人在合同订立时已经知道投保人未如实告知的情况的，保险人不得解除合同；发生保险事故的，保险人应当承担赔偿或者给付保险金的责任。

……

《最高人民法院关于审理保险纠纷案件若干问题的解释（征求意见稿）》

第十条（未告知对保险事故发生的影响） 保险法（2002年修正，编者注）第十七条第四款规定的"严重影响"，是指未告知的事项为发生保险事故主要的、决定性的原因。如果保险事故的发生并非投保人未告知的重大事项引起，可以认定该未告知的事项对保险事故的发生没有"严重影响"，保险人不得以投保人未告知为由解除保险合同或者不承担保险责任。

○ 人寿保险合同中对于"受益人"的填写是否可以轻视？

在寿险中，寿险保险金的给付常发生在被保险人去世之后。但由于许多投保人和被保险人在当初投保时并不清楚或不重视"受益人"内容的填写，在"受益人"栏目处空白或填写"法定"，导致在被保险人去世之后保险金的给付问题出现不必要的纠纷，既耗费了精力，又影响了亲人间的感情。这类纠纷基本上都是由于当初被保险人未指定"受益人"而引起，当初如果明确指定了"受益人"就不会有这个问题。

💬情景再现

2004年，小明的母亲因病去世了。他的父亲是个不务正业、喜欢赌博的人，经常对小明又打又骂。小明的姑姑看不过眼，于是把他接到了自己家住，并且在同年4月6日，为他购买了一份保险金额为4000元的学生险。后不久，小明在一次放学回家的路上被一辆疾速而驰的小汽车撞伤经抢救无效后死亡。小明的姑姑立即向保险公司报案。保险公司在接到报案后进行了查勘，认定属于保险责任，决定给付4000元的身故赔偿金。

但是，在保险金的所有权问题上，小明的姑姑与其父亲发生了纠纷。自从小明的母亲去世后，小明一直和姑姑生活在一起，而且这笔学生险的保费也是由他姑姑所交。对于这4000元的保险赔偿金，小明的姑姑和父亲都认为应该是自己所有。

律师提醒

实际上，这个案件中涉及了两个重要概念：一个是遗产，一个是保险金。遗产是公民死亡时遗留的个人合法财产，包括：①公民的收入；②公民的房屋、储蓄和生活用品；③公民的林木、牲畜和家禽；④公民的文物、图书资料；⑤法律允许公民所有的生产资料；⑥公民的著作权、专利权中的财产权利；⑦公民的其他合法财产。当一个人死亡的时候，如果在没有遗嘱的情形下，遗产应如何分配呢？《中华人民共和国继承法》（以下简称《继承法》）第10条规定，死者的遗产按顺序继承，第一顺序继承人是配偶、子女、父母；第二顺序继承人是兄弟姐妹、祖父母、外祖父母。

保险金是指被保险人因自然灾害或意外事故造成人身死亡，从保险人那里得到的经济补偿。在保险合同中，死亡保险金一般是由被保险人指定的受益人领取。即当被保险人死亡时，只要指定了受益人，就只能由他指定的受益人享有这笔保险金。对于被保险人没有指定保险金受益人的，依据《保险法》规定，保险金将作为被保险人的遗产处理。这个案例中，小明没有指定受益人。因此，4000元的保险赔偿金要作为他的遗产处理。另外，根据《继承法》第10条，死者的遗产按顺序继承，第一顺序继承人是配偶、子女、父母；第二顺序继承人是兄弟姐妹、祖父母、外祖父母。其父亲是第一顺序继承人，而其姑姑不在法定继承人之列，因而这笔保险金应是属于其父亲的。

陷阱防范

为了避免本案中的"姑姑"的损失，大家在签订保险合同时对"受益人"这栏一定要重视起来。它很类似于遗嘱继承。如果没有遗嘱，继承开始后，直接按法定顺序继承。一些不尽职责的继承人可能会分到更多的遗产，而一些尽了职责的人则有可能分不到遗产。只有在人身保险中才存在没有指定受益人的情况下保险金转化为遗产的问题，而财产保险则不存在受益人的问题，因为财产保险中没有"受益人"。

♆ 法条链接

《中华人民共和国保险法》

第四十二条　被保险人死亡后，有下列情形之一的，保险金作为被保险人的遗产，由保险人依照《中华人民共和国继承法》的规定履行给付保险金的义务：

（一）没有指定受益人，或者受益人指定不明无法确定的；

（二）受益人先于被保险人死亡，没有其他受益人的；

（三）受益人依法丧失受益权或者放弃受益权，没有其他受益人的。

……

《中华人民共和国继承法》

第十条　遗产按照下列顺序继承：

第一顺序：配偶、子女、父母。

第二顺序：兄弟姐妹、祖父母、外祖父母。

继承开始后，由第一顺序继承人继承，第二顺序继承人不继承。没有第一顺序继承人继承的，由第二顺序继承人继承。

○　保险体检，一定要认真对待吗？

在现实生活中，被保险人投保前在保险公司指定的医院按照规定程序进行了体检的，因体检偏差导致的风险应由保险公司承担，还是由投保人或者被保险人承担呢？真是如保险公司所说，是因为投保人或者被保险人没有履行如实告知义务而对保险公司存在欺诈吗？

💬 情景再现

王某于2001年6月为儿子冬冬购买了一份重大疾病保险，保额共计6万元。不久后，冬冬就因某种先天性疾病发作抢救无效身亡。之后，王某立即通知了保险公司，并向保险公司提出索赔。保险公司认为，王某的儿子在投保时就患有先天性疾病，王某作为家长事先不可能不知道此事，而王某却未尽如实告知义务，按照保单的规定，保险公司有权拒赔。王某认为，自己在保险公司业务人员的宣传鼓动下为儿子冬冬买了保险，在正式签订保险合同之前，保险公司的核保人员将儿子带到了定点医院进行体检，整个过程都是按保险公司规定的程序进行的，并不存在欺诈和作弊的可能。体检结束后，医院没有查出儿子有任何病情，保险公司才同意承保。而且儿子生前也没有什么病态反应，自己根本不知道他患有先天性疾病，保险公司称自己未履行如实告知义务毫无道理。双方经过几次交涉之后没能达成一致，于是，王某将保险公司告上了法庭。

律师提醒

法院认为，保险公司主张王某知道儿子患病，应提供证据，但保险公司未能提供。从医学理论上说，幼儿患有先天性疾病未必都有明显症状，因此，对于保险公司有关王某未履行告知义务的主张不予采信。被保险人投保前在保险公司指定的医院按照规定程序进行了体检，因体检偏差导致的风险应由保险公司承担，保险公司应当履行给付保险金的义务。本案的关键在于，保险公司能否在诉讼中证明被保险人明知或应当知道自己患有疾病（例如该疾病的日常症状非常明显，被保险人不可能未意识到等），而故意或由于过失未履行告知义务。如果能够证明，保险公司可以援引《保险法》第16条第4、5款的规定免除责任，即投保人故意不履行如实告知义务的，保险人对于保险合同解除前发生的保险事故，不承担赔偿或者给付保险金的责任，并不退还保险费。投保人因重大过失未履行如实告知义务，对保险事故的发生有严重影响的，保险人对于合同解除前发生的保险事故，不承担赔偿或者给付保险金的责任，但应当退还保险费。如果保险公司不能证明，就应承担赔偿责任。因为被保险人在保险公司指定医院进行了体检，医院的体检报告就代表了保险公司对被保险人身体状况的确认，保险公司一旦接受体检报告就说明其认可了体检结论，并愿意承担因结论有误而导致的风险。因此，出险之后保险公司如不能证明投保人存在恶意或疏忽，就要承担保险责任。

陷阱防范

对于本案中的陷阱防范，在健康险业务中保险公司往往指定医院并承担被保险人的体检费用。由于费用有限，医院的体检也比较简单。在这种情况下，许多疑难杂症根本无法查出，保险公司承保时面临着一定的缔约风险，而且在发生纠纷之后，法院一般视被保险人为弱势群体，在免责问题上对保险公司要求严格的举证责任，这种情况使保险公司事后的抗辩很难成功。为了减少缔约风险，保险公司办理相关业务时，除了寻找技术水平高、有责任心的体检医院外，还可以通过约定的方式与投保人分担医院体检疏忽导致的责任。此外，在发生事故之后，保险公司也可以通过法律手段向体检过程中存在疏忽的医院主张赔偿。

⚕ 法条链接

《中华人民共和国保险法》

第十六条　订立保险合同，保险人就保险标的或者被保险人的有关情况提出询问的，投保人应当如实告知。

投保人故意或者因重大过失未履行前款规定的如实告知义务，足以影响保险人决定是否同意承保或者提高保险费率的，保险人有权解除合同。

前款规定的合同解除权，自保险人知道有解除事由之日起，超过三十日不行使而消灭。自合同成立之日起超过二年的，保险人不得解除合同；发生保险事故的，保险人应当承担赔偿或者给付保险金的责任。

投保人故意不履行如实告知义务的，保险人对于合同解除前发生的保险事故，不承担赔偿或者给付保险金的责任，并不退还保险费。

投保人因重大过失未履行如实告知义务，对保险事故的发生有严重影响的，保险人对于合同解除前发生的保险事故，不承担赔偿或者给付保险金的责任，但应当退还保险费。

保险人在合同订立时已经知道投保人未如实告知的情况的，保险人不得解除合同；发生保险事故的，保险人应当承担赔偿或者给付保险金的责任。

保险事故是指保险合同约定的保险责任范围内的事故。

○　对于自己在保险中的权利，可以随便就放弃吗？

当保险事故发生后，被保险人可以依法取得保险公司的赔偿。财产保险中，因第三者对保险标的的损害而造成保险事故的，保险人自向被保险人赔偿保险金之日起，在赔偿金额范围内代位行使被保险人对第三者请求赔偿的权利。

💬**情景再现**

　　史某是某公司总经理，他就自己的一辆新捷达轿车向某保险公司投保全险。在保险合同有效期间，史某的车辆被追尾，后来发现追尾的是其好朋友常某。常某知道史某的捷达车投了保险公司。于是，为了不让保险公司行使代位求偿权，常某就糊弄史某，说："只要你放弃了让我赔偿，保险公司就没有代位求偿权了。"在史某申请保险公司理赔时，保险公司要求史某告知肇事者的姓名以便行使代位求偿权，史某称肇事者是自己的朋友，已经不要她赔偿了。保险公司听说此情况后拒绝赔偿。但是史某不解，于是诉至法院。

📎**律师提醒**

　　保险事故发生后，投保人可以就被保险财产损失向保险公司请求赔偿，以保护自己的保险利益，这是保险的基本意义也是其实质意义。但是，我国《保险法》第61条明确规定，保险事故发生后，保险人未赔偿保险金之前，被保险人放弃对第三者请求赔偿的权利的，保险人不承担赔偿保险金的责任。史某被保险的车辆被追尾，史某发现肇事者是其好朋友常某，遂称不让常某赔偿，且在申请保险公司赔偿时拒不提供常某信息，保险公司可以依法拒绝赔偿。《保险法》该条还规定，保险人向被保险人赔偿保险金后，被保险人未经保险人同意放弃对第三者请求赔偿的权利的，该行为无效。被保险人故意或者因重大过失致使保险人不能行使代位请求赔偿的权利的，保险人可以扣减或者要求返还相应的保险金。可见，投保人只有合法行使自己的权利才能保护自己的财产利益。

🔍**陷阱防范**

　　为了防范本案中的陷阱，大家在作出某种法律决定之前，最好先咨询相关律师后再作决定。本案中的史某如果能咨询相关律师或是查看相关法条，就不会轻易放弃对第三者请求赔偿的权利，即便该第三者是自己的好朋友。所以，当您在放弃一项权利的时候，可能意味着放弃了几项权利，使自己的合法权益得不到维护。

⚱**法条链接**

《中华人民共和国保险法》

第六十一条　保险事故发生后，保险人未赔偿保险金之前，被保险人放弃对第三者请求赔偿的权利的，保险人不承担赔偿保险金的责任。

保险人向被保险人赔偿保险金后，被保险人未经保险人同意放弃对第三者请求赔偿的权利的，该行为无效。

被保险人故意或者因重大过失致使保险人不能行使代位请求赔偿的权利的，保险人可以扣减或者要求返还相应的保险金。

第七章　投资理财中的陷阱

○　夫妻实行约定财产制时，警惕对方要求"平分"财产。

　　长期以来，我国采用的是以法定财产制为主，以约定财产制为补充的制度。新婚姻法仍坚持以共同财产制为法定财产制，同时允许和尊重夫妻对共同财产进行约定，增加个人特有财产的内容，完善了夫妻财产制，进一步规范了夫妻财产关系，对夫妻共同财产、个人特有财产和约定财产制作出具体规定。约定财产制是指法律允许夫妻用协议的方式，对夫妻在婚前和婚姻关系存续期间所得财产的所有权的归属、管理、使用、收益、处分以及对第三人债务的清偿、婚姻解除时财产的分割等事项作出约定，从而排除或部分排除夫妻法定财产制适用的制度。当夫妻对婚前和婚姻关系存续期间所得财产的所有权的归属、管理、使用、收益、处分以及对第三人债务的清偿、婚姻解除时财产的分割等事项作出约定后，是否可以认定为二者在婚后共同从事某一事务时，是共同经营呢？

💬情景再现

　　　王某与张某于2007年11月20日登记结婚，结婚前两人自愿签订了协议书，约定婚前各自所有的财产归各自所有、各自所负的债务各自承担，相互无清偿责任，婚后各自收入归各自所有、各自负有的债务由各自进行清偿。2009年6月，王某以与张某感情破裂为由诉至法院，请求判令离婚。张某同意离婚，但认为其在王某2008年经营一家快餐店时，从事过协助管理工作，要求认定为共同管理经营，请求依法分割经营所得。

📝律师提醒

　　本案中，张某在王某经营快餐店期间从事过协助管理工作，其得到的本应是工资，而不应该要求与王某平分经营该快餐店所得。由王某经营的快餐店不应认定为夫妻共同经营，因为张某的行为属于辅助性劳务，且双方当事人关于婚前婚后财产的约定有效，其收入应为王某的个人财产。根据《中华人民共和国婚姻法》（以下简称《婚姻法》）第19条的规定，夫妻可以约定婚姻关系存续期间所得的财产以及婚前财产归各自所有、共同所有或部分各自所有、部分共同所有。夫妻对婚姻关系存续期间所得的财产以及婚前财产的约定，对双方具有约束力。因此王某与张某的财产协议合法有效。根据财产协议约定，王某与张某婚后各自收入归各自所有。

要认定为共同经营，首先要认定两人在经营过程中为个人合伙关系。根据《民法通则》第30条的规定，个人合伙是指两个以上公民按照协议，各自提供资金、实物、技术等，共同经营、共同劳动。根据《最高人民法院关于贯彻执行〈中华人民共和国民法通则〉若干问题的意见（试行）》第50条规定，当事人之间没有书面合伙协议，又未经工商行政管理部门核准登记，但具备合伙的其他条件，又有两个以上无利害关系人证明有口头合伙协议的，人民法院可以认定为合伙关系。王某经营快餐店时，两人没有签订合伙经营协议，张某既无实际投资，也未提供过技术性劳务，因此不能视为两人之间存在个人合伙关系，不能认定为共同经营。虽然张某在王某经营过程中提供过劳务，其性质仅属辅助性劳务行为。王某起诉离婚，对张某从事过的劳务，因当时未领取工资，法院判决时可考虑给予其适当的劳动报酬。

🔍 陷阱防范

为了防范本案中的陷阱，提醒大家注意的一点是：认为提供过劳务就可认定是合伙的想法是不可取的。根据《民法通则》的规定，个人合伙是指两个以上公民按照协议，各自提供资金、实物、技术等，合伙经营、共同劳动。本案中还有一点值得注意，以上对财产分割要认定"合伙"的原因，在于王某与张某约定了他们婚前各自所有的财产归各自所有、各自所负的债务各自承担，相互无清偿责任，婚后各自收入归各自所有、各自负有的债务由各自进行清偿。如果他们没有约定，则适用夫妻共同财产制，即由王某经营的快餐店理应属于夫妻共同财产，不论张某是否提供过劳务或是资金、实物、技术等。

⚓ 法条链接

《中华人民共和国婚姻法》

第十九条 夫妻可以约定婚姻关系存续期间所得的财产以及婚前财产归各自所有、共同所有或部分各自所有、部分共同所有。……

夫妻对婚姻关系存续期间所得的财产以及婚前财产的约定，对双方具有约束力。

……

《中华人民共和国民法通则》

第三十条　个人合伙是指两个以上公民按照协议，各自提供资金、实物、技术等，合伙经营、共同劳动。

《最高人民法院关于贯彻执行〈中华人民共和国民法通则〉若干问题的意见（试行）》

50．当事人之间没有书面合伙协议，又未经工商行政管理部门核准登记，但具备合伙的其他条件，又有两个以上无利害关系人证明有口头合伙协议的，人民法院可以认定为合伙关系。

○　委托他人炒股，小心"合同无效"。

近些年，随着经济的发展和人们认识的提高，人们已经不再仅仅把个人的资金存放在银行中，而是开始寻找多种方式储备资金，例如债券、股票、投资房产等等，从而使自己的资金增值，来抵制通货膨胀或作为谋生的手段。但由于个人精力和阅历的限制，有些人无法亲自操作各种理财方式，故委托理财已经悄然成为一种普遍存在的社会现象。尤其是近几年股市情形看好，利润空间比较大，更多的人选择委托炒股的理财方式来为自己积累财富。"股市有风险，入市须谨慎"，但在趋利避害侥幸心理的驱使下，人们还是把大量的资金投入到股市中。当盈利时，双方是皆大欢喜，而亏空时，双方产生纠纷，免不了要动口角，最终诉诸法院。然而，这种以股票投资为内容的委托合同究竟是否有效？

💬情景再现

　　2007年5月22日，被告李某与原告程某签订了一份委托合同。合同中约定被告为原告操作股票，操作资金账户本金为10万元，期限2年（到2009年5月21日止），期限届满账户金额达到20万元，如未达到承诺金额，被告愿承担责任。操作期间被告向原告支付2年利息，共计2万元，一次性付清。到合同约定的期限，被告却下落不明。2009年8月7日，原告在证券公司查询到资金对账单，资金余额37 342.69元，新赛股份一股资产市值9.62元，总资产37 352.31元。

原告一直未能找到被告，遂诉至法院。因法院无法找到被告，遂公告送达被告，缺席开庭审理。法院认为，原、被告签订的委托合同成立，但因违反了相关法律法规的禁止性规定，故该委托合同无效，被告应返还原告10万元本金。

📎 律师提醒

本案中，关键就在于"保本条款"的效力，即被告李某从原告程某那里获得股票操作资金10万元，承诺在2年后达到20万元，如未达到承诺金额，被告愿承担责任是否有效。《中华人民共和国证券法》（以下简称《证券法》）第144条规定，证券公司不得以任何方式对客户证券买卖的收益或者赔偿证券买卖的损失作出承诺。根据《中国银行业监督管理委员会关于严禁信托投资公司信托业务承诺保底的通知》第2条和第3条的规定，信托投资公司不得以信托合同、补充协议或其他任何方式向信托当事人承诺信托财产本金不受损失或者保证最低收益。信托投资公司应当在其营业场所显著位置对不得承诺保底的有关规定进行公示，并在签订信托合同时，以书面形式向当事人申明上述内容。信托投资公司在推介信托产品或办理信托业务时，不得暗示或者误导信托当事人信托财产不受损失或者保证最低收益。以上条款规定，与信托公司签订合同时的保本条款无效。我国法律并未明文规定个人之间的保本条款是否有效，但是从股市风险和合同的公平性原则上讲，保本条款明显侵害了双方的利益，故在个人委托理财合同中保本条款应认定为无效。

再从合同本身的主体是否适格（适格是指对于诉讼标的的特定权利或者法律关系，以当事人的名义参与诉讼并且请求透过裁判来予以解决的一种资格）予以探讨，本案中个人委托他人为其操作股票。《证券法》规定，未经中国证监会许可，任何机构和个人不得从事证券、期货投资咨询业务，证券投资咨询机构不得从事代理投资人从事证券买卖，不得与投资人约定分享投资收益或分担投资损失。本案中，公民个人接受委托为他人操作股票投资，违反了法律、法规对于证券服务机构从业的禁止性规定，委托炒股合同一方当事人不适格，故该委托合同无效。

🔍 陷阱防范

为了防范本案中的陷阱，投资者在参与证券投资活动时，应保持理性，充分认识股票投资高风险特性，避免从事超越自身认知了解范围和风险承受能力的投资活动，摒弃"一夜暴富"投机心理，打破"天上掉馅饼"的幻想，莫信不切实际的高额回报，抵制不当利益的诱惑，加强证券投资知识和法律法规学习，提高自我保护意识和能力，谨防上当受骗。

凡是以提供内幕消息、推荐涨停黑马股、坐庄操盘、承诺收益、接受全权委托、代客理财等经营方式招揽客户的，均属非法证券活动，投资者应坚决抵制。

最后，要对国家证券法的有关规定进行了解，否则可能会因合同无效而得不到预期的结果。

⚑ **法条链接**

《中华人民共和国证券法》

第一百四十四条　证券公司不得以任何方式对客户证券买卖的收益或者赔偿证券买卖的损失作出承诺。

○　使用信用卡消费，警惕"收费"陷阱。

信用卡是一种非现金交易付款的方式，是简单的信贷服务。信用卡一般由银行或信用卡公司依照用户的信用度与财力发给持卡人，持卡人持信用卡消费时无须支付现金，待结账日时再行还款。通俗地说，信用卡就是银行提供给用户的一种先消费后还款的小额信贷支付工具。当购物需求超出了支付能力或者你不希望使用现金时，你可以向银行借钱，这种借钱不需要支付任何的利息和手续费。信用卡就是银行答应借钱给你的凭证。信用卡将告诉你：你可以借银行多少钱、需要什么时候还。另外，你还可以在信用卡中没有钱的情况下，直接从ATM机中取出现金。但是，使用信用卡真的没有风险吗？

💬**情景再现：**

某市刘女士于3年前办了一张信用卡。由于已经有很多信用卡，她决定暂不激活。去年，刘女士一家准备出去旅游，为了方便购物，她激活了这张信用卡。"没过多久就收到银行账单，让我支付第一年年费300元。"更让她不解的是，银行客服还提醒杨小姐当年还需要补刷5次卡才能免年费，"未激活的信用卡根本不应该收年费，我又没有获得任何服务，这是不合理的。"

✎ 律师提醒

本案中，该银行不将信用卡使用条款向刘女士说明的行为已经侵犯了刘女士的知情权。刘女士可以去银行注销该信用卡并要求该银行赔偿其支付的年费300元。该银行应该向刘女士说明该信用卡不管是使用还是不使用都要收费。否则，提前不通知使用人而事后收取费用的行为对使用信用卡进行消费的人明显是一种不公平的表现，违反了《合同法》公平的原则，是一种不诚实守信的表现。在刘女士得知该银行在她未使用信用卡消费也收费的条款不合理时，可以拒绝该银行的强制交易行为，去该银行注销信用卡。对于刘女士因没有使用而被要求支付年费的行为，使刘女士财产遭受了损失，因此该银行应当赔偿其损失。

🔍 陷阱防范

为了防范本案中的陷阱，银监会2011年发布《商业银行信用卡业务监督管理办法》，明令禁止信用卡不当营销行为，强调信用卡未经持卡人激活，不得扣收任何费用。业内表示，信用卡收费项目应该进行强制性披露，让持卡人明白消费。

理财师提醒，持卡人首先应仔细阅读所持信用卡手册，了解信用卡是否允许超限以及收费情况，刷卡消费时留意消费金额，避免超额消费。

⚓ 法条链接

《中华人民共和国消费者权益保护法》

第八条 消费者享有知悉其购买、使用的商品或者接受的服务的真实情况的权利。

消费者有权根据商品或者服务的不同情况，要求经营者提供商品的价格、产地、生产者、用途、性能、规格、等级、主要成份、生产日期、有效期限、检验合格证明、使用方法说明书、售后服务，或者服务的内容、规格、费用等有关情况。

第十条 消费者享有公平交易的权利。

消费者在购买商品或者接受服务时，有权获得质量保障、价格合理、计量正确等公平交易条件，有权拒绝经营者的强制交易行为。

第十一条 消费者因购买、使用商品或者接受服务受到人身、财产损害的，享有依法获得赔偿的权利。

○ 投资理财，看收益更要看风险，切莫让"保本"变"亏本"。

一般人谈到理财，想到的不是投资就是赚钱。实际上，理财的范围很广。理财是理一生的财，也就是个人一生的现金流量与风险管理，包含以下含义：

1. 理财是理一生的财，不是解决燃眉之急的金钱问题而已。

2. 理财是现金流量管理，每一个人一出生就需要用钱（现金流出）、也需要赚钱来产生现金流入。因此不管现在是否有钱，每一个人都需要理财。

3. 理财也涵盖了风险管理，因为未来的更多流量具有不确定性，包括人身风险、财产风险与市场风险，都会影响到现金流入（收入中断风险）或现金流出（费用递增风险）。

一些人有时候会忽略理财的风险，而只看到它的收益，没有用"一分为二"的观点看问题，结果陷入了"一点论"的主张，不但没有得到收益，反而亏损了不少。

💬 情景再现

某报称，张某于2008年12月21日在某银行太原分行购买了一款名为"阳光稳健一号"的理财产品，该产品期限2年，从2009年1月11日起到2011年1月10日止，产品到期后收益亏损4.51%。张某认为该产品存在夸大收益等违规行为，此前打出的宣传语为"阳光稳健一号"理财产品，预期最高年收益率为30%，上不封顶，低风险。同时，该产品说明书上募集资金为20亿元，实际运作金额却为30多亿元，该产品运作1个月时就被曝出近8%的亏损。张某已经将银行告上法庭。

🖊 律师提醒

本案中，关键就在于"保本条款"的效力，即"阳光稳健一号"理财产品"预期最高年收益率为30%，上不封顶，低风险"的承诺是否有效。《证券法》第144条规定，证券公司不得以任何方式对客户证券买卖的收益或者赔偿证券买卖的损失作出承诺。根据《中国银行业监督管理委员会关于严禁信托投资公司信托业务承诺保底的通知》第2条和第3条的规定，信托投资公司不得以信托合同、补充协议或其他任何方式向信托当事人承诺信托财产本金不受损失或者保证最低收益。信托投资公司应当在其营业场所显著位置对不得承诺保底的有关规定进行公示，并在签订信托合同时，以书面形式向当事人申明上述内容。信托投资公司在推介信托产品或办理信托业务时，不得暗示或者误导信托当事人信托财产不受损失或者保证最低收益。根据我国《合同法》第58条规定，合同无效或者被撤销后，因该合同取得的财产，应当予以返还；不能返还或者没有必要返还的，应当折价补偿。有过错的一方应当赔偿对方因此所受到的损失，双方都有过错的，应当各自承担相应的责任。可知，在本案中，银行的违规操作使张某的财产受到损失，因此当合同无效后，该银行应当返还张某的财产，并赔偿损失。

🔍 陷阱防范

目前，理财产品说明书所称的预期收益率并不等于实际收益率，但从字眼上看还是有一定的误导作用，预期收益也可解释成到预定的日期能获得的收益。销售人员推销理财产品时的收益承诺，投资者最好要求其以书面形式记录，以便日后取证。理财师还建议，投资者在选择银行理财产品时，不能只关注预期收益率，更要关注数字背后所蕴藏的风险，如收益率风险、投资标的的市场风险、汇率风险和流动性风险等。必要时，投资者购买理财产品时还可以录音以保护自身利益。

⚓ 法条链接

《中华人民共和国证券法》

第一百四十四条 证券公司不得以任何方式对客户证券买卖的收益或者赔偿证券买卖的损失作出承诺。

《中国银行业监督管理委员会关于严禁信托投资公司信托业务承诺保底的通知》

二、信托投资公司不得以信托合同、补充协议或其他任何方式向信托当事人承诺信托财产本金不受损失或者保证最低收益。信托投资公司应当在其营业场所显著位置对不得承诺保底的有关规定进行公示，并在签订信托合同时，以书面形式向当事人申明上述内容。

三、信托投资公司在推介信托产品或办理信托业务时，不得暗示或者误导信托当事人信托财产不受损失或者保证最低收益。

《中华人民共和国合同法》

第五十八条 合同无效或者被撤销后，因该合同取得的财产，应当予以返还；不能返还或者没有必要返还的，应当折价补偿。有过错的一方应当赔偿对方因此所受到的损失，双方都有过错的，应当各自承担相应的责任。

○ 对获得的炒股"内幕信息"要谨慎。

在我国，知悉证券交易内幕信息的知情人员或者非法获取内幕信息的其他人员，买入或者卖出所持有的该公司的证券，或者泄露该信息或者建议他人买卖该证券的行为，应当根据《证券法》规定视其情节和危害后果，承担相应的行政责任和刑事责任：

1．行政责任。知悉证券交易内幕信息的知情人员或者非法获取内幕信息的其他人员，有上述违法行为的，应当责令其依照国务院证券监督管理机构制定的有关规定处理非法获得的证券，没收违法所得，并处以违法所得1倍以上5倍以下的罚款或者非法买卖的证券等值以下的罚款。

2．刑事责任。知悉证券交易内幕信息的知情人员或者非法获取内幕信息的其他人员，有三种违法行为之一，情节严重，构成犯罪的，依照《刑法》关于内幕交易罪的规定追究刑事责任。

另外，证券监督管理机构的工作人员在其担任职务期间，接触大量证券交易的内幕信息。这些机构的工作人员参加内幕交易，会给其他投资者带来更为严重的影响，严重损害证券市场的健康发展。为此《证券法》同时规定，证券监督管理机构工作人员进行内幕交易的，应当从重处罚。可见，国家在打击内幕信息方面很强有力，这也从反面说明了内幕信息的价值。那么，对于内幕信息，一般人可以轻易获得吗？

💬**情景再现**

"目前有一支股票，根据它以往的涨跌情况，现在已经是极低值了。"李某从朋友那里打听到了股票最新内部消息，由于对方也算是朋友的朋友，他深信不疑。第二天这只股票果然一路飘红，李某不假思索地把所有积蓄全部投了进去，谁知刚买进那支股票就开始一路下跌，最低时还跌了30%以上。李某郁闷地说："以前炒电视上股评家推荐的股票就亏得血本无归，现在还去相信所谓内部消息，真是赔了夫人又折兵呀。"

📎**律师提醒**

本案涉及内幕交易的问题。证券内幕交易是违反证券法律法规行为或犯罪行为，它破坏了公平交易的基本法则，侵害了国家、社会或个人的合法权益，扰乱了正常的交易秩序。很多国家和地区法律对内幕交易制定了严厉的处罚措施。

　　本案中，李某因获得了朋友提供的内幕信息，本身就是违法的。他购买的股票在第二天就一路飘红更使他对这条信息为内幕信息深信不疑，结果却损失惨重。对于他的这种损失，其朋友也应当承担部分赔偿责任。

🔍 陷阱防范

　　如今已经有人开始利用微博等新平台进行非法证券等活动。从监管部门了解到，非法证券活动陷阱里，专家诊股被排在首位。此外，还有人通过炒股博客、UC视频聊天室等网络互动平台，发布大量股评和荐股信息，诈取会员费和服务费。非法证券活动案发与市场行情呈正相关。越是证券市场行情向好时，非法证券活动就愈是猖獗。一些投资者也因市场红火而获利心切，更易上当受骗。同时，这种陷阱手法隐蔽，欺骗性极强。

⚓ 法条链接

《中华人民共和国证券法》

　　第七十三条　禁止证券交易内幕信息的知情人和非法获取内幕信息的人利用内幕信息从事证券交易活动。

　　第七十五条　证券交易活动中，涉及公司的经营、财务或者对该公司证券的市场价格有重大影响的尚未公开的信息，为内幕信息。

　　下列信息皆属内幕信息：

　　（一）本法第六十七条第二款所列重大事件；

　　（二）公司分配股利或者增资的计划；

　　（三）公司股权结构的重大变化；

　　（四）公司债务担保的重大变更；

　　（五）公司营业用主要资产的抵押、出售或者报废一次超过该资产的百分之三十；

　　（六）公司的董事、监事、高级管理人员的行为可能依法承担重大损害赔偿责任；

　　（七）上市公司收购的有关方案；

　　（八）国务院证券监督管理机构认定的对证券交易价格有显著影响的其他重要信息。

　　第七十六条　证券交易内幕信息的知情人和非法获取内幕信息的人，在内幕信息公开前，不得买卖该公司的证券，或者泄露该信息，或者建议他人买卖该证券。

持有或者通过协议、其他安排与他人共同持有公司百分之五以上股份的自然人、法人、其他组织收购上市公司的股份，本法另有规定的，适用其规定。

内幕交易行为给投资者造成损失的，行为人应当依法承担赔偿责任。

○ 网上交易，警惕"山寨网站"。

网上银行又称网络银行、在线银行，是指银行利用网络技术，通过网络向客户提供开户、销户、查询、对账、行内转账、跨行转账、信贷、网上证券、投资理财等传统服务项目，使客户足不出户就能够安全便捷地管理活期和定期存款、支票、信用卡及个人投资等。可以说，网上银行是在网络上的虚拟银行柜台。特点有：①全面实现无纸化交易；②服务方便、快捷、高效、可靠；③经营成本低廉；④简单易用。

虽然使用网上银行交易有很多优点，能给客户带来极大的便捷，但是目前网银被盗时有发生，多名银行持卡客户发生网上资金被盗事件，涉及20多个省份。一些客户发起成立"网银受害者集体维权联盟"，认为网上银行存在交易风险，要求银行对客户的损失进行赔偿，并呼吁银行和公安机关完善网银系统，建立快速反应机制，集中技术和警力对网银犯罪进行打击。

💬情景再现

一天，小王打开电脑后，出现了一条提示命令，说某银行的网银E令即将过期，要求立即登录指定网站进行升级。小王信以为真，便根据其提供的网址登录操作，结果自己的账户中30万元不翼而飞。于是，小王立即报了案。据警方调查，小王等受害人登录的网站是由一个网站高手罗某建造的该银行的"山寨网站"。他通过受害人登录其所提供的网站来套取该银行网银客户的账号和密码，以此来取走现款。

📎律师提醒

本案中，罗某使用网络虚假命令的方式，诱导小王等受害人登录其指定网站的行为，目的并不是要进行网银升级，而是想以此来盗取网银客户的账号、密码等信息，以此来取走现款。罗某是直接侵权人。那么银行是否应承担责任？如果银行也有一定的过错，需承担一定比例的赔偿责任。从理论上探讨，直接加害人与银行具有共同侵权的性质，这类窃用存折账号、密码交易等致人损失的案件仍属于民事侵权案件，银行通常因违反安全保障义务而被起诉。同时，直接加害人一般都具有故意甚至恶意侵占他人财产的意图，直接加害人也应当被起诉。鉴于这类案件是较新的诉讼类型，法律适用上还存在困难。在目前还没有明确的法律可以引用的情况下，可以参照适用2004年5月1日实施的《最高人民法院关于审理人身损害赔偿案件适用法律若干问题的解释》（以下简称《解释》）的相关法理处理。该《解释》第5条规定，赔偿权利人起诉部分共同侵权人的，人民法院应当追加其他共同侵权人作为共同被告。赔偿权利人在诉讼中放弃对部分共同侵权人的诉讼请求的，其他共同侵权人对被放弃诉讼请求的被告应当承担的赔偿份额不承担连带责任。责任范围难以确定的，推定各共同侵权人承担同等责任。人民法院应当将放弃诉讼请求的法律后果告知赔偿权利人，并将放弃诉讼请求的情况在法律文书中叙明。《解释》第6条规定，从事住宿、餐饮、娱乐等经营活动或者其他社会活动的自然人、法人、其他组织，未尽合理限度范围内的安全保障义务致使他人遭受人身损害，赔偿权利人请求其承担相应赔偿责任的，人民法院应予支持。因第三人侵权导致损害结果发生的，由实施侵权行为的第三人承担赔偿责任。安全保障义务人有过错的，应当在其能够防止或者制止损害的范围内承担相应的补充赔偿责任。安全保障义务人承担责任后，可以向第三人追偿。赔偿权利人起诉安全保障义务人的，应当将第三人作为共同被告，但第三人不能确定的除外。

具体到本案，小王还可以通过起诉该银行未尽到安全保障义务致使自己的30万元被盗，要求其承担赔偿责任。当然，银行在承担赔偿责任后，可以向直接侵权人罗某追偿。

🔍 陷阱防范

到目前为止，类似山寨银行、证券公司的网站层出不穷，网银被盗现象时有发生。目前多数银行网银已加入新的安全保护功能，但最重要的还是投资者提高个人信息保护意识，切勿泄露卡号、账号、密码、动态口令码等。除了银行方面采取安全措施外，客户自身还要有足够的安全意识，养成良好的网上银行使用习惯。客户需要注意以下几点：其一，登录正确网址。其二，保护账号密码。在任何时候及情况下,不要将自己的账号、密码告诉别人,并为自己的网上银行设置专门的密码,区别于自己在其他场合中(例如其他网上服务、ATM、存折和银行卡等)使用的用户名和密码,避免因某项密码的丢失而造成其他密码的泄露,不要相信任何通过电子邮件、短信、电话等方式索要卡号和密码的行为。其三,注意计算机安全。下载并安装由银行提供的用于保护客户端安全的控件,定期下载安装最新的操作系统和浏览器安全程序或补丁,安装并及时更新杀毒软件,不要开启不明来历的电子邮件。

⚓ 法条链接

《最高人民法院关于审理人身损害赔偿案件适用法律若干问题的解释》

第五条　赔偿权利人起诉部分共同侵权人的,人民法院应当追加其他共同侵权人作为共同被告。赔偿权利人在诉讼中放弃对部分共同侵权人的诉讼请求的,其他共同侵权人对被放弃诉讼请求的被告应当承担的赔偿份额不承担连带责任。责任范围难以确定的,推定各共同侵权人承担同等责任。

人民法院应当将放弃诉讼请求的法律后果告知赔偿权利人,并将放弃诉讼请求的情况在法律文书中叙明。

第六条　从事住宿、餐饮、娱乐等经营活动或者其他社会活动的自然人、法人、其他组织,未尽合理限度范围内的安全保障义务致使他人遭受人身损害,赔偿权利人请求其承担相应赔偿责任的,人民法院应予支持。

因第三人侵权导致损害结果发生的,由实施侵权行为的第三人承担赔偿责任。安全保障义务人有过错的,应当在其能够防止或者制止损害的范围内承担相应的补充赔偿责任。安全保障义务人承担责任后,可以向第三人追偿。赔偿权利人起诉安全保障义务人的,应当将第三人作为共同被告,但第三人不能确定的除外。

○　个人理财谨防"专家"陷阱。

委托理财是指委托人将资金或证券等金融性资产委托给受托人,约定在一定期限内由受托人管理、投资于证券等金融市场并按期支付给委托人一定比例收益的资产管理活动。自2003年以来,全国各地法院受理的委托理财纠纷案件大幅上升。由于委托理财是我国资本市场上一种新兴的投资方式,所以尽管委托理财活动大量存在，但是法律概念却不清晰，目前尚不具备法律上的内涵。"委托理财"并不是严格意义上的法律概念，只是金融行业的一个习惯用语，而且至今尚未成为金融法律法规中正式的规范用语，也没有一种能被市场普遍认可和接受的对其内涵和外延准确概括的定义出现。正因为没有法律上的规范，所以委托理财更容易被犯罪分子利用。

💬情景再现

> 杨某是一个暴发户。原来，他在村里头是最穷的一个。后来，由于从事养殖生意，一两年后他就成了百万富翁。由于他只顾着赚钱，却无暇打理钱财，就把钱存到了银行。后来看着身边的朋友所做的一些投资收益都超过了银行的利息，他觉得将大量的资金放在银行吃那点儿薄利息不甘心，但自己也没时间打理，于是便想到了一些投资咨询公司。随后他根据委托理财广告考察了几家咨询公司，最后，一家咨询公司以12%的高回报率、"专家理财"等口号打动了他。于是他便将自己的百万资金委托给该公司进行理财，双方也就此签订了委托理财合同。他们在协议中约定，固定收益率以及在收益率不足时受托方需补足余额等。可是，在对该公司的经营状况进行跟踪后，杨某发现自称"专家理财"的该理财公司不但未能给自己带来所承诺的收益，而且连本金也出现了不小的亏损。

📝律师提醒

本案涉及委托理财的性质。委托理财在一定条件下应该是合法的。如果上市公司运用的资金是自有资金，而委托券商是综合类券商，并且履行了相应的审批和信息披露程序，那么委托理财就是一种正常的商业行为。委托理财合同中双方当事人之间形成的是委托理财的法律关系，他们在协议中约定固定收益率以及在收益率不足时受托方需补足余额等内容明显表明该条款为保底条款，由于保底条款在整个委托理财合同中处于核心地位，故委托理财协议及补充协议效力均为无效。我国《证券法》第144条也规定，证券公司不得以任何方式对客户证券买卖的收益或者赔偿证券买卖的损失作出承诺。

对于委托资金之损失，应根据当事人是否有过错、过错大小、过错与损失的因果关系等确定其各自责任。在司法实践中，委托理财由于其交易方式的特殊性，故合同无效时的处理方式与普通合同无效的处理方式不同，无法适用一般合同无效时采用的恢复原状等处理方式，出于保障市场交易秩序的需要也不能轻易否定证券、期货交易行为及结果。故法律规定，在委托理财合同因委托人或受托人无资质、订有保底条款，以及属于法律、行政法规规定的无效情形而无效等情形中，受托人应将委托资产本金返还给委托人，并按中国人民银行同期定期存款利率支付利息。

陷阱防范

很多人在进行委托理财时都签订了有关合同，并就此认为，有合同在手，自己的利益会受到法律保护。其实不然，并不是任何合同都会得到法律保护。除了符合中国证监会要求能开展委托理财业务的综合类券商外，其他投资公司一般不能开展委托理财业务。由于个人理财经验及知识的缺乏，有很多人容易走进"专家"的误区，盲目听信"专家"。现在理财工具多种多样，投资渠道众多，如果投资者对自己选择的投资方式、投资产品不了解或是对专家的意见偏听偏信就会掉进风险的大旋涡中。所以在此提醒个人投资者，要想在投资理财中成为大赢家，自己必须掌握一定的投资理财知识。因此，不论你是不是要把钱交给专家去打理，建议你都要学习一些理财方面的专业知识，这样即使你不知道怎样去赚钱也可使你避免一些理财方面的陷阱，以免辛辛苦苦存下来投资的钱化为泡沫。在委托理财法律关系中，委托人与受托人就固定的收益率以及一方仅享有收益而对方承担全部风险的内容达成一致约定的条款属于保底条款，其效力无法得到法律的肯定，而且还会最终导致整个合同的无效，因而在签订委托理财协议时，双方当事人应当按照公平原则和诚实信用原则来规定各自享有的权益和应当承担的义务及风险，只有保证合同的合法有效，才能够最终实现缔约的目的。

法条链接

《中华人民共和国证券法》

第一百四十四条 证券公司不得以任何方式对客户证券买卖的收益或者赔偿证券买卖的损失作出承诺。

《中华人民共和国合同法》

第五十二条 有下列情形之一的，合同无效：

（一）一方以欺诈、胁迫的手段订立合同，损害国家利益；

（二）恶意串通，损害国家、集体或者第三人利益；

（三）以合法形式掩盖非法目的；

（四）损害社会公共利益；

（五）违反法律、行政法规的强制性规定。

第五十八条 合同无效或者被撤销后，因该合同取得的财产，应当予以返还；不能返还或者没有必要返还的，应当折价补偿。有过错的一方应当赔偿对方因此所受到的损失，双方都有过错的，应当各自承担相应的责任。

○ 高价收藏名人字画，是"赚了"还是"赔了"？

人头攒动的古玩市场，如醉如痴的收藏爱好者，拍卖行藏品拍卖的火爆场面，各种媒体你来我往推出的鉴宝类节目，都在从不同层面昭示着一个现象：收藏热在当今中国正在持续升温。有人断言，艺术品投资是继股票投资、房地产投资后第三个投资项目。有人预测，我国历史上第四次收藏热已经出现，全面收藏时代正在到来。

一切的一切，仿佛都是因为古玩背后诱人的价值——经济价值、投资空间。但是，收藏热背后还有另外一个现实：古玩假货泛滥，许多人买假、藏假、贩假。古玩行业流行的"三年不开张，开张吃三年"的话，不知从何时起被"真货不赚钱，假货吃三年"取代了。

归根结底，这一切乱象都和一夜致富、一物成名的心理作祟有关。虽然，不少有识之士呼吁"文物收藏市场亟待沿着健康轨道发展，监管需要加强，法律法规需要健全"，但在这一切期待成为现实之前，收藏者自己是否应该先冷静思考一下呢？你首先应该意识到，民间收藏古玩已成为一个高风险的行业，收藏者要具备历史、文化、专业制造工艺的相关知识，更主要的是要有一个平和的心态。盲目收藏要不得、一夜暴富的心理要不得。

💬 情景再现

张先生经过十年寒窗苦读，终于有一番作为。一向喜欢名人字画的他觉得自己现在有能力去搞自己喜欢的事业了，于是便风风火火地搞起了收藏。为此，他还专门拜师学艺，倒也真像那么回事。他边学边收藏，一年下来也收藏了不少。这天，他听说有一位京城来的专家来到了本市，就赶紧驱车前往，邀请专家帮他鉴定这些收藏品的价值。专家在张先生的收藏室里仔细看了他的收藏品，张先生赶紧询问专家的看法。令他大跌眼镜的是，他的收藏中只有2幅字画是真品，其他的都是赝品。这令他大失所望。这一年间，他只要听说哪有名人字画就赶紧驱车前往，不惜重金购买，一心想着凭着这些字画大赚一笔，可没想到买回来的全是赝品，自己真是赔了夫人又折兵。

📎 律师提醒

本案中，出卖字画给张先生的商家存在着消费欺诈。张先生以真品的价格购买来的却是赝品，其公平交易权受到侵犯。所谓消费欺诈是指在消费的过程中，存在一方当事人故意告知对方虚假情况，或者故意隐瞒真实情况，诱使对方当事人作出错误意思表示的行为。消费欺诈的认定需要构成以下几个要件：首先，欺诈方主观上具有欺诈的故意，亦即其明知自己告诉对方的情况是虚假的并且会使对方陷入错误认识而希望或者放任这种结果发生的主观故意；其次，欺诈方实施了欺诈行为，通常表现为故意告知对方虚假情况，或者故意隐瞒真实情况诱使对方当事人作出错误表示，这种行为是违反了向消费者如实陈述商品真实信息的法定义务的；最后，受欺诈方因为欺诈而陷入了错误，并且因此而作出了意思表示。

《消费者权益保护法》第10条规定，消费者享有公平交易的权利。消费者在购买商品或者接受服务时，有权获得质量保障、价格合理、计量正确等公平交易条件，有权拒绝经营者的强制交易行为。具体到本案，出卖字画给张先生的商家并没有将该字画为赝品的真实情况向张先生说明，表明其主观上具有欺诈的故意。而且出卖字画的商家实施了欺诈行为，他们将假字画说成是真字画使张先生产生了错误的认识，于是做出了以真品价格购买该字画的行为。所以根据欺诈消费的构成要件，出卖该假字画的商家存在欺诈消费。而《消费者权益保护法》第49条规定，经营者提供商品或者服务有欺诈行为的，应当按照消费者的要求增加赔偿其受到的损失，增加赔偿的金额为消费者购买商品的价款或者接受服务的费用的一倍。因此，本案中，张先生可以通过诉讼途径要求出卖假字画的商家承担双倍赔偿责任。

🔍 陷阱防范

近几年，随着我国经济持续高速增长，民间收藏也逐渐升温。在庞大的收藏品市场上，投资性收藏占了绝大部分，而纯粹出于兴趣爱好的却很少。

现在收藏业最大的陷阱是，大家都以为收藏是一本万利、一夜暴富的行业。其实，任何行业都是机会与风险共存的。刚入收藏行的藏友，应该多学些收藏知识，储备起码的收藏学识。如果在不了解收藏市场的行情时贸然入市，就会当"冤大头"。

古玩字画不像黄金珠宝本身就有价值。目前对个人收藏的古玩字画鉴定确实没有法定机构，法律上也没有规定哪类人具备鉴定的资质，而民间机构的鉴定结果只能作为参考意见，不具备当然成为定案依据的效力。目前的法规对于古玩字画的鉴定这一块确实是个盲区，建议相关部门成立此类机构，并对从业人员制定标准。这对该行业的规范有积极作用。虽然对此类藏品的鉴定有盲区，但也不是无法维权。收藏者如遇此情况，首先，需要确定自己买到的藏品为假，尽管是民间机构的意见，但至少可作参考。其次，要证明自己是在认为其为真品、主观善意的情况下购买的，这一点可以根据价格判定。如果是以真品的价格购买了赝品，说明买方受到价格的误导，那卖方可能涉嫌欺诈。但如果是以大大低于真品的价格购买的，那就很难证明自己是主观善意了。证明了以上两点，收藏者可以通过法律途径，请求法院撤销买卖合同。这个过程中，买方的举证责任更重一些。

⚑ 法条链接

《中华人民共和国消费者权益保护法》

第十条 消费者享有公平交易的权利。

消费者在购买商品或者接受服务时，有权获得质量保障、价格合理、计量正确等公平交易条件，有权拒绝经营者的强制交易行为。

第四十九条 经营者提供商品或者服务有欺诈行为的，应当按照消费者的要求增加赔偿其受到的损失，增加赔偿的金额为消费者购买商品的价款或者接受服务的费用的一倍。

○ 投资基金，谨防基金公司偷改"分红条款"。

基金分红是指基金将收益的一部分以现金形式派发给投资人，这部分收益原来就是基金单位净值的一部分。按照《证券投资基金管理暂行办法》的规定，基金管理公司必须以现金形式分配至少90%的基金净收益，并且每年至少一次。分红并不是越多越好，投资者应该选择适合自己需求的分红方式。基金分红并不是衡量基金业绩的最大标准，衡量基金业绩的最大标准是基金净值的增长，而分红只不过是基金净值增长的兑现而已。对基民来说，在后市看好的情况下，基金公司是否分红一般不会引起争议，因为即便不分红，对其利益也没有实质影响。但是后市看跌的情况下，通常来说基民会期待分红，保证已经实现的收益。对基金公司来讲，一般而言基金管理费依据基金规模进行提取，因此基金规模大，收取的管理费就多，但分红也会降低基金的规模。所以在后市看跌的情况下，不分红就比较容易引起基民的质疑。

💬情景再现

据媒体曝光，2009年，南方稳健贰号基金的基金份额持有人袁近秋提出，南方基金不顾申请人在其提供的格式合同中明确选定"现金分红"这种红利分配方式的意愿，擅自将申请人应当分得的红利进行再投资，给申请人造成了严重的经济损失，共计6.6万多元。申请人已将该基金公司列为被告诉至法院。

📎律师提醒

本案属于合同纠纷，原告的请求能否得到法院的支持，要从双方签订的合同是否合法有效、被告有无必须采用"现金分红"的义务、被告是否违约、是否给原告造成损失等方面进行分析。

第一，原被告之间签订的合同合法有效。南方稳健贰号基金协议书是双方的真实意思表示，且不违法，该合同合法有效。

第二，被告负有必须采用"现金分红"的义务。从被告提供的格式合同可知，申请人明确选定"现金分红"这种红利分配方式，被告就有义务按照申请人选定的红利分配方式发放红利，而不能在不经与申请人协商的情况下，擅自将申请人应当分得的红利进行再投资。显然，被告负有必须采用"现金分红"的义务。

第三，被告拒不采用"现金分红"已经违约。如前所述，被告明确负有必须采用"现金分红"的义务。可是，被告已经用实际行动表示不履行该项义务，取而代之的是采用将申请人应当分得的红利进行再投资。《合同法》第108条规定，当事人一方明确表示或者以自己的行为表明不履行合同义务的，对方可以在履行期限届满之前要求其承担违约责任。被告在合同履行期限届满之前已经用自己的行为表明其不履行合同义务，已经构成预期违约。在被告表示违约时原告就有权要求被告承担违约责任。被告在合同履行期限届满之后仍未履行合同，已经实际违约，并且违约行为仍在持续。

第四，由于被告违约行为给原告造成的损失，被告应该承担赔偿责任。《合同法》第107条规定，当事人一方不履行合同义务或者履行合同义务不符合约定的，应当承担继续履行、采取补救措施或者赔偿损失等违约责任。被告不顾申请人明确选定"现金分红"这种红利分配方式，擅自将申请人应当分得的红利进行再投资属于违约，给申请人造成了严重的经济损失，应当承担赔偿责任。

🔍 陷阱防范

对于本案中的陷阱防范，中国证监会已经将《证券投资基金收益分配条款的审核指引》（以下简称《指引》）正式下发到各基金公司手中，《指引》对基民关注的基金分红问题进行了规范。

在《指引》中，证监会首次明确了基金管理公司在设计带有分红条款的基金产品时，应该在基金合同以及招募说明书中约定每年基金收益分配的最多次数和每次收益分配的最低比例。

《指引》主要以五大条款对基金公司分红作出限定：

首先，基金管理公司在设计基金产品时，应根据基金产品特性拟订相应的收益分配条款，使基金的收益分配行为与基金产品特性相匹配。

其次，基金管理公司在设计带有分红条款的基金产品时，应当在基金合同以及招募说明书中约定每年基金收益分配的最多次数和每次收益分配的最低比例。

再次，基金公司在上报产品的同时，要在基金合同以及招募说明书中约定基金收益分配方案的相关内容，基金收益分配方案中至少应载明基金期末可供分配利润、基金收益分配对象、分配时间、分配数额以及比例、分配方式等内容。

又次，基金合同以及基金招募说明书中应该约定：基金红利发放日距离收益分配基准日（即期末可供分配利润计算截止日）的时间不得超过15个工作日。

最后，基金合同中若约定"基金收益分配后基金份额净值不能低于面值"的条款，应详细说明该条款的含义，例如，基金收益分配基准日的基金份额净值减去每单位基金份额收益分配金额后不能低于面值。投资者需要现金，完全可以不依靠基金分红的方式来实施，直接赎回一部分基金份额就可以做到，但如果合同遭篡改，就难以实现，所以投资者应该随时关注分红等情况。

法条链接

《中华人民共和国合同法》

第一百零七条 当事人一方不履行合同义务或者履行合同义务不符合约定的，应当承担继续履行、采取补救措施或者赔偿损失等违约责任。

第一百零八条 当事人一方明确表示或者以自己的行为表明不履行合同义务的，对方可以在履行期限届满之前要求其承担违约责任。

○ "合伙卖手机"，警惕犯罪分子的花言巧语。

近年来，诈骗犯罪，特别是街头诈骗犯罪明显增多。由最初的扑克牌到象棋残局，从易拉罐中奖到兑换外币，各种诈骗手段五花八门，层出不穷。时至今日，诈骗与抢劫相结合，令人防不胜防，已严重扰乱了人民群众的正常生活。

💬情景再现

据报道，6月26日中午12时许，吃过午饭的陆先生在某条街上行走，突然一辆小轿车在他身边停下来，司机向他问路。陆先生耐心地讲了路线，但司机还是请陆先生上车带路。车上除司机外还有一名女子，自称是某通信公司的业务员，来该市做手机生意。车子开出几公里后，又上来一名男子。该男子一上车就问车上的那名女子，有没有某型号的手机，他愿意以700元一部的价格收购。女子说，她朋友处有200部这一型号的手机，愿意以500元一部的价格出售。随后，她问陆先生愿不愿意"一起发财"，陆先生原来并不想搭理，但禁不住他们两人的轮番劝说，最后同意出5万元买下100部手机再卖给那名男子。

那名女子见陆先生上钩，立即返回刚才问路的地方，让陆先生去取钱。陆先生回家翻出一张5.4万元的定期存折，到银行改存了活期。但镇上的银行现金不足，不能一次性支取1万元以上的现金。他们又带着陆先生到县城，取出了4.9万元，并谎称要陆先生去银行签字，将他支开后携带这笔钱逃走。

🖉 律师提醒

本案涉及刑事诈骗问题。诈骗罪是指以非法占有为目的，用虚构事实或者隐瞒真相的方法，使受害人陷于错误的认识并"自愿"处分财产，从而骗取数额较大的公私财物的行为。

诈骗罪是数额犯，行为人采用诈骗的方式骗取公私财物必须达到"数额较大"的标准，才能构成诈骗罪，予以立案追究。

本罪主体是一般主体，凡达到法定刑事责任年龄、具有刑事责任能力的自然人均能构成本罪。

本罪在主观方面表现为直接故意，并且具有非法占有公私财物的目的。

本罪侵犯的客体是公私财物所有权。

本罪客观上表现为使用欺诈方法骗取数额较大的公私财物。首先，行为人实施了欺诈行为，欺诈行为从形式上说包括两类，一是虚构事实，二是隐瞒真相；其次从实质上说是使被害人陷入错误认识的行为。因此，不管是虚构、隐瞒过去的事实，还是现在的事实与将来的事实，只要具有上述内容的，就是一种欺诈行为。如果欺诈内容不是使他们作出财产处分的，则不是诈骗罪的欺诈行为。欺诈行为必须达到使一般人能够产生错误认识的程度。

根据《最高人民法院关于审理诈骗案件具体应用法律的若干问题的解释》：

1. 个人诈骗公私财物2千元以上的，属于"数额较大"。

2. 个人诈骗公私财物3万元以上的，属于"数额巨大"。

3. 个人诈骗公私财物20万元以上的，属于"数额特别巨大"。诈骗数额特别巨大是认定诈骗犯罪"情节特别严重"的一个重要内容，但不是唯一情节。

本案中，犯罪嫌疑人故意以"合伙卖手机"为由欺骗了陆先生，并使其产生错误的认识，进而做出了决定取出4.9万元加入该"合伙"的举动，对其4.9万元行使了处分权，从而使其被骗。根据以上所述立案标准，诈骗金钱4.9万元已经构成了"数额巨大"，已经构成了《刑法》第266条规定的诈骗罪。所以，应由国家相关机关对犯罪分子进行刑事处罚。

🔍 陷阱防范

为了防范本案中的陷阱，警方特别提醒市民朋友：莫图小利，加强防范意识，不给骗子可乘之机。诈骗者多为外地流窜人员，一般三五人一伙，成员较为固定；作案前骗子作了周密计划，作案时充分赢得受骗者信任，为作案后脱身争取了时间；特别是不少受害者被骗后，因怕被嘲笑，怕亲人责备，没能马上报警，以致警方难以及时掌握犯罪线索，失去马上抓获骗子的最好时机。要记住，"天上不会掉馅饼"。在街头遇到有难的人求助，恻隐之心可以有，防人之心不可无。一旦遭遇骗局，要及时报警，这样可以防止其他人再受骗上当。

🖋 **法条链接**

《中华人民共和国刑法》

第二百六十六条 诈骗公私财物，数额较大的，处三年以下有期徒刑、拘役或者管制，并处或者单处罚金；数额巨大或者有其他严重情节的，处三年以上十年以下有期徒刑，并处罚金；数额特别巨大或者有其他特别严重情节的，处十年以上有期徒刑或者无期徒刑，并处罚金或者没收财产。本法另有规定的，依照规定。

《最高人民法院关于审理诈骗案件具体应用法律的若干问题的解释》

一、根据《刑法》第一百五十一条和第一百五十二条的规定，诈骗公私财物数额较大的，构成诈骗罪。

个人诈骗公私财物2千元以上的，属于"数额较大"；个人诈骗公私财物3万元以上的，属于"数额巨大"。

个人诈骗公私财物20万元以上的，属于诈骗数额特别巨大。诈骗数额特别巨大是认定诈骗犯罪"情节特别严重"的一个重要内容，但不是唯一情节。

……

○ 在ATM机上提现，谨防"被盗"。

随着信用卡的普及，储户在取现和支付上变得愈加方便和快捷。但享受方便的同时，安全隐患也随之而来。一种较为常见的犯罪手法是：作案人在ATM机上加装信用卡复制设备，在盗取了储户的信用卡信息之后，再伪造新卡转账或取现。

💬 **情景再现**

一天，小李和他的朋友一起去附近的邮政储蓄所的ATM机上取款，在将卡插入ATM取款机后，ATM取款机显示屏未出现提示语，卡也未自动吐出。

小李正迷惑不解时，发现机上有一张打印的告知条："如果卡被吞，就打值班电话"。她就按告知条上留的电话号码打电话联系，并将自己银行卡的卡号、姓名和密码都告诉了对方。因急于用钱，小李当即返回家用存折提款，然而提款时突然发现，自己的账户已无钱。她立即返回ATM机却发现，原先张贴在ATM机左下角的标贴消失了，露出了被遮盖了的真正的银行电话。

后经警方调查得知，犯罪分子使用了专门截取磁卡的工具，可导致提款人磁卡无法深入ATM机内部，然后利用事先张贴在ATM机上的错误电话，引诱提款人说出自己的银行卡密码，再乘提款人离去之际返回ATM机，取出被截留的磁卡，销毁标贴后，凭借磁卡和密码疯狂提现、刷卡。

律师提醒

近年来，储户存款在ATM柜员机上被盗取的案件屡有发生。在索赔问题上，储户往往会遇到很多困难。若储户在ATM机上丢失存款金额，这其中的责任如何分配？是失主自担，还是银行赔偿，抑或双方分担损失？寄希望于窃贼归还通常是不可期待的。即便窃贼落网，刑事附带民事追偿也极为艰难。鉴于此，在失主和银行之间划定权责的范围更具实际意义。法院在审理相关案件时指出，根据储蓄合同的性质，银行负有保证存款人储蓄卡内存款安全，并为存款人保密的义务，同时，银行应当保障存款人的合法权益不受任何单位和个人的侵犯，识别伪造的存折、储蓄卡等，也是银行应尽的合同义务。银行未能识别伪造的储蓄卡，对ATM柜员机疏于管理和维护，未能及时检查、发现、拆除犯罪分子安装的不明设备，致使ATM柜员机成了隐藏犯罪分子作案工具的场所，给储户造成安全隐患及财产损失，应承担全部违约责任。

陷阱防范

对于本案中的陷阱，有时候不法分子还会冒充ATM机管理单位，在ATM机上张贴紧急通知或公告，声称接上级银行通知，柜员机系统需进行程序升级改造，或配合某项活动，用户必须把资金转移到指定的账户上，或按一些提示进行操作后才能取钱。只要持卡人把资金转出或进行了某些操作，就可能上当受骗。取款机上张贴的通知、公告、提示等物均属于违法行为，银行方面如果有通知储户的事项，都会直接通过取款机的显示器进行通知。

针对此案犯罪嫌疑人的作案手法，警方已会同金融机构采取了必要的技术防范手段，同时提醒市民在ATM机上操作时，应当从以下几个方面加强防范：

一是仔细检查ATM机插卡口插卡槽是否有凸出和松动，塑料质地是否光滑细腻，是否有电线外露等异样情况，如发现上述情况，应当引起警惕；

二是输入密码时注意遮盖，避免被他人或暗藏的摄像头窥探；

三是尽量使用银行的短信提醒服务，只要银行卡资金发生变化，手机短信立即告知。

🖋 **法条链接**

《中华人民共和国合同法》

第六十条 当事人应当按照约定全面履行自己的义务。

当事人应当遵循诚实信用原则，根据合同的性质、目的和交易习惯履行通知、协助、保密等义务。

○ "外币兑换"要谨慎。

为维护结售汇制度的正常秩序，便利境内居民和非居民个人的外币兑换行为，保障居民和非居民个人合法权益，中国人民银行根据《外汇指定银行办理结汇、售付业务管理暂行规定》，制定了《外币代兑点管理暂行办法》。根据规定，大家在兑换外币时，除了去银行外，还可以去外币代兑点进行外币兑换业务，但一定要注意对该代兑点的资质进行查证，更不要去相信所谓的"个人"兑换外币，防止上当受骗。

💬 **情景再现**

一天，王大爷在街头散步，偶遇一中年妇人。她自称是归国华侨，手头有几十万美元、加元等外币，急需兑换成人民币，这时旁边走来一名40岁左右的男子自称是某银行营业部主任，并愿意帮忙。该男子称，利用他在银行的地位，可以很好的价钱换取这批外币，而且还可免去手续费。他还称没有带这么多现金，身上只带了几千元，并当场向中年女子兑换了几千元外币，由于见到王大爷在一旁见证，他塞给了王大爷1000元人民币。并劝他大量兑换，并称可以带他到银行现场兑现。两骗子巧舌如簧，在王大爷面前演双簧，并承诺兑换成功后当场可以获得1万元的利益。老汉终于抵挡不住诱惑，匆忙赶回家，从家中拿出18.5万元的定期存折，结果被骗。

📖 律师提醒

本案涉及刑事诈骗问题。诈骗罪是指以非法占有为目的，用虚构事实或者隐瞒真相的方法，使受害人陷于错误的认识并"自愿"处分财产，从而骗取数额较大的公私财物的行为。《刑法》第266条规定，诈骗公私财物，数额较大的，处3年以下有期徒刑、拘役或者管制，并处或者单处罚金；数额巨大或者有其他严重情节的，处3年以上10年以下有期徒刑，并处罚金；数额特别巨大或者有其他特别严重情节的，处10年以上有期徒刑或者无期徒刑，并处罚金或者没收财产。本法另有规定的，依照规定。

构成本罪的欺诈行为使对方产生错误认识，对方产生错误认识是行为人的欺诈行为所致；即使对方在判断上有一定的错误，也不妨碍欺诈行为的成立。在欺诈行为与对方处分财产之间，必须介入对方的错误认识；如果对方不是因欺诈行为产生错误认识而处分财产，就不成立诈骗罪。

本案中，犯罪嫌疑人故意以"兑换外币"为由欺骗了王大爷，并使其产生错误的认识，进而做出了决定取出18.5万元来"兑换外币"的举动，对其18.5万元行使了处分权，从而使其被骗。根据以上所述立案标准，诈骗金钱18.5万元已经构成了"数额巨大"，已经构成了我国《刑法》第266条规定的诈骗罪。所以，应由国家相关机关对犯罪分子进行刑事处罚。

🔍 陷阱防范

该类案例的共同点在于：一是合伙作案。各犯罪分子分工合作，各自扮演不同的角色，用币值极低的外币或作废的外币来冒充币值高的外币，合伙诱骗目标上钩，等现金到手后分头逃走。二是侵害对象多为退休人员。三是为了消除诈骗对象的疑虑，犯罪分子一般由其中一人扮演银行工作人员的角色，由他对外币的真伪以及币值的大小做出解释，给被害人造成"权威"解释的印象。

对于这类陷阱的防范，应注意以下几点：一是在突然而至的诱惑面前要保持清醒的头脑。二是在不知道对方的货币是什么国家的货币时，应该及时到银行柜台向工作人员咨询，这样就可以及早揭穿骗局。三是在交易过程中，要到对方的单位或住处实地看一下。四是如果案件确实发生了，应及时报警。

🖋 法条链接

《中华人民共和国刑法》

第二百六十六条 诈骗公私财物，数额较大的，处三年以下有期徒刑、拘役或者管制，并处或者单处罚金；数额巨大或者有其他严重情节的，处三年以上十年以下有期徒刑，并处罚金；数额特别巨大或者有其他特别严重情节的，处十年以上有期徒刑或者无期徒刑，并处罚金或者没收财产。本法另有规定的，依照规定。

《最高人民法院关于审理诈骗案件具体应用法律的若干问题的解释》

一、根据《刑法》第一百五十一条和第一百五十二条的规定，诈骗公私财物数额较大的，构成诈骗罪。

个人诈骗公私财物2千元以上的，属于"数额较大"；个人诈骗公私财物3万元以上的，属于"数额巨大"。

个人诈骗公私财物20万元以上的，属于诈骗数额特别巨大。诈骗数额特别巨大是认定诈骗犯罪"情节特别严重"的一个重要内容，但不是唯一情节。

……

第八章　看病就医中的陷阱

○　医院的专家门诊真的属于该医院吗？

专家门诊就是由获得卫生部资质审核通过在册的专家（一般是副主任医师以上的医生）坐诊的门诊。一般医院的主任或者副主任未获得"专家"称号，也有按照专家（实际是按职称）来坐诊的。专家门诊对于患者来说吸引力较大。于是一些医院就通过一些途径来给自己的医院增加专家门诊，但是对于医术是否能达到专家水平而在所不问。这样做，真的可以给本院增加知名度吗？

情景再现

马某患颈椎病久治不愈。他一次在报纸广告中看到一家医院设有颈椎病专家门诊，据称疗效显著。于是马某本着试试看的心态前去求医。谁知接受专家的针灸治疗并服用中药后，病情没有好转反而有加重的迹象。马某急忙到其他医院检查，结果是针灸损伤了马某颈椎的神经，如不及时治疗可能发生偏瘫的后果。马某很气愤，把这家医院告上法院。医院辩称专家门诊并非医院开设，医院只是把诊室租给外面的医师，不应承担赔偿责任。后经法院调查，医院当初允许该专家在本院开设专家门诊的目的，一方面是想利用专家门诊来提高自己的知名度，使更多人来医院就诊；另一方面，该专家门诊非本院所有，出现事故后，本院可以不用负责任。

律师提醒

本案中，该医院是为了逃避责任而允许该专家门诊在本院开设的。但是，根据我国相关法律规定，该医院应该赔偿马某的损失。首先，按照《医疗机构管理条例》的规定，医疗机构的设立必须经过注册登记，领取医疗机构执业许可证。医院把房子租给他人设立专家门诊，该专家门诊如未经上述程序，则不具备医疗机构主体资格。其次，医院的行为有过错。医院把院内的房子租给他人开设"专家门诊"，患者无法确知该专家门诊与医院的关系，按正常人的理解都会以为该专家门诊是医院的一个部门。根据《民法通则》中的规定，医院明知该专家以医院的名义收治患者而未对患者做出明确的说明，所以医院应负赔偿责任。

🔍 陷阱防范

本案中，该医院的行为对就医者来说是一种欺骗。为了防范这种行为，就医者在就医时应当就相关专家门诊的情况进行咨询，确认该专家门诊属于该医院，确认他所从事的法律行为。除本人承担责任外，医院也应该承担连带责任。这样，当遇到在专家不知去向的时候，就医者还可以向医院要求承担赔偿责任。这样法院的判决才不会是一纸空文，因为医院具有强大的赔偿能力。

⚱ 法条链接

《医疗机构管理条例》

第九条 单位或者个人设置医疗机构，必须经县级以上地方人民政府卫生行政部门审查批准，并取得设置医疗机构批准书，方可向有关部门办理其他手续。

《中华人民共和国民法通则》

第六十六条 没有代理权、超越代理权或者代理权终止后的行为，只有经过被代理人的追认，被代理人才承担民事责任。未经追认的行为，由行为人承担民事责任。本人知道他人以本人名义实施民事行为而不作否认表示的，视为同意。

○ 在要求转院时，医生告诉您，没有必要并保证能治愈时，可以相信吗？

在日常就医时，一些医院可能为了赚钱不顾患者的性命，在初诊后明知自己的医院设施技术等条件达不到要求，但还是欺骗了患者。这样的结果，要么是造成患者由小病变大病，要么就是耽搁了患者治病的良机。这不仅仅是医术的问题，可能更多的涉及医生的人品问题。这样的例子在现实生活中不胜枚举。但是无数惨象的背后，是否能够引起人们的关注，引起社会的关注，这可能值得我们每一个人去反思。

💬**情景再现**

柳某因车祸把腿撞伤而被送进某县医院。住院治疗几天后，柳某担心县医院的设备及治疗水平有限，延误自己的治疗，于是要求转到市医院去治疗。但是县医院为了不让柳某转院，就故意对他说"你只是一般性的骨折"，并向柳某保证能够将其治愈。可是半个月过去了，柳某的伤痛未减，于是到市中心医院检查。市中心医院检查后告诉柳某，因治疗延误，必须转院并截肢。柳某很气愤，于是要求县医院赔偿。但该医院拒绝。

✏️**律师提醒**

本案中，该医院"故意对他说'你只是一般性的骨折'，并向柳某保证能够将其治愈"，目的就是想"包治到底"。但是，他们这种想多赚钱的做法是对患者生命健康的极为不负责任的表现。本案中的情形应认定为医疗事故，医院须赔偿柳某因未及时转院治疗而造成的损失。本案中，柳某的伤势严重，以县医院的医疗条件和技术水平无法将其完全治愈。而县医院对柳某病情判断失当，误以为能够治愈，从而使柳某因治疗延误而导致伤势恶化，应当可以断定医院在对柳某的治疗中存在过失，因此构成医疗事故，应当承担赔偿责任。而我国《医疗事故处理条例》第11条规定，在医疗活动中，医疗机构及其医务人员应当将患者的病情、医疗措施、医疗风险等如实告知患者，及时解答其咨询；但是，应当避免对患者产生不利后果。本案中，该县医院也并未尽到如实告知患者真实情形的义务。

🔍**陷阱防范**

本案中的情形，可能在现实生活中是经常遇到的。一些医院为了能使患者在本院就诊，对于自己医院不能治疗的疾病仍然给患者打包票。在此要提醒就医者，在对自己病情有一些了解的情况下，最好能选择与自己病情相适应的正规医院就诊。一些患者对自己的症状并不甚了解。在这种情况下，建议去正规医院进行检查。

⚕️**法条链接**

《医疗事故处理条例》

第二条 本条例所称医疗事故，是指医疗机构及其医务人员在医疗活动中，违反医疗卫生管理法律、行政法规、部门规章和诊疗护理规范、常规，过失造成患者人身损害的事故。

第十一条 在医疗活动中，医疗机构及其医务人员应当将患者的病情、医疗措施、医疗风险等如实告知患者，及时解答其咨询；但是，应当避免对患者产生不利后果。

○ 医院声称将给您使用具有奇特疗效的药，你敢用吗？

在我国，新药系指我国未生产过的药品。已生产的药品改变剂型、改变给药途径、增加新的适应症或制成新的复方制剂，按新药管理。国家鼓励研究创制新药。但是，国家药品监督管理局主管全国新药审批工作。新药经国家药品监督管理局批准后方可进行临床研究或生产上市。没有经过国家药品监督管理局批准就进行临床研究或生产上市的都是违法行为，都会受到法律的制裁。

💬情景再现

张某因肾病住进某医院。随着其病情加重，该医院在未征得张某及其家人同意的情况下，声称对其试用一种有奇特疗效的治肾药。此后，张某病情有所缓解，但却出现了其他症状。经查，这是由于该药物的副作用引起。张某非常生气，花高价购买了有奇特疗效的药，结果还得了重病，要医院对此承担责任。后来经查，该医院给张某使用的是一种由其医院自行研制并还未得到审批的新药，其疗效及副作用等都没有得到证实。

📎律师提醒

本案中，该医院无权在张某身上试用新药。其擅自决定给张某使用新药，是一种违法行为，对给其造成的损害，应当承担责任。新药未经卫生行政部门批准，一律不准随意进行临床实验，也就是说，医院未经卫生行政部门批准就擅自进行临床实验，为张某使用新药的行为是一种违法行为。虽然其本意是对张某病情的考虑，但医院却未经张某及其家人同意，侵犯了张某的知情权，使其承担了更大的风险。所以，医院应当因自己的过错对给张某造成的损害承担赔偿责任。

🔍 陷阱防范

由于医疗技术服务价格定得较低，而药物却有较大的利润空间，因此有些医生就以多开药来补。用药过多，病人的肝脏转化和肾脏排泄功能都受不了。所以，当您在就医时，选择合适的药品是治疗的关键，而不要盲目相信医生推荐的进口药，也不要相信价格高的药的疗效一定好。

⚡ 法条链接

《中华人民共和国药品管理法》

第二十九条　研制新药，必须按照国务院药品监督管理部门的规定如实报送研制方法、质量指标、药理及毒理试验结果等有关资料和样品，经国务院药品监督管理部门批准后，方可进行临床试验。药物临床试验机构资格的认定办法，由国务院药品监督管理部门、国务院卫生行政部门共同制定。

完成临床试验并通过审批的新药，由国务院药品监督管理部门批准，发给新药证书。

《中华人民共和国执业医师法》

第二十六条　医师应当如实向患者或者其家属介绍病情，但应注意避免对患者产生不利后果。医师进行实验性临床医疗，应当经医院批准并征得患者本人或者其家属同意。

○　网上购药，小心"质量"问题。

最近，随着人们对网购的青睐，有不少人打着"中"字头医院的旗号或以医疗科研单位网站的名义进行网上药品销售活动。实际上这些著名医院或医疗科研单位和他们并没有任何关系。他们以此来骗取消费者的信任，以便顺利地进行欺诈活动。有很多消费者因此上当受骗。这些人在网上销售的药品，有的被夸大了疗效，有的本身就是假药，而承诺的无效退款其实只是个幌子。一旦消费者发现无效找他们退款时，网页已经打不开了。

💬**情景再现**

张先生的女儿脸上长了痤疮，吃了很多药也是治标不治本。女儿整天很是郁闷。于是，张先生就在网上四处寻找"特效药"。在很多药品中，张先生看中了一款据说可以3天祛痘并在服用后一周治愈的"特效药"，并且这种药是来自于某"中"字头的医院。于是他就按照网上的订购地址，为女儿订购了一个疗程的药。

女儿服药一个星期后的一天晚上，全家人围坐在一起看记者采访事件。其中曝光了一些假药的名称。张先生赶紧拿出自己为女儿购买的药，发现与该栏目曝光的假药名称差不多，便怀疑自己购买的也是假药。随后，张先生向药监部门进行举报。经过药品监督稽查队工作人员的核查，最终确定该药品属假药。

✏️**律师提醒**

本案中，该网站的做法，对消费者来说完全是一种欺诈行为。在我国，根据《中华人民共和国药品管理法》（以下简称《药品管理法》）第48、60、61条的规定，对于在网上发布药品广告销售药物的，须经企业所在地省、自治区、直辖市人民政府药品监督管理部门批准，并发给药品广告批准文号；未取得药品广告批准文号的，不得发布。而且，发布的药品广告内容必须真实、合法，以国务院药品监督管理部门批准的说明书为准，不得含有虚假的内容。不得含有不科学的表示功效的断言或者保证。不得利用国家机关、医药科研单位、学术机构或者专家、学者、医师、患者的名义和形象作证明。而且国家明令禁止生产假药。本案中，该网站在网上发布不真实的药品广告，并以销售假药来达到盈利的目的，这种做法违反了我国的相关法律，须负相关的法律责任。

🔍**陷阱防范**

对于本案中的陷阱防范，提醒广大消费者在网上购药时注意如下问题：

第一，要仔细核对该网站是否具有向个人消费者提供药品的资格。

第二，要仔细核实该网站中宣传的药品是否经过国家食品药品监督管理局批准。可以登陆国家食品药品监督管理局网站进行查询，尤其注意核对药品的名称、批准文号、生产企业等信息。

消费者从保护自身用药安全的角度出发，应到正规的医疗机构对疾病做出明确诊断，并在医生或药师的指导下使用和购买药品，不要轻易从综合性门户网站链接的销售"药品"的网站以及通过搜索引擎搜索可以销售"药品"的网站上购买药品，也不要轻信药品广告宣传而邮购药品。消费者一旦发现自己购买药品的网站是违法销售的网站或者发现自己所购买的药品是假药，可直接向国家食品药品监督管理局官方网站的"信访之窗"举报，同时向消费者协会进行投诉，以维护自己的权益。

⚕ 法条链接

《中华人民共和国药品管理法》

第四十八条 禁止生产（包括配制，下同）、销售假药。

有下列情形之一的，为假药：

（一）药品所含成份与国家药品标准规定的成份不符的；

（二）以非药品冒充药品或者以他种药品冒充此种药品的。

有下列情形之一的药品，按假药论处：

（一）国务院药品监督管理部门规定禁止使用的；

（二）依照本法必须批准而未经批准生产、进口，或者依照本法必须检验而未经检验即销售的；

（三）变质的；

（四）被污染的；

（五）使用依照本法必须取得批准文号而未取得批准文号的原料药生产的；

（六）所标明的适应症或者功能主治超出规定范围的。

第六十条 药品广告须经企业所在地省、自治区、直辖市人民政府药品监督管理部门批准，并发给药品广告批准文号；未取得药品广告批准文号的，不得发布。

处方药可以在国务院卫生行政部门和国务院药品监督管理部门共同指定的医学、药学专业刊物上介绍，但不得在大众传播媒介发布广告或者以其他方式进行以公众为对象的广告宣传。

第六十一条 药品广告的内容必须真实、合法，以国务院药品监督管理部门批准的说明书为准，不得含有虚假的内容。

药品广告不得含有不科学的表示功效的断言或者保证；不得利用国家机关、医药科研单位、学术机构或者专家、学者、医师、患者的名义和形象作证明。

非药品广告不得有涉及药品的宣传。

○　去医院做检查，"权利"意识不可丢。

　　在现实生活中，我们去医院做检查时，为了能让医生给自己做更好的检查，几乎把一切都告诉他们了。但是，我们说得再多，有些医生仍然不会发一点善心，一些医生甚至被利益蒙蔽了心智。医生都对我们做了什么？

💬情景再现

　　　　男青年段某带妻子彭某去医院做妇科检查。当其按女医生孙某的要求在屋里脱下裤子准备接受检查时，二十多人鱼贯而入，彭某当即要求孙医生让这些人出去。孙医生称这些都是实习医生，不碍事。彭某只得任孙医生一边检查她的下体，一边对实习生讲解各个部位。事后，彭某的丈夫找到医院，问其为何事先没向其打招呼。医院称每个医生都是从实习过程中走过来的，患者有义务配合医院做这项工作。彭某的丈夫很气愤，一纸诉状将该医院告上了法庭，理由是其侵犯了彭某的隐私权。

📎律师提醒

　　本案中，医院的说法毫无道理。隐私权是公民依法享有的内心世界、财产状况、社会关系、性生活、过去和现在其他纯属个人的不愿为外界知悉事务的秘密的权利，属公民人格权的一种，应受法律保护。任何人对隐私权主体的隐私进行传播和公开的行为均属侵害他人隐私权的行为。侵害隐私权作为民事侵权行为，是一种基于过错责任原则认定的一般侵权行为，需要具有四个要件：其一，侵权行为人有侵害他人隐私权的具体加害行为；其二，受害人受的损害，即隐私权受到的损害，其主要后果是精神损害；其三，在侵权行为人的侵害行为与受害人的损害后果之间存在因果关系；其四，侵权行为人在主观上存在过错。本案中，彭某的下体为其身体特殊的一部分，在法律上应认定为个人隐私。彭某作为公民到医院做妇科检查，其合法权益应当受到法律的保护。医院未经其许可，说明其在主观上存在过错。让实习医生现场观摩，说明其实施了侵害彭某隐私权的具体加害行为。造成彭某精神上的痛苦，说明其的侵害行为与受害人的损害后果之间存在因果关系。由此可知，该医院侵犯了彭某的隐私权，应当承担相应的民事责任。

　　此外，患者的病情及健康资料属于个人隐私。根据《中华人民共和国侵权责任法》（以下简称《侵权责任法》）的相关规定，以及《医学教育临床实践管理暂行规定》相关规定（学生和试用期医学院毕业生，在医学教育临床实践活动中应当尊重患者的知情同意权和隐私权，不得损害患者的合法权益），彭某有权要求诊室内的实习医生离开。

🔍 陷阱防范

随着《侵权责任法》的出台，医院泄露患者隐私属侵权。如果医疗机构隐瞒实习医生临床见习的情况，患者有权拒绝检查，有权立即向该医疗机构负责人或卫生主管部门反映，要求妥善处理。

如果医疗机构在其网站或医生在其公开发表的论文中泄露患者隐私，损害患者利益，患者可将网站上的内容或发表的论文内容进行证据保全，通过法律途径维护自己的合法权益。

⚕ 法条链接

《中华人民共和国侵权责任法》

第六十二条　医疗机构及其医务人员应当对患者的隐私保密。泄露患者隐私或者未经患者同意公开其病历资料，造成患者损害的，应当承担侵权责任。

《中华人民共和国民法通则》

第一百零一条　公民、法人享有名誉权，公民的人格尊严受法律保护，禁止用侮辱、诽谤等方式损害公民、法人的名誉。

最高人民法院《关于确定民事侵权精神损害赔偿责任若干问题的解释》

第一条　自然人因下列人格权利遭受非法侵害，向人民法院起诉请求赔偿精神损害的，人民法院应当依法予以受理：

……

（三）人格尊严权、人身自由权。

违反社会公共利益、社会公德侵害他人隐私或者其他人格利益，受害人以侵权为由向人民法院起诉请求赔偿精神损害的，人民法院应当依法予以受理。

○　手术台上，可以把自己的身体完全交给医生吗？

在医疗实务中，医生的告知范围具体应包括如下几方面：其一，医生应客观全面地记载病历档案，以此作为第一手材料，主动向患者说明；其二，医生应告知诊断的病因；其三，存在多种疗法时，应告知各种疗法的优劣利弊，哪种疗法最适合患者，及选择该疗法的理由；其四，告知将要实施的医疗行为及内容；其五，告知医疗行为的预想效果及改善程序；其六，告知该行为不实施的后果；其七，告知实施过程中可能发生的危险；其八，告知医疗行为成功的几率；其九，告知医生在发生不确定危险因素时的对策，当然医生告知时应采取适当的方式，注意避免对患者产生不利后果。在诊疗过程中，根据诚实信用原则的要求，医生在治疗条件不具备或者治疗效果不理想的情况下，有义务劝导患方转诊、转院，即转诊的告知义务。有效地履行告知义务取得患方的理解和同意会在法律上产生如下效果：

构成医疗行为的合法性要件，医生的告知是确定医疗行为的前提，在患方同意的范围内，医疗行为具有正当性、合法性。

医生的告知和患方的理解、同意，具有在医患之间分担风险的作用。如果医生已经告知患方实施某些具有侵袭性的重大治疗行为的风险性，患方理解并同意医生的行为，在医方无过错的情况下，一旦出现医疗失败，或发生副作用、并发症，医生可以免责。医生违反告知义务的法律后果：医生未履行告知义务而实施侵袭性的医疗行为或者超出患方同意范围而实施治疗方案，应认定构成侵权行为，也就是侵害了患方的知情权。

💬**情景再现**

郑某到某医院做胆囊摘除手术。半年后郑某偶然得知自己的左肾在那次手术中被切除，而医院的解释为：在为其做胆囊摘取时发现郑某左肾积水，所以才予以切除。为了说明自己并无责任，院方还出具了一份由郑某的父亲签字的"左肾积水"病历记录。郑某的父亲却称自己从未见过此病历，也未签过字。郑某向省卫生厅提出作字迹鉴定，鉴定结果为病历上的签名并非郑某的父亲所写。

✏**律师提醒**

本案中，郑某到医院就医并住院治疗，双方形成了医患之间的权利义务关系，郑某享有对所患疾病知情的权利。医院在未告知的情况下，将郑某已经积水的左肾切除。该治疗行为虽然是为了治病救人，但违反了医疗常规。患者郑某不但享有对自己病情的知情权，同时也享有对病肾是否切除进行选择的权利。医院在未告知患者准确病情并经其同意的情况下，将病肾切除的过失行为，侵害了郑某的知情权和选择权。医院有过错，应根据其过错程度承担相应的赔偿责任。

而且该医院在术后还伪造病历，为自己推脱责任。根据《医疗事故处理条例》第9条规定，严禁涂改、伪造、隐匿、销毁或者抢夺病历资料。因此，医院应当为严重侵害了郑某的知情权及选择权，而承担民事侵权责任和行政责任。

🔍 陷阱防范

患者在进行手术时，常会遇到医生以签订的《手术同意书》为由进行未侵权和免责的抗辩。那么，《手术同意书》在法律上是如何认定的呢？《手术同意书》是患者需要手术治疗或确诊时，由医方事先拟定的由医师向患者说明病情、手术风险、治疗措施、手术后果等情况并征得患者同意的书面文件。《手术同意书》具有重要举证作用,医方非签字不手术,视其为防止医疗纠纷之法宝；患方战战兢兢地签字，视其为"生死契约"。在医疗实务中，它是手术治疗的前提,其实质是患者自主决定权的法律保障，是医师履行说明义务的证明，并不是医院转移风险或责任的手段，符合一定条件的《手术同意书》具有一定的法律效力。医疗机构及其医务人员在医疗过程中的义务，是由法律、法规、规章、医疗操作常规等明确规定的，是一种法定义务，具有强制性，不允许以任何方式事先免除。因此，凡在《手术同意书》中出现 "医院概不负责"或"医院概不承担任何责任"等说明，因违反法律禁止性的规定，是无效的说明。只要手术的医疗行为存在过错，并造成了患者人身损害的后果，尽管患方签署了《手术同意书》，医疗机构仍需要承担相应的法律责任。所以医疗机构在履行手术前签字同意义务的时候，应该给患者和家属讲清医疗风险所在。由此可知，《手术同意书》并不是医生的护身符，虽然患者在进行手术前签订了《手术同意书》，但是对于医生的违规操作而给患者造成的损失仍由医生承担。

⚕ 法条链接

《中华人民共和国侵权责任法》

第五十五条 医务人员在诊疗活动中应当向患者说明病情和医疗措施。需要实施手术、特殊检查、特殊治疗的，医务人员应当及时向患者说明医疗风险、替代医疗方案等情况，并取得其书面同意；不宜向患者说明的，应当向患者的近亲属说明，并取得其书面同意。

医务人员未尽到前款义务，造成患者损害的，医疗机构应当承担赔偿责任。

《医疗事故处理条例》

第九条 严禁涂改、伪造、隐匿、销毁或者抢夺病历资料。

第十一条 在医疗活动中，医疗机构及其医务人员应当将患者的病情、医疗措施、医疗风险等如实告知患者，及时解答其咨询；但是，应当避免对患者产生不利后果。

第五十八条 医疗机构或者其他有关机构违反本条例的规定，有下列情形之一的，由卫生行政部门责令改正，给予警告；对负有责任的主管人员和其他直接责任人员依法给予行政处分或者纪律处分；情节严重的，由原发证部门吊销其执业证书或者资格证书：

……

(二)涂改、伪造、隐匿、销毁病历资料的。

○ 将死者尸体存入医院太平间，谨防医院"自行处理"。

尸体是自然人死后身体的变化物，是具有人格利益、包含社会伦理道德因素、具有特定价值的特殊物。对于这样的特殊物，法律应当设置特殊的权利行使和保护的规则。尸体这种特殊的物蕴含着精神利益、伦理道德和社会利益，对死者的尸体的尊重和保护是死者亲属的精神需求和道德要求。否则，死者亲属的内心无法安宁。那么，谁对尸体享有所有权？是死者本人，还是死者近亲属，抑或是国家？基于亲属与死者之间的特殊关系及情感，尸体的所有权由死者的亲属享有是最为合适的，这就是说在自然人死亡之时，其身体物化为尸体，其近亲属取得该尸体的所有权。

💬情景再现

　　2005年7月董某到某医院就诊。在经过半个月的抢救及治疗后，董某的病情未出现好转，最终死亡。董某死亡后，其妻梁某向医院太平间交纳了尸体存放费。一个月后，当梁某及其亲属为董某办理尸体火化时，发现董某的尸体不见了。医院对此的解释为：死者家属在10天内不对死者的尸体进行处理，也不交纳尸体保管费用，应视为自动放弃处理，医院可自行处理。

律师提醒

本案中，参照《民法通则》关于保护财产所有权的规定，董某的近亲属享有对死者董某尸体的处分权，医院无权私自处理死者的尸体。《医疗事故处理条例》第19条规定，患者在医疗机构内死亡的，尸体应当立即移放太平间。死者尸体存放时间一般不得超过2周。逾期不处理的尸体，经医疗机构所在地卫生行政部门批准，并报经同级公安部门备案后，由医疗机构按照规定进行处理。显然，即使死者的家人超过规定时间未对死者的尸体进行处理，医院也无权私自对其进行处理，而应当报经公安部门备案后，由医疗机构按照规定进行处理。所以本案中，医院的行为违反了法律规定，侵犯了董某及其家人的权利，应当承担相应的民事责任。

陷阱防范

每个公民对其尸体（包括尸体脏器）享有处分权，当公民生前留有遗嘱时，其近亲属按其意志处分尸体，当公民生前没有留下遗嘱时，尸体处分由其近亲属行使。本案中死者未留下遗嘱，因此死者家属享有对死者尸体的处分权。根据我国《医疗事故处理条例》的相关规定，死者尸体存放在太平间的时间一般不得超过2周。如果逾期不处理，只要医院经过该地的卫生行政部门批准，经公安部门备案后，就可以按照规定进行处理。所以，死者的近亲属应当及时对尸体进行处理。否则，当医院经合法程序对尸体进行处理后，医院就不存在过错，当然也就不构成侵权。

法条链接

《医疗事故处理条例》

第十九条 患者在医疗机构内死亡的，尸体应当立即移放太平间。死者尸体存放时间一般不得超过两周。逾期不处理的尸体，经医疗机构所在地卫生行政部门批准，并报经同级公安部门备案后，由医疗机构按照规定进行处理。

○ 就医时，谨防医院泄露"病情"。

客观上来讲，基于病理的高度复杂性，医院的误诊是正常现象。如果凡是误诊造成人身损害或精神损害，就让医院无条件承担赔偿责任，将医疗风险完全让医院承担，势必违背了法的基本价值。当然，如果患者所患疾病属于医院正常诊断情况下，应当做出正确诊断并治疗的病情，医院却做出误诊，即使不构成医疗事故，也应当根据《民法通则》的规定，由医院承担相应的民事责任。并非所有的误诊都需承担法律责任，只有医院存在过失，即严重不负责任，超出了人们的期待可能性，违背了作为医生应有的注意义务，而造成了不必要的误诊情形下，才有追究责任的必要。那么，以下案例中的行为是否可以追究医院的责任呢？

情景再现

> 5岁的小女孩婷婷因屁股红肿，被妈妈带到医院诊治。随后，医院的化验结果显示婷婷患有"淋病"。医院立即对婷婷的父母进行化验，结果均诊断为"淋病"，并要求其住院治疗。出院后，一家人去另一家医院检查，结果却一切正常。此后，一家人的生活却乱了套：幼儿园不再接受婷婷，原来医院的医务人员在接孩子的时候向幼儿园透露了婷婷一家的病情，而婷婷的父母也遭到邻里的指指点点。于是，婷婷父母将该医院告上了法庭，要求判令医院恢复名誉、消除影响、赔礼道歉，并赔偿精神损害及其他经济损失5000元。

律师提醒

本案中，该医院在没有任何法律依据的情况下向幼儿园透露了婷婷一家的"病情"，造成泄密，在一定范围内使婷婷及家人声誉受到影响，已构成侵害他人名誉权。最高人民法院《关于审理名誉权案件若干问题的解答》中指出，构成侵害名誉权须有四项要件：确有名誉被损害的事实；行为人的行为具有违法性；行为与损害后果间有因果关系；行为人主观上有过错。此外，《民法通则》规定公民的名誉权受到侵害时，有权要求停止侵害、恢复名誉、消除影响、赔礼道歉，并可要求赔偿损失。本案中，该医院向幼儿园透露婷婷一家"病情"的行为具有违法性，而且致使幼儿园不再接受婷婷，其父母也遭到邻里的指指点点，应当认定为确有名誉被损害的事实。而婷婷和家人遭受严重损害结果是由于该医院违法透露行为所致，应认定行为与损害后果间有因果关系。且医院在透露"病情"时，主观上存在过错。况且，作为医务人员，必须为病人保密，不得泄露病人隐私。但本案中的医务人员随意在幼儿园透露婷婷一家的"病情"，给其生活造成了严重影响，侵害了婷婷一家的权利，理应为其侵权行为承担责任。故婷婷及家人可以要求消除影响、赔礼道歉并赔偿损失。

🔍 陷阱防范

不可否认的是，公民在患病时，作为患者个人和医疗机构相比，属于弱势群体。但作为法律上独立的个体，患者在医疗活动中应该享有完全的人格权益。《医疗事故处理条例》针对的是患者在医疗活动中遭受的人身损害，注重对公民生命健康权的保护。除生命健康权以外，患者的其他人格权也应受到尊重和保护。

人格权指以民事主体作为法律上的人所必须具备的以人的利益为内容的民事权利。《中华人民共和国宪法》（以下简称《宪法》）规定，中华人民共和国公民的人格尊严不受侵犯。《民法通则》也对公民的人格权作了规定。依据法律规定,人格权包括生命健康权、姓名权、名誉权、肖像权、隐私权。在医疗实践中，侵犯患者的隐私权、肖像权、名誉权虽然不构成医疗事故，但是会引起医患纠纷和侵权诉讼。所以当您在就诊时，一定要树立权利意识。对于您的人格权受到损害的情况，可以向法院提起诉讼，要求该医院承担侵权责任。

⚕ 法条链接

《中华人民共和国民法通则》

第一百零一条 公民、法人享有名誉权，公民的人格尊严受法律保护，禁止用侮辱、诽谤等方式损害公民、法人的名誉。

第一百二十条 公民的姓名权、肖像权、名誉权、荣誉权受到侵害的，有权要求停止侵害，恢复名誉，消除影响，赔礼道歉，并可以要求赔偿损失。

……

第一百三十四条 承担民事责任的方式主要有：

（一） 停止侵害；

（二） 排除妨碍；

（三） 消除危险；

（四） 返还财产；

（五） 恢复原状；

（六） 修理、重作、更换；

（七）　赔偿损失；

（八）　支付违约金；

（九）　消除影响、恢复名誉；

（十）　赔礼道歉。

以上承担民事责任的方式，可以单独适用，也可以合并适用。

……

最高人民法院《关于贯彻执行〈中华人民共和国民法通则〉若干问题的意见（试行）》

第一百四十条　以书面、口头形式宣扬他人的隐私，或捏造事实公然丑化他人的人格，以及以侮辱、诽谤等方式损害他人名誉，造成一定影响的，应认定为侵害公民名誉权的行为。

○　就医时，谨防医生的"治疗结果"。

在现实生活中，许多医院故意把"无病"诊断为"有病"，把"此病"诊断为"彼病"。许多患者在向医院讨说法的时候，医院总说"误诊很正常，没什么大不了的"。许多患者可能都会产生这样的疑惑：医生误诊的行为是否构成侵权？我国《医疗事故处理条例》规定，医疗损害赔偿的前提是医疗事故，医疗差错不构成医疗事故，不能适用该条例。由此人们得出结论：即只有医疗事故的患者才能诉诸法律请求赔偿，不构成医疗事故仅仅是一般的医疗差错的，如误诊则没有赔偿的法律依据。之所以会产生这种普遍性错误认识，源于人们没有正确区分医疗事故责任与医疗过失损害赔偿责任的界限。前者更加注重行政责任或刑事责任，是对医院严重不负责任行为的一种惩罚与规制，故注意义务程度较高；而后者则更加注重民事责任，是对其损害行为的一种补偿，注意义务程度相对较低。因此即使不构成医疗事故，无需依据《医疗事故处理条例》承担行政责任或刑事责任，但给患者造成损害的，仍需承担民事上的赔偿责任。行政或刑事责任的免除并不意味着其相应的民事责任也能得到豁免。是否构成医疗事故不是认定医疗过失损害赔偿责任的必要条件。根据相关法律规定，不仅医疗事故可以依据《医疗事故处理条例》获得赔偿，即使一般的医疗差错行为如误诊，也可以依据《民法通则》有关人身损害赔偿的规定获得赔偿。

💬情景再现

中学生陆某在放学回家的路上买了一根雪糕，吃完之后不久腹痛难忍。正巧他看见路边有个诊所，于是进去检查。诊所里的宋医生检查后明知是因吃冷饮引起的肠胃痉挛，但为了多挣钱说是急性肠炎，对陆某进行输液，并给陆某开了一大堆药。输液的过程中由于处置不当，陆某的手上被扎了三处针孔且出现青肿。陆某回到家后，其父得知此事后非常生气，就带着儿子到该诊所理论，要求退回陆某买的药并赔偿损失。

📎律师提醒

本案中，该医生把"肠胃痉挛"诊治为"急性肠炎"，目的无非是想获得不正当利益。该医生的这种行为，已经违反了相关法律。

《侵权责任法》第54条规定，患者在诊疗活动中受到损害，医疗机构及其医务人员有过错的，由医疗机构承担赔偿责任。医生宋某的行为侵权，应当承担对陆某的赔偿责任。此外，根据《中华人民共和国执业医师法》（以下简称《执业医师法》）的规定，医生应该恪守职业道德，并有如实向病人及其家属介绍病情的义务。本案中，医生宋某为了获取不正当利益，故意夸大陆某病情，对其造成了一定的损害，应当依法承担赔偿责任。

🔍陷阱防范

误诊是医患双方围绕医疗服务所产生的争议，其实质是医患双方就医院履行其注意义务"当"与"不当"的争议。正确认识和确定医院的注意义务是解决医患纠纷的关键。

🔌法条链接

《中华人民共和国侵权责任法》

第五十四条　患者在诊疗活动中受到损害，医疗机构及其医务人员有过错的，由医疗机构承担赔偿责任。

《中华人民共和国民法通则》

第一百零六条　公民、法人违反合同或者不履行其他义务的，应当承担民事责任。

公民、法人由于过错侵害国家的、集体的财产，侵害他人财产、人身的，应当承担民事责任。

没有过错，但法律规定应当承担民事责任的，应当承担民事责任。

《中华人民共和国执业医师法》

第二十二条 医师在执业活动中履行下列义务：

（一）遵守法律、法规，遵守技术操作规范；

（二）树立敬业精神，遵守职业道德，履行医师职责，尽职尽责为患者服务；

（三）关心、爱护、尊重患者，保护患者的隐私；

（四）努力钻研业务，更新知识，提高专业技术水平；

（五）宣传卫生保健知识，对患者进行健康教育。

第二十六条 医师应当如实向患者或者其家属介绍病情，但应注意避免对患者产生不利后果。

……

○ 看病时，警惕医院"过度检查"。

医院"过度检查"、"过度医疗"是人们长期以来热议的话题。2010年7月1日起实施的《侵权责任法》正式确立了"过度检查"责任制度，有利于保护患者利益。同时，大家也应该认识到，"过度检查"责任制度是医患关系利益平衡的产物，患者从中有得有失，必须正确认识和适用。"过度检查"仅限于"检查"。《侵权责任法》第63条规定，医疗机构及其医务人员不得违反诊疗规范实施不必要的检查。医疗行为包括检查、诊断、治疗方法选择、治疗措施执行、病情发展过程追踪以及术后护理等诸多方面，其中，检查仅是医疗行为诸环节中的一个，因此，患者在理解和适用该法条的时候，必须注意该法条的使用范围仅限于"检查"环节，即医疗机构及医务人员在患者入院后对病情进行检验筛查的过程，包括患者从入院到出院诊疗过程中的各种检查项目。

💬 **情景再现**

据报道，某年6月6日，张某的7岁儿子小军由于误吞了一枚硬币，被送进某市一家医院。该医院对小军进行抽血化验、胃镜检查等救治措施，发现硬币已到达肠道。6月18日，小军大便时将硬币排出。随后，张某在帮儿子办理出院手续时，发现医疗费竟高达3245元，收费清单上竟有200多个检查项目，包括梅毒、艾滋病、类风湿检查等。

律师提醒

本案中涉及对"过度检查"的认定。对于医疗"过度检查"行为的认定，应当通过医疗技术司法鉴定或医疗专家咨询等方式确定。其中，鉴定或咨询认定是否构成过度检查的标准为医疗卫生管理法律、行政法规、卫生部门规章、检验筛查操作规程、常规等确立的诊疗规范。也就是说，有检验筛查方面的法律法规及规章的，按照这些规定；没有这些规定的，按照同类病情目前在检查方面的医疗常规、惯例作为判断标准。只要医疗机构及其医务人员违反上述诊疗规范及诊疗常规，对患者当前的病情实施超过上述规范及常规之外的检查，均可以认定为"过度检查"。一些医疗机构以经济利益为目的，小病大治，开大处方，形成天价医疗费用。《侵权责任法》第63条规定，医疗机构及其医务人员不得违反诊疗规范实施不必要的检查。本案中，收费清单中的一些梅毒、艾滋病、类风湿检查根本与7岁小军的吞硬币情形不符合，明显属于"过度检查"且违反了《侵权责任法》第63条的禁止性规定，应当承担损害责任。

陷阱防范

当您在看病时，如何避免被医疗机构过度检查？一旦怀疑被实施了过度检查，患者如何维护自己的权益？首先，患者在就医前可向医疗机构或卫生主管部门咨询了解自己该接受哪些必要的检查。其次，在就医过程中，务必保留相关的检查项目的收费凭证。如果出现医患纠纷，需要通过诉讼解决，可以申请法院委托专门的司法鉴定机构对医疗的合理性作出鉴定。

法条链接

《中华人民共和国侵权责任法》

第六十三条　医疗机构及其医务人员不得违反诊疗规范实施不必要的检查。

○ 就医时，谨防医生的"高价药"。

如今中国的医疗卫生体系已经市场化、商业化。在这一大背景下，药品的作用、地位当然地发生了变化。药品已经由过去非营利性的服务公众利益的手段转化成为一种特殊的商品。卖方是医院，消费者则是前来就医的患者，流通场所就是医疗卫生服务机构，主要是大大小小的医院。

医生和患者在购买药品这一环节中地位是平等的。但是在诊疗过程中，二者却处于绝对不平等的地位。由于医疗服务是一个专业性很强的行业，同时医生有着患者所无法拥有的专业知识、技术和先进设备，所以医生在医患关系中处于主导地位。绝大多数患者仅仅对自己身体的不适有一种主观的、模糊的感知，而无法预知确切的健康状况，更无法参与到诊疗过程中来。所以，绝对占有诊疗信息的医生在利益的驱使下有可能会诱导需求，使患者支付过度服务所需的超常费用和过高药价。前几天，有媒体报道了一种药品层层加价，让消费者为天价药品买单，引起了社会的极大关注。这瓶药病人从医院拿到的价格是213元，但据说出厂的价格还不到16块，几乎是医院给出药价的一个零头。

💬 情景再现

某市的张小姐由起初的嗓子疼引发了感冒，一周了还没康复，就到某医院看病。医生在询问发烧几天、检查完喉咙后，就给开了3天消炎点滴和抗病毒冲剂，医院划价金额为456元。后来，她选择到药店买药、到社区医院打针的方式治疗，不到200元便治愈。目前，为了降低医疗费用，不少消费者不得不"看病在医院、买药在药店"。然而，一些医院要么不让消费者将处方带出医院，要么消费者拿着处方后到处买不到药，只好被迫接受医院药房的高价药。

📎 律师提醒

本案中，该医院给张小姐开高价药的行为已经违反了我国相关法律法规的禁止性规定。《药品管理法》第55条前两款和第56条规定，依法实行政府定价、政府指导价的药品，政府价格主管部门应当依照《中华人民共和国价格法》（以下简称《价格法》）规定的定价原则，依据社会平均成本、市场供求状况和社会承受能力合理制定和调整价格，做到质价相符，消除虚高价格，保护用药者的正当利益。

药品的生产企业、经营企业和医疗机构必须执行政府定价、政府指导价，不得以任何形式擅自提高价格。

依法实行市场调节价的药品，药品的生产企业、经营企业和医疗机构应当按照公平、合理和诚实信用、质价相符的原则制定价格，为用药者提供价格合理的药品。

药品的生产企业、经营企业和医疗机构应当遵守国务院价格主管部门关于药价管理的规定，制定和标明药品零售价格，禁止暴利和损害用药者利益的价格欺诈行为。

意思是，药品的价格分为政府定价和市场定价。医疗机构经营政府定价的药品应按照政府定价，不得以任何形式擅自提高价格；经营市场调节价的药品应当按照公平、合理和诚实信用、质价相符的原则制定价格，为用药者提供价格合理的药品。医疗机构应当遵守国务院价格主管部门关于药价管理的规定，制定和标明药品零售价格，不得实施暴利和损害用药者利益的价格欺诈行为。本案中，医生给开了3天消炎点滴和抗病毒冲剂，就划价金额为456元，价格明显高于市场用药价格。而我国《价格法》第41条规定，经营者因价格违法行为致使消费者或者其他经营者多付价款的，应当退还多付部分；造成损害的，应当依法承担赔偿责任。

🔍 陷阱防范

在日常生活中，一种药品从进医院到患者手中，价格往往要翻三四倍甚至十几倍。据一位医药代表介绍，医药公司批发的药一般都不贵。通常，医院购买药品，要经过院长、主管院长、药械科长几道关卡，每拿下一道关卡，药价都要加码。到了住院部的科室，大夫开药还要提成。这么多人吃"药"，怎能不使药价逐渐离谱？

不过，最近这几年政府部门为了遏制药价虚高，解决老百姓吃不起药的难题，已经采取了很多措施，先后24次降低药价，最近又实行基本药物制度，试行药品零差价，也就是要求医院按照进药价卖给患者。这在一定程度上抑制了高药价。

患者在就医时，其实只要自己平常多掌握一些有关药物成份的知识，就可以选择用药，防止被医生的"高价药"给坑了。

⚱ 法条链接

《中华人民共和国药品管理法》

第五十五条 依法实行政府定价、政府指导价的药品，政府价格主管部门应当依照《中华人民共和国价格法》规定的定价原则，依据社会平均成本、市场供求状况和社会承受能力合理制定和调整价格，做到质价相符，消除虚高价格，保护用药者的正当利益。

药品的生产企业、经营企业和医疗机构必须执行政府定价、政府指导价，不得以任何形式擅自提高价格。

药品生产企业应当依法向政府价格主管部门如实提供药品的生产经营成本，不得拒报、虚报、瞒报。

第五十六条 依法实行市场调节价的药品，药品的生产企业、经营企业和医疗机构应当按照公平、合理和诚实信用、质价相符的原则制定价格，为用药者提供价格合理的药品。

药品的生产企业、经营企业和医疗机构应当遵守国务院价格主管部门关于药价管理的规定，制定和标明药品零售价格，禁止暴利和损害用药者利益的价格欺诈行为。

《中华人民共和国价格法》

第四十一条 经营者因价格违法行为致使消费者或者其他经营者多付价款的，应当退还多付部分；造成损害的，应当依法承担赔偿责任。

第九章 婚姻恋爱中的陷阱

○ 男女双方结婚，"婚前体检"不可忽视。

结婚，法律上称为婚姻成立，是指男女双方依照法律规定的条件和程序确立夫妻关系。结婚是规定两性依法结合的法定条件及结合后男女双方的权利义务及由此而产生的其他责任及义务，是一种法律行为。《婚姻法》在结婚的禁止条件中，明确说明了患有医学上认为不应当结婚的疾病的人结婚的行为是无效的。为了确认结婚的主体是合格的主体，国家鼓励婚姻当事人在进行结婚登记时，要进行婚前体检。

💬 情景再现

甲先生在与乙女士的交往过程中，对乙女士的关怀可谓是无微不至。不管乙女士怎样"过分"，甲先生都不生气，而且能答应乙女士的各种要求。于是，二人很快便坠入了爱河，并在认识3个月后结婚了。在婚姻登记机关办理婚姻登记时，甲先生刻意地回避了健康问题，也没有做婚前检查。甲乙两人遂建立了婚姻关系。结婚后不久乙女士便发现甲有时候精神不正常，后得知甲患有严重的间歇性精神病。

📎 律师提醒

本案中，甲先生采用欺骗的方法隐瞒了自己的健康状况，骗取了与乙女士的婚姻。甲患有严重的精神病，这在医学上被认为是不应该结婚的疾病。在法律上应认定为甲乙两人的婚姻属于无效婚姻。患严重精神病的人，在法律上被认为是限制行为能力或无行为能力人，这种病人婚后不可能正常履行夫妻间的义务，也不可能承担对子女的责任，而且该病的遗传性很强，高达50%至60%，因此禁止结婚。在司法实践中，属于不应该结婚的疾病还包括性病、重症智力低下、麻风病以及其他指定类型的传染性、严重遗传性疾病而未治愈的病。男女双方结婚前最好做婚前医学检查，遵从医生的医学意见。

🔍 陷阱防范

为了防范本案中的陷阱，在男女双方进行结婚登记时，一定要做好婚前体检，这样可以防止与一些精神病人结婚。毕竟结婚是一种法律行为，当违法的事由出现时，当事人是要承担相应的法律责任的。我们提高自己的法律意识，谨防上当受骗，并运用法律武器来维护自己的合法权益。

⚕ 法条链接

《中华人民共和国婚姻法》

第十条 有下列情形之一的，婚姻无效：

（一）重婚的；

（二）有禁止结婚的亲属关系的；

（三）婚前患有医学上认为不应当结婚的疾病，婚后尚未治愈的；

（四）未到法定婚龄的。

《中华人民共和国母婴保健法》

第八条 婚前医学检查包括对下列疾病的检查：

（一）严重遗传性疾病；

（二）指定传染病；

（三）有关精神病。

经婚前医学检查，医疗保健机构应当出具婚前医学检查证明。

第九条 经婚前医学检查，对患指定传染病在传染期内或者有关精神病在发病期内的，医师应当提出医学意见；准备结婚的男女双方应当暂缓结婚。

○ 警惕假离婚后"变脸"。

婚姻作为人类的社会本能，是人类最原始的社会行为之一。而婚姻自由作为国人的一项权利，肇始于1930年的《中华民国民法》的制定。该法第一次将"离婚自由"写进法律，但这只是婚姻自由的雏形；直至新中国成立后，颁布了1950年《婚姻法》，现代婚姻制度在我国才真正建立起来，并不断进行着完善。而就在婚姻自由的观念逐渐深入民心之际，部分公民却盲目而无知地滥用着自己的"离婚自由"

权利。

💬情景再现

　　2008年6月6日，张先生与妻子李女士登记结婚。婚后二人感情很好，并在2009年5月，夫妇二人购买了一套房子。2010年初，张先生以所在单位又向本单位没有房屋的员工发售福利房，房屋价格远远低于市场价为由，与李女士协商，进行"虚假"离婚，待从单位购买到福利房后再复婚。李女士见有利可图，便同意与张先生离婚。之后不久，张先生便和李女士协议离婚，房子归李女士所有。离婚后张先生不但没有买房，而且还不愿意与李女士复婚。经多方调查才知，张先生所在单位并没有向员工发售福利房，他只是编了一个与李女士离婚的借口而已。离婚后不久，他便与王某登记结婚。

📎律师提醒

　　本案中，张先生向李女士提出离婚的理由是想购买自己所在单位的福利房，但是，经调查，该单位并没有向本单位员工发售福利房。可知，该事实是捏造的，虚假的。很明显，他捏造理由离婚，也就没打算复婚。所以，他以这样的理由向李女士提出离婚，本身就存在着欺骗。而李女士是在被欺骗的状态下表示同意离婚的。一般情况下，骗离婚则大多数发生在协议离婚中，损害的是配偶一方的合法权益。

　　所谓骗离婚，是指当事人一方为了自己不可告人的目的，捏造虚假的事实或者隐瞒某种真实情况，向对方许诺先离婚后复婚，从而骗取对方同意离婚的违法离婚行为。骗离婚的特征是：其一，要求离婚的一方是真实的意愿，但又故意向对方表明自己离婚的目的不是真离婚，从而使对方处于一种被蒙骗的状态，确信离婚只是一种实现某种目的的手段，因而同意离婚。其二，一方提出离婚完全是以不复婚为目的，而另一方在办理离婚手续后，则期待所谓目的实现以后恢复夫妻关系。其三，骗离婚行为结果的唯一性，即一方提出离婚，是想自始至终要解除夫妻关系，彻底摆脱对方，离婚后或独居，或与他人再婚，根本没有复婚的意思。其四，骗离婚既是当事人一方的欺骗行为，又是一种基于欺骗而产生双方同意的离婚行为，这种行为从根本上违反了婚姻自由、自愿的原则，明显与《婚姻法》相违背，从根本上破坏了正常的婚姻家庭关系，具有较大的社会危害性。

　　在我国《婚姻法》中一旦办理离婚手续即成法律事实。骗离婚是一方对另一方的欺诈，通过使对方陷入错误认识，令其在根本不愿意离婚的情况下被骗同意离婚。按照《民法通则》第58条的规定，骗离婚应属无效的民事行为，不能产生当事人预期的法律后果，这是一种绝对无效的行为，从行为开始起就没有法律约束力，在任何情况下都允许提出无效主张。对这种无效离婚，不管当事人向婚姻登记机关还是向人民法院提出，它们均应有权受理。婚姻登记机关和人民法院在处理时，首先要全面调查取证，弄清事实真相，如确属骗离婚，要对实施欺诈行为的一方给予严肃的批评和处理。在此基础上，对于凡是能和好的夫妻，做好调解工作，宣布离婚无效、收回离婚证或判决离婚无效；倘若调解不能恢复夫妻关系，也不应维护原离婚协议，而应宣布其骗离婚无效，维持原婚姻关系；当事人一方坚持不愿维护原婚姻关系的，由人民法院按民事诉讼程序处理。在骗离婚中，行为人故意进行欺骗行为骗取离婚而与他人再婚的，应按重婚处理；其再婚关系因骗离婚的无效而当然无效。

🔍 陷阱防范

对于本案中的陷阱防范，夫妻双方对于其中一方提出的假离婚理由，应进行仔细审查后再作决定。不可只听对方的一面之词，否则，容易吃亏上当。虽然我国《民法通则》和《婚姻登记管理条例》都对"欺骗"行为作了无效规定，但在现实生活中，事实上，一旦办理离婚手续，即成法律事实。所以，法院判决离婚比较谨慎。通常，一方第一次提出离婚，而另一方又不愿意离婚的，法院一般都不会判决离婚。有鉴于此，有人为了达到快速离婚的目的，找个理由，向另一方作出先行离婚再行复婚的虚假承诺，然后双方选择协议离婚。

离婚后一方若不想复婚，之前不愿真离婚的另一方尽管懊悔不已，或是觉得自己因"虚假"离婚而使得自己在财产分割问题上受损，却又因维权之路坎坷而放弃维权，默认结果。因此，广大市民对待婚姻一定要谨慎，不能把婚姻当儿戏。

⚱ 法条链接

《中华人民共和国民法通则》

第五十八条 下列民事行为无效：

（一）无民事行为能力人实施的；

（二）限制民事行为能力人依法不能独立实施的；

（三）一方以欺诈、胁迫的手段或者乘人之危，使对方在违背真实意思的情况下所为的；

　　（四）恶意串通，损害国家、集体或者第三人利益的；

　　（五）违反法律或者社会公共利益的；

　　（六）经济合同违反国家指令性计划的；

　　（七）以合法形式掩盖非法目的的；

　　无效的民事行为，从行为开始起就没有法律约束力。

○　结婚选对象，切莫只看表面现象。

　　婚姻行为是指男女双方以共同生活为目的，自愿实施了的以夫妻权利义务为内容的民事行为。

　　婚姻行为按照动机或者目的可以划分为善意婚姻行为和恶意婚姻行为。善意的婚姻行为是指为了正当的目的而实施的缔结或者解除婚姻关系的行为。恶意婚姻行为是指婚姻关系当事人双方或一方在主观方面持有非正当目的而实施的缔结或解除婚姻关系的民事行为。

💬情景再现

　　年轻男子郑某自结识某高校在读女生柳某后，便和其频频约会。其间，郑某经常带柳某出入各种高级消费场所，柳某对郑某的身份深信不疑。经商议后，柳某同意与郑某结婚。结婚后才发现，郑某只是一个下岗职工，在他与柳某约会期间，他到处借债。柳某于是起诉到法院要求判决撤销与郑某的婚姻，但遭到法院驳回。

🖊️律师提醒

　　本案中，郑某与柳某二人的婚姻不属于可撤销婚姻，是有效的婚姻。虽然郑某隐瞒了自己是下岗职工的真实条件，但这种条件并不属于我国婚姻法中无效婚姻的情形。《婚姻法》第11条明确规定，只有在结婚时有胁迫情节的，法院才会受理可撤销婚姻的请求诉权，否则不属于可撤销婚姻，法院不会受理。法院对采用欺骗手段与另一方结婚的，视不同情况给予不同认定：如果隐瞒了法律上禁止结婚的情形，则依据《婚姻法》的规定，判决婚姻无效；如果只是隐瞒了家庭经济条件等信息的，那么以有效婚姻论处。但是，双方可以协议离婚；一方也可以起诉离婚，解除婚姻关系。

🔍 陷阱防范

对于本案中的陷阱防范，提醒男女双方在结婚前，对对方应当进行一个全面的了解后，再作结婚的打算。两个人的浪漫会使人发昏，说不清楚是什么力量在促使自己发昏，总之自己很不理智，也觉得不需要理智。在一部韩剧中讲到过这种感觉，相恋中的人似乎有更多的多巴胺和5-羟色胺在不断外涌，因此只要待在一起心情就会好。

不过除了浪漫，大家都还是应该稍留清醒，思考一下如果要在一起生活，哪些问题是必须要问的，有哪些情况是彼此不愿意透露的，有哪些障碍是这些涌动的浪漫所不能逾越的。约会是件甜蜜而空洞的事情，有时候你可能觉得除了看电影、去游乐园、吃饭喝酒闲聊之外，两个人彼此了解得并不多。这些空洞需要一些实质性的话题来填充。初次相识的时候，只是大概知道对方是什么行业的，再进一步的了解就不那么多了。在不善言谈的人面前，工作似乎是一个不易延续下去的话题，因为恋爱的时候，享受放松和甜蜜是第一位的，哪管那些压力重重的工作呢？然而在谈及婚姻之前，有关对方的工作，一定要刨根问底，这才是对自己、对爱人负责的态度。钱的问题是应该提到日程上来的。很多夫妻在一提到"钱"的问题的时候就会戛然而止，以为可以顺其自然地过去。但是经济问题的确会使得他们在生活的方方面面都陷入困境，而且在日常生活中都会表现出来。

虽然可能有时候会伤感情，但是为了防止被一些不法分子所利用，婚前对对方作一个了解是有必要的，而且是不可或缺的。

⚓ 法条链接

《中华人民共和国婚姻法》

第八条 要求结婚的男女双方必须亲自到婚姻登记机关进行结婚登记。符合本法规定的，予以登记，发给结婚证。取得结婚证，即确立夫妻关系。未办理结婚登记的，应当补办登记。

第十条 有下列情形之一的，婚姻无效：

（一）重婚的；

（二）有禁止结婚的亲属关系的；

（三）婚前患有医学上认为不应当结婚的疾病，婚后尚未治愈的；

（四）未到法定婚龄的。

第十一条　因胁迫结婚的，受胁迫的一方可以向婚姻登记机关或人民法院请求撤销该婚姻。受胁迫的一方撤销婚姻的请求，应当自结婚登记之日起一年内提出。被非法限制人身自由的当事人请求撤销婚姻的，应当自恢复人身自由之日起一年内提出。

《最高人民法院关于适用〈中华人民共和国婚姻法〉若干问题的解释（一）》

第十条　婚姻法第十一条所称的"胁迫"，是指行为人以给另一方当事人或者其近亲属的生命、身体健康、名誉、财产等方面造成损害为要挟，迫使另一方当事人违背真实意愿结婚的情况。

○　为了那点"彩礼"。

我国自古以来婚姻的缔结，就有男方在婚姻约定初步达成时向女方赠送聘金、聘礼的习俗，这种聘金、聘礼俗称"彩礼"。"彩礼"的表述并非一个规范的法律用语，人民法院审理的彩礼纠纷案件的案由按照有关规定被定为"婚约财产纠纷"。婚前给付彩礼的现象在我国还相当盛行，已经形成了当地的一种约定俗成的习惯。但是目前，不法分子以结婚为由大胆骗取彩礼的现象时有发生。

💬**情景再现**

小李和小宋经人介绍认识，于2008年9月25日举行结婚仪式，但未办理结婚登记手续。举行婚礼仪式前，准"新娘"小宋陆续收到男方小李送的彩礼金共计18 200元及价值10 000元的四金首饰。举行婚礼仪式后，"新娘"小宋仅在"丈夫"家生活三天就外出不归，不见踪影。于是，小李要求小宋的家人归还其已支付的彩礼金，但遭到拒绝。因此，原告小李起诉到法院，请求判令被告小宋返回其彩礼金18 200元及价值10 000元的四金首饰。

📎 律师提醒

本案中，被告小宋的真实目的，可能就是骗取原告的彩礼及四金首饰，而并不是要打算与原告小李结婚并进行长期生活。其实，原、被告并未登记结婚，二人实属同居关系。对于此案，法院审理认为，民事行为应当遵行诚实信用、公序良俗和公平的原则。原、被告以结婚生活为目的举行了婚礼仪式，但被告仅共同生活三天就外出不归，其行为违反了诚实信用、公序良俗的原则，同时其收受彩礼金拒不退还的行为又造成了原告物质上的损失，违反了公平原则。

在双方未办理结婚登记手续的情形下，当事人请求返还按照习俗给付的彩礼的，人民法院应当予以支持。本案属于此种情形，人民法院应依法保护原告的合法权利。鉴于原、被告毕竟在一起过了3天的同居生活，故对被告的合理权利也应予以保护。故法院在最后判令被告小宋返还原告小李支付的彩礼18 200元及价值10 000元的四金首饰。

🔍 陷阱防范

对于本案中的骗婚陷阱，民警说，骗婚使受害者家庭损失惨重，不少人因此欠下了高利贷。骗婚还带来更为严重的社会问题：有的骗婚妇女家里已经有了小孩，嫁到受骗人家里后，又生下了孩子，她们逃走后，男方留下一个残缺的家庭，把两个家庭都害了；歌厅小姐参与骗婚，给性病的传播埋下了隐患；有的还趁组织骗婚之机，贩卖人口；男方受骗后，找上门来要人要钱，与女方发生争斗的情况也很普遍，轻者口角，重者大打出手。

据公安处有关负责人说，骗婚的根源是贫困。在目前条件下，有关部门应加强对贫困农村文化扶贫、道德法律教育，做好基层工作。广大百姓也要树立法制观念，切莫给犯罪分子以可乘之机。

⚓ 法条链接

《最高人民法院关于适用〈中华人民共和国婚姻法〉若干问题的解释（二）》

第十条 当事人请求返还按照习俗给付的彩礼的，如果查明属于以下情形，人民法院应当予以支持：

（一）双方未办理结婚登记手续的；

（二）双方办理结婚登记手续但确未共同生活的；

（三）婚前给付并导致给付人生活困难的。

适用前款第（二）、（三）项的规定，应当以双方离婚为条件。

○　夫妻离婚后，谨防一方不履行抚养孩子的义务。

众所周知，由于离异家庭未成年子女年龄幼小，劳动能力欠缺，其经济来源十分有限，所以抚养费对于离异家庭未成年子女来说，其重要性是不言而喻的。然而，许多离异父母基于各种理由拖欠未成年子女抚养费的现象却十分严重。抚养费的拖欠往往使离异家庭未成年子女陷入困境，其生活、教育受到巨大的影响，以致严重影响了子女的身心健康和生活的适应能力，甚至因此走上了犯罪道路。所以，保障离异家庭未成年子女的抚养费按时足额地支付，是保障离异家庭未成年子女生存条件的首要问题。

💬情景再现

> 王某与叶某离婚后，丈夫王某取得了孩子的抚养权。结果叶某却不对孩子履行任何抚养义务。王某遂向法院提起诉讼，向法院请求，要叶某承担子女的部分抚养教育费用。叶某辩称，我已与王某离婚，孩子由他抚养，所以我当然没有抚养义务。

📎律师提醒

本案中，叶某不履行对孩子的抚养义务，是违反我国《婚姻法》的。婚姻关系的解除，只是夫妻双方基于婚姻而存在的人身关系和财产关系归于消灭，但父母与子女之间存有的血亲关系不因父母离婚而消除。子女的合法利益，不致因父母离婚而受到损害。我国《婚姻法》第36条第1款规定，父母与子女间的关系，不因父母离婚而消除。离婚后，子女无论由父或母直接抚养，仍是父母双方的子女。这是离婚后父母子女身份关系在法律上的基本界定。该法第37条规定，离婚后，一方抚养的子女，另一方应负担必要的生活费和教育费的一部或全部，负担费用的多少和期限的长短，由双方协议；协议不成时，由人民法院判决。关于子女生活费和教育费的协议或判决，不妨碍子女在必要时向父母任何一方提出超过协议或判决原定数额的合理要求。因此，法院会支持王某的诉求。离婚后，不与子女共同生活的一方仍然负有对子女抚养的义务。本案中叶某与孩子的母子关系在法律上仍然存在，叶某作为没有取得孩子抚养权的一方，当然要负担必要的生活费和教育费的一部或全部，负担的方式由双方协议；协议不成时，由人民法院判决。而且在协议签订后，子女在必要时，还可以向父母任何一方提出超过协议的合理要求。

🔍 陷阱防范

对于本案中的情形，在相当一部分的离婚协议中，一方当事人为了达到离婚目的，同意自己多承担部分或者全部的抚养费。有的当事人甚至把未成年子女当成要价的"筹码"或者可以分配的"财产"。《婚姻法》第21条、第36条规定，父母双方有抚养子女的义务。父母与子女间的关系，不因父母离婚而消除。离婚后，子女无论由父或母直接抚养，仍是父母双方的子女。所以说，不直接抚养未成年子女一方的父母必须支付抚养费，是毫无疑问的。从法律意义上来分析，这是对父母的一种强制性的规范，父母不得违反。

⚱ 法条链接

《中华人民共和国婚姻法》

第三十六条　父母与子女间的关系，不因父母离婚而消除。离婚后，子女无论由父或母直接抚养，仍是父母双方的子女。

离婚后，父母对于子女仍有抚养和教育的权利和义务。

……

第三十七条　离婚后，一方抚养的子女，另一方应负担必要的生活费和教育费的一部或全部，负担费用的多少和期限的长短，由双方协议；协议不成时，由人民法院判决。

关于子女生活费和教育费的协议或判决，不妨碍子女在必要时向父母任何一方提出超过协议或判决原定数额的合理要求。

○　结婚不成，谨防彩礼打水漂。

彩礼，一般是指男女订婚或结婚时，由男方给付女方或女方家一定数额的货币或实物，作为婚约或婚姻成立的程序和标志。那么，在法律上彩礼是怎么定性的呢？彩礼是指基于婚约，按照当地风俗习惯，一方经中间人（媒人）给付另一方的财物，本质上是婚约财产。那么，支付了彩礼后，没有达成结婚的意向，男方支付的彩礼是否就真的打了水漂了呢？

💬情景再现

　　2007年9月，原告李先生与被告杨女士经人介绍相识并确立了恋爱关系。2008年农历正月十八，二人办理了订婚手续，李先生按当地农村习俗将礼金58 800元以及钻戒、金手镯等首饰送到杨女士家，杨女士及其母亲张某接收了上述全部财物。后来，经相处一段时间后，李先生发现这个杨女士其实是一个脾气古怪、娇气习蛮的女人，根本不是自己理想中的妻子形象，所以打算与她退婚，并要求返还彩礼，但遭到对方拒绝。后李先生提起了诉讼。

📎律师提醒

　　本案中，法院审理认为，婚约财产的给付是当事人依据本地风俗习惯，基于结婚之目的而为的一种民事给付行为。该行为与通常的赠与并不同，其是为了促成婚约的履行，实现结婚之目的而成立的一种附条件的民事行为。当结婚目的不能实现而解除婚约时，一方无权要求对方履行与其结婚之"义务"，而接受财物一方也因此丧失了占有婚约财产的合法依据。故本案被告取得婚约财产的行为构成不当得利，应当予以返还。赠送彩礼行为，实际上是预想将来婚约得到履行，而以婚约的解除为解除条件的赠与行为，其中，婚约的解除是所附的条件，如果条件不成就，那么赠与行为继续有效，彩礼归受赠人所有；如果条件成就，赠与行为则失去法律效力，当事人之间的权利义务关系当然解除，赠与财产应当恢复到订立婚约前的状态，彩礼应当返还给赠与人。

🔍陷阱防范

　　对于本案中的陷阱防范，无非就是一个对彩礼的定性。彩礼的法律属性，是附解除条件的赠与。赠送彩礼行为，实际上是预想将来婚约得到履行，而以婚约的解除为解除条件的赠与行为，其中，婚约的解除是所附的条件。如果条件不成就，那么赠与行为继续有效，彩礼归受赠人所有；如果条件成就，赠与行为则失去法律效力。就目前法院经手的案例而言，不少当事人因为婚前缺乏了解，草率定下婚约，给付彩礼，而一旦结婚不成，彩礼的归还问题就变得很麻烦。

　　所以，对于彩礼的问题，当事人不可草率决定，否则事后想要回，就得走诉讼程序了。

《最高人民法院关于适用〈中华人民共和国婚姻法〉若干问题的解释（二）》

法条链接

《最高人民法院关于适用〈中华人民共和国婚姻法〉若干问题的解释（二）》

第十条   当事人请求返还按照习俗给付的彩礼的，如果查明属于以下情形，人民法院应当予以支持：

（一）双方未办理结婚登记手续的；

（二）双方办理结婚登记手续但确未共同生活的；

（三）婚前给付并导致给付人生活困难的。

适用前款第(二)、(三)项的规定，应当以双方离婚为条件。

○ 婚后谨防家庭暴力。

家庭暴力是指行为人以殴打、捆绑、残害、强行限制人身自由或者其他手段，给其家庭成员的身体、精神等方面造成一定伤害后果的行为。由于其隐蔽性、隐私性常常被人们忽视，家庭暴力被称为"悄悄犯罪"。可是长期的家庭暴力会严重摧残女性的身体、心理，家庭暴力的手段残忍、方式多样，对女性的伤害巨大。所以对家庭暴力的防范尤为重要。

情景再现

甲女与乙男，2003年3月经人介绍相识，于2003年7月在村里举办了婚礼，同月办理了结婚证。婚前女方一直在外地打工，与男方并不认识，由于年纪渐大，在家人的催促下回家相亲并结婚，对男方并不了解。婚后男方常因琐事对女方拳脚相加，致女方身上多处皮肤青紫。女方多次跑回娘家，又多次被强行拉回。女方因不堪忍受暴力，多次想到轻生，但看着两个年幼的孩子，只好继续忍耐。2009年3月，男方在外喝了酒，回到家里不由分说对女方又是一顿毒打，致其全身上下多处青紫。女方实在无法忍受这种暴行，带着年幼的女儿当晚离家出走。

女方在出走前曾提出过离婚，由于男方及其亲属在当地较有势力，法院没有判决离婚，又因为男方虽常有家庭暴力的行为，女方却没有任何证据，因此女方觉得自己已经走投无路。于是，女方再一次向法院提起了离婚诉讼。

📎 律师提醒

本案涉及家庭暴力的定性。《最高人民法院关于适用〈中华人民共和国婚姻法〉若干问题的解释（一）》第1条中对家庭暴力的概念界定为，行为人以殴打、捆绑、残害、强行限制人身自由或者其他手段，给其家庭成员的身体、精神等方面造成一定伤害后果的行为。可见，家庭暴力首先是一般意义上的民事侵权行为，其构成要件应包括以下几方面：①主体必须具有行为能力，且为家庭共同生活成员。一般认为是共同生活在一个家庭内的亲属，包括有夫妻关系、父母子女关系，以及兄弟姐妹之间和一定范围内的姻亲之间。②行为人主观上具有过错，且为故意。出于泄愤、征服或恃强凌弱的动机而放任不法行为，侵犯家庭成员的人格权和身份权。③在损害后果上，有使受害人的人身、精神受到伤害的事实。④行为人的不法行为与损害事实之间具有因果关系，基于行为人的主观为故意，此因果关系应采必然因果关系理论。

对于此案，法院经审理后认为，当事人依法登记结婚，其婚姻关系即受法律保护。因女方要求离婚系基于男方实施了家庭暴力，故确认家庭暴力是否存在关系到女方的诉求能否得到支持。综观男方的行为，应当认定其实施了家庭暴力，理由是"常因琐事对女方拳脚相加"以及"酒后毒打致其全身上下多处青紫"，致女方的损伤从头面部到下肢，面积分布较广。可见，男方不仅具有殴打女方的劣迹，且情节恶劣，应当认定男方的暴力行为给女方身心造成了一定的伤害后果，女方据此要求离婚应予支持，且作为无过错方，有权要求男方赔偿损失。

🔍 陷阱防范

我国《婚姻法》在反家庭暴力方面迈出了一大步。

1. 第一次在全国性的法律中明确提出了"禁止家庭暴力"；

2. 确定了将实施家庭暴力作为认定感情破裂，准许离婚的法定情形之一；

3. 明确了对家庭暴力受害者的救助措施；

4. 重申了应对家庭暴力实施者给予行政处罚，构成犯罪的依法追究刑事责任；

5. 强调了居民委员会、村民委员会应当劝阻、调解，司法机关应当积极主动地进行干预；

6. 增加了因实施家庭暴力导致离婚的，家庭暴力实施者应承担损害赔偿的民事责任。

《婚姻法》第43条规定，实施家庭暴力或虐待家庭成员，受害人有权提出请求，居民委员会、村民委员会以及所在单位应当予以劝阻、调解。对正在实施的家庭暴力，受害人有权提出请求，居民委员会、村民委员会应当予以劝阻；公安机关应当予以制止。实施家庭暴力或虐待家庭成员，受害人提出请求的，公安机关应当依照治安管理处罚的法律规定予以行政处罚。

由此法条可知，我国法律在针对家庭暴力方面制定了具体的救济措施，居民委员会、村民委员会以及所在单位应当予以劝阻、调解。公安机关应当予以制止。因此，在家庭中遭遇家庭暴力时，应当及时向相关的机关举报，并接受相关机关的帮助，共同阻止家庭暴力。

此外，我国民法和刑法中也有对家庭暴力的制裁措施。

⚘ 法条链接

《最高人民法院关于适用〈中华人民共和国婚姻法〉若干问题的解释（一）》

第一条　婚姻法第三条、第三十二条、第四十三条、第四十五条、第四十六条所称的"家庭暴力"，是指行为人以殴打、捆绑、残害、强行限制人身自由或者其他手段，给其家庭成员的身体、精神等方面造成一定伤害后果的行为。持续性、经常性的家庭暴力，构成虐待。

《中华人民共和国婚姻法》

第三条

……

禁止重婚。禁止有配偶者与他人同居。禁止家庭暴力。禁止家庭成员间的虐待和遗弃。

第四条　夫妻应当互相忠实，互相尊重；家庭成员间应当敬老爱幼，互相帮助，维护平等、和睦、文明的婚姻家庭关系。

第三十二条　男女一方要求离婚的，可由有关部门进行调解或直接向人民法院提出离婚诉讼。

人民法院审理离婚案件，应当进行调解；如感情确已破裂，调解无效，应准予离婚。

有下列情形之一，调解无效的，应准予离婚：

（一）重婚或有配偶者与他人同居的；

（二）实施家庭暴力或虐待、遗弃家庭成员的；

……

第四十六条 有下列情形之一，导致离婚的，无过错方有权请求损害赔偿：

（一）重婚的；

（二）有配偶者与他人同居的；

（三）实施家庭暴力的；

（四）虐待、遗弃家庭成员的。

○ 离婚后谨防对方以"青春损失费"为由索取钱财。

如今我们经常听说离婚时，其中一方向另一方提出索要"青春赔偿费"、"感情费"、"经济损失"之类，这是没有法律依据的，也是不可取的。但若离婚的一方道德败坏，还要恶人先告状，造成对方物质和精神上的种种损失，那么法院本着维护公民权利和义务的职责，在作出判决时，会考虑责成有过错的一方对无过错的一方给予一定的经济补偿，必要时还可强制执行。

💬情景再现

原被告林某与赵某于2002年相识，2005年结婚，2009年赵某提出离婚，但林某坚决不同意离婚，双方在离婚的问题上僵持不下，经过3个月的谈判，林某终于同意离婚，但要求赵某赔偿其青春损失费20万元，双方并签下了协议。2009年8月双方办理了离婚登记，但是青春损失费赵某一直没有支付给林某，林某向法院提起诉讼，要求赵某履行协议。

✏️律师提醒

本案法院在审理时认为，该协议是赵某向林某赔偿青春损失费，进而解除婚姻关系的协议，根据法律的规定可知，身份关系的协议不适用合同法，因而林某要求赵某履行协议的诉请是没有法律依据的，另外，青春损失费的约定违反公序良俗的原则，因此双方当事人之间的约定无效，不受法律保护。据此，法院判决驳回林某的诉讼请求。那么，到底什么样的情况，当事人和利害关系人可以提起损害赔偿呢？结合《婚姻法》第46条规定，只有配偶存在重婚、与他人同居、实施家庭暴力和虐待、遗弃家庭成员四种情形的，无过错方可以提出损害赔偿请求，此损害赔偿既包括物质损害赔偿也包括精神损害赔偿。如果涉及精神损害赔偿要适用《最高人民法院关于确定民事侵权精神损害赔偿责任若干问题的解释》的相关规定。

🔍 陷阱防范

对于本案中的陷阱防范，要知道青春损失费不等于精神赔偿费。我国法律中不支持"青春损失费"的说法，仅认可有事实依据的"精神损害"。所谓有事实依据，是指对生命健康权、名誉权、荣誉权、姓名权、肖像权的侵犯事实。现在新《婚姻法》中对夫妻离婚时的赔偿问题解释为婚姻的一方可向婚姻有过错方提出合理的赔偿要求，但并不意味着"青春损失费"的合理合法化。

恋爱是双方自愿的，同居乃至订婚都以双方自愿为前提，都不受法律保护，所以在恋爱同居中产生的纠纷很难得到支持。除非女方能举证同居关系等发生出于被迫，法律才可予以保护。同时，对于个别人以"青春损失费"为由，骚扰、纠缠当事人的，当事人也可拿起法律武器保护自己的权利。

⚓ 法条链接

《中华人民共和国合同法》

第二条 本法所称合同是平等主体的自然人、法人、其他组织之间设立、变更、终止民事权利义务关系的协议。婚姻、收养、监护等有关身份关系的协议，适用其他法律的规定。

《中华人民共和国婚姻法》

第四十六条 有下列情形之一，导致离婚的，无过错方有权请求损害赔偿：

（一）重婚的；

（二）有配偶者与他人同居的；

（三）实施家庭暴力的；

（四）虐待、遗弃家庭成员的。

《最高人民法院关于确定民事侵权精神损害赔偿责任若干问题的解释》

第一条 自然人因下列人格权利遭受非法侵害，向人民法院起诉请求赔偿精神损害的，人民法院应当依法予以受理：

（一）生命权、健康权、身体权；

（二）姓名权、肖像权、名誉权、荣誉权；

（三）人格尊严权、人身自由权。

违反社会公共利益、社会公德侵害他人隐私或者其他人格利益，受害人以侵权为由向人民法院起诉请求赔偿精神损害的，人民法院应当依法予以受理。

○ 婚介交友，对方看重的可能是你的钱！

如何才能让更多的征婚者不再上当受骗？业内人士建议和看法：首先，相关人员要严把审核关，将以假身份证、虚假信息征婚的骗子拒之门外；其次，相关管理部门要加强对黑婚介的打击，净化市场，规范行业健康发展；最后，征婚者自身也要调整心态，加强防范。其实大部分婚介是想实实在在地帮人牵线搭桥，但一些骗子无孔不入，搅乱了婚介市场。很多时候，婚介所的工作人员只能凭肉眼和经验来判断征婚者的信息，这就不可避免地存在漏洞，毕竟他们没有"火眼金睛"，很难做到从根本上杜绝骗子浑水摸鱼。有时候本来是好心帮别人牵线，却因没有看出征婚者用的是假证，一些人被骗后就找婚介所索赔，还说他们跟骗子是一伙的。每当这时，婚介所只能是哑巴吃黄连。

💬情景再现

已过30岁的张小姐在北京一家私企工作，收入颇高，但由于社交圈子较窄，很少有机会结识异性朋友，眼见已过结婚年龄，家人亦为她担心。上月初，张小姐通过一家婚姻交友介绍所与江苏的李某相识。初次见面，张对李的形象、谈吐颇有好感。李向张倾诉了他的不幸感情遭遇后，张很是同情，于是，二人很快便确立了恋爱关系。不久，李就以投资做生意缺钱为由，向张借了10万元。此后，张再也联系不上此人了。于是，张感觉自己被骗了，在四处打听后仍杳无音信。迫于无奈，她向公安机关报了案。经查明，该人专以征婚为幌子，已骗取多名女性钱财。

📎律师提醒

本案涉及刑事诈骗问题。所谓诈骗罪是指以非法占有为目的，用虚构事实或者隐瞒真相的方法，使受害人陷于错误的认识并"自愿"处分财产，从而骗取数额较大的公私财物的行为。

本案中，李某以"投资做生意缺钱"为由欺诈了张小姐，使张小姐产生错误认识，以致处分了自己合法拥有的10万元。应当认定李某实施的欺诈行为与张小姐错误处分自己的10万元有因果关系，即张小姐遭受钱财的损失是由于李某的欺诈行为所致。本罪的主体是一般主体，李某已达到法定刑事责任年龄、具有刑事责任能力。李某明知道实施欺诈张小姐的行为可能使张小姐遭受钱财的损失，还直接实施了这样的行为，可认定为李某在主观方面表现为直接故意。李某侵犯的《刑法》所保护的利益是张小姐对自己合法拥有的10万元的所有权。根据《刑法》第266条规定的立案标准，李某诈骗的10万元属于"数额特别巨大"，因此，其行为已经构成诈骗罪，所以，应由相关机关对其进行刑事处罚。

🔍 陷阱防范

对征婚者来说，在征婚交友过程中还要提高警惕，加强防范。在刚接触你不太了解的人时，要多留个心眼，保持警惕。其实，骗子在行骗过程中还是有很多漏洞和破绽的，只要稍作留心，就能从中发现问题。不能准确真实地掌握征婚者的真实身份，这是很多婚介所面临的共同难题。现在，部分婚介公司正在寻求解决办法，并已经着手与全国公民身份证号码查询服务中心合作，对所有到公司登记征婚者的身份证号码进行——查询，确保征婚者的信息真实可信。有的婚介所为了取得征婚会员的信任，甚至提出了先结婚后付费的承诺。为了减少被骗事件的发生，会员第一次见面应尽可能安排在婚介公司进行，并特别提醒：双方还没登记结婚前，要尽可能地避免经济上的瓜葛。警方负责人表示，其实许多骗子的骗术并不高明，有些甚至很笨拙，但仍有女性上当受骗，归根结底是女性在被骗前，先被骗走了心。作为女人，防范骗子的措施有多种，但最根本的是"别轻信"三个字，征婚是人生大事，最好到在妇联注册的婚姻介绍所，一旦受骗，则要通过法律手段解决。

⚓ 法条链接

《中华人民共和国刑法》

第二百六十六条 诈骗公私财物，数额较大的，处三年以下有期徒刑、拘役或者管制，并处或者单处罚金；数额巨大或者有其他严重情节的，处三年以上十年以下有期徒刑，并处罚金；数额特别巨大或者有其他特别严重情节的，处十年以上有期徒刑或者无期徒刑，并处罚金或者没收财产。本法另有规定的，依照规定。

○　结婚遭遇妻子不明身份。

重婚罪，是以侵害健全的性风俗的行为为内容的犯罪。《刑法》规定重婚罪，是想保护社会的健全的性道德感情，也一并包含着想通过维护今日的社会道德规范之一环的一夫一妻制来保护家庭生活。

情景再现

> 2009年六月初六，家住上海的李某经人介绍与安徽一自称吴某的女子相识，同年10月1日，李某与该女子一起到民政部门登记结婚，经民政部门审查双方的户籍资料及身份证后，婚姻登记机关为双方颁发了结婚证书。同年11月4日，该女子从李某家中不辞而别，至今下落不明。经法院委托调查后发现吴某的户籍信息系伪造的，此人已经与某人结婚。李某很受挫，于今年1月来到法院起诉，要求与吴某离婚。

律师提醒

本案涉及重婚罪。重婚罪是指有配偶而重婚的，或明知他人有配偶而与之结婚的行为。《刑法》第258条规定，有配偶而重婚的，或者明知他人有配偶而与之结婚的，处2年以下有期徒刑或拘役。重婚罪一般具有以下特征：

1. 客体是我国《婚姻法》规定的一夫一妻制度。一夫一妻制度是我国婚姻家庭制度的一项基本原则。我国婚姻法明文规定，"禁止重婚，禁止有配偶者与他人同居。"根据这一条，也就是讲一个男人只允许娶一个女子为妻，一个女子只允许有一个丈夫。法律只允许一男一女结为夫妻。

2. 客观方面表现为有配偶而又与他人结婚，或明知有配偶而与之结婚的行为。实践中重婚有两种情况：一是法律婚，二是事实婚。

3. 主体为一般主体，有两种人可构成：一是重婚者，即有配偶而尚未解除婚姻关系，又与他人结婚的人；二是相婚者，指明知他人有配偶而又与之结婚的人。

4. 主观方面是直接故意。有配偶的一方隐瞒事实真相，使无配偶的一方受骗上当而与之结婚的，或自己虽没有婚姻关系，但明知他人已经结婚，仍与他人结婚的，都构成重婚。无配偶而与他人结婚的，对其本人而言虽是初婚，但因其明知他人有配偶而与之结婚，就侵犯了一夫一妻制，成为重婚罪之共犯。

本案中，该安徽籍女子吴某，在已婚的状态下使用假身份证件与上海籍男子李某结婚，已经构成了重婚罪，所以应当由有关机关对其进行刑事处罚。

🔍 陷阱防范

对于本案中的陷阱防范，在我国有刑法和民法保障，所以当您的合法权益遭受不法侵害时，一定要用法律武器维护自己的合法权益。

🖊 法条链接

《中华人民共和国刑法》

第二百五十八条　有配偶而重婚的，或者明知他人有配偶而与之结婚的，处二年以下有期徒刑或者拘役。

○　与网友恋爱，您准备好了吗？

现代科技高度发达，为人们带来便利的同时，也为别有用心的人提供了可乘之机。在刑事犯罪中的强奸案件中，有40%的强奸案件是发生在网友见面之后，而且大部分都是男网友蓄意已久的强奸犯罪。强奸罪，是一种侵犯公民人身权利的传统犯罪，在我国刑事法律中占据重要地位。目前在司法实践中表现出多样性的特点，出现了诸如婚内强迫性行为、女性强迫男性性行为等诸多新情况，因此，有必要正确认识和把握强奸罪。

💬情景再现：

　　赵某在网上与一个网名为"孤独男孩"的网友聊得热火朝天，他们很快便确立了恋爱关系，但是一直没有见过面。一天，"孤独男孩"就约赵某见面。他们本来是约在一个广场，但是男网友却借口说，自己的脚有点受伤，让赵某到某居民楼。一见面，令赵某不可思议的是，原来那位自己一直心仪的男朋友竟是一个三十多岁的老男人，而赵某才19岁。于是，赵某想走，但却被"孤独男孩"打晕后拉进了自己的租住房，强奸了她。事后，赵某报案，目前，警方已将网名为"孤独男孩"的人抓获。

律师提醒

本案涉及刑事犯罪。强奸罪，是指违背妇女意志，使用暴力、胁迫或者其他手段，强行与妇女发生性交的行为。《刑法》第236条第1款规定，以暴力、胁迫或者其他手段强奸妇女的，处3年以上10年以下有期徒刑。

犯罪构成：

1. 客体要件。本罪侵犯的是妇女性的不可侵犯的权利（又称贞操权），即妇女按照自己的意志决定正当性行为的权利。犯罪对象是所有女性。

2. 客观要件。

（1）强奸罪客观上必须具有使用暴力、胁迫或者其他手段，使妇女处于不能反抗、不敢反抗、不知反抗状态或利用妇女处于不知、无法反抗的状态而乘机实行奸淫的行为。

（2）须违背妇女意志。违背妇女意志是强奸罪的本质特征，但是不能把"妇女不能抗拒"作为构成强奸罪的基本特征，它只是判断是否违背妇女意志的客观条件之一。由于犯罪分子在实施强奸时所采用的手段和所造成的客观条件不同，对被害妇女的强制程度也相应地有所不同，因而被害妇女对犯罪行为的反抗形式和其他表现形式也是不一样的：有的不顾一切进行剧烈的反抗；有的胆战心惊地进行挣扎或者哀求，反抗不明显；有的则瞻前顾后，没有进行反抗，等等。所以，不能简单地以被害妇女当时有无反抗表示，作为认定强奸罪的必要条件。对妇女未作反抗或者反抗表示不明显的，要通观全案，具体分析，细心区别。

3. 主体要件。本罪的主体是特殊主体，即年满14周岁具有刑事责任能力的男子，但在共同犯罪情况下，妇女教唆或者帮助男子强奸其他妇女的，以强奸罪的共犯论处。

4. 主观要件。本罪在主观方面表现为故意，并且具有奸淫的目的。是指犯罪分子意图与被害妇女发生性交的行为。如果犯罪分子不具有奸淫目的，而是以性交以外的行为满足性欲的，则就不能构成强奸妇女罪，如抠摸、搂抱的猥亵行为，构成犯罪的，则就以强制猥亵罪论处。

本案中，该名男子是在赵某不愿意的情形下，对其使用暴力将其打晕后，对其实施了奸淫行为。客观上违背了赵某的意志，对其使用了暴力。他明知赵某不愿意，还要对其实施奸淫行为，很明显在主观方面表现为直接故意。主体方面，该名男子是年满14周岁具有刑事责任能力的男子。因此，根据我国《刑法》第236条的规定，该名男子已经构成了强奸罪，理应受到我国刑罚处罚。

🔍 陷阱防范

网友恋爱后见面对于处于花季的青少年来说，确实是一件令人兴奋的事情，但这其中对于女孩子，隐藏着潜在的危险甚至犯罪，所以为了保护女性自身的安全，她们应该带好"五个心"。其一，带好"安全心"。网友见面时，要选择自己熟悉的地方；其二，带好"提防心"，要选择人多的场所，如肯德基、麦当劳等餐厅；其三，带好"警惕心"，见面时最好不要单独前往，应该邀要好的同学或者朋友一同前行；其四，带好"自信心"，相信自己女性直觉，不要太轻信网友，一旦有不寻常的信号出现，就要立即借机离开；其五，带好"自重心"，女孩在见网友时，要洁身自爱，要学会自重，不要随意和对方发生性关系。

⚑ 法条链接

《中华人民共和国刑法》

第二百三十六条　以暴力、胁迫或者其他手段强奸妇女的，处三年以上十年以下有期徒刑。

……

○ 婚介所征婚遭遇"婚托"。

"男大当婚，女大当嫁"，很多没有找到另一半的"单身一族"，把婚介广告看成是一条通往婚姻殿堂的捷径，可就是有一些人看准了单身一族的心理，在媒介上刊登征婚广告，然后把应征者约到一些指定的地方消费，从中提成，专门干这事的人就是所谓的"婚托"。"婚托"如同一个个临时演员，在婚介所用天花乱坠的广告将一些善良的人骗进门后，"婚托"的作用就是扮演广告上那些征婚人角色，从而骗得那些前来应征者从兜中掏出"见面费"、"婚介费"。"婚托"普遍充斥婚介市场，让许多痴心男女遭遇冷风，不仅失去了钱财，还白白耗费了精力与情感。应征者被骗后，极少数人会打报警电话，但是由于双方交往属自愿消费，处理起来难度相当大。往往都是双方协商解决，要是协商不成，也只能通过法律途径追要损失。最终很多人都选择息事宁人，吃哑巴亏。

💬情景再现

> 冯先生到某婚介中心交了2000元婚介费后签订了一份征婚协议，婚介中心先后安排他与几名女子见面，但每次见面都以这些女子不满意他为由不了了之。最后冯先生去婚介中心要求退款，无意中发现先前与他见面的几个女子都是那里的工作人员。

📎律师提醒

本案中，该婚介所明知给冯先生介绍的相关对象是自己的工作人员还介绍并收取高额交友费的行为，很明显存在着消费欺诈。冯先生交了高额报名费而换来的却是"婚托"，其公平交易权受到侵犯。所谓消费欺诈是指在消费的过程中，存在一方当事人故意告知对方虚假情况，或者故意隐瞒真实情况，诱使对方当事人作出错误意思表示的行为。消费欺诈的认定需要构成以下几个要件：首先，欺诈方主观上具有欺诈的故意，亦即其明知自己告诉对方的情况是虚假的并且会使对方陷入错误认识而希望或者放任这种结果发生的主观故意；其次，欺诈方实施了欺诈行为，通常表现为故意告知对方虚假情况，或者故意隐瞒真实情况诱使对方当事人做出错误表示，这种行为是违反了向消费者如实陈述商品真实信息的法定义务的；最后，受欺诈方因为欺诈而陷入了错误，并且因此而做出了意思表示。《消费者权益保护法》第10条规定，消费者享有公平交易的权利。消费者在购买商品或者接受服务时，有权获得质量保障、价格合理、计量正确等公平交易条件，有权拒绝经营者的强制交易行为。

具体到本案，该婚介所明知是自己的工作人员还向冯先生介绍，表明其主观上具有欺诈的故意。而且该婚介所实施了欺诈行为，其将"婚托"说成是单身征婚女性使陈某产生了错误的认识，于是做出了交高额报名费征婚的行为。所以根据欺诈消费的构成要件，该婚介所存在欺诈消费。而我国《消费者权益保护法》第49条规定，经营者提供商品或者服务有欺诈行为的，应当按照消费者的要求增加赔偿其受到的损失，增加赔偿的金额为消费者购买商品的价款或者接受服务的费用的一倍。因此，本案中，冯先生可以通过诉讼途径要求该婚介所承担双倍赔偿责任。

因此，当消费者遇到这样的事情时，一定要及时向公安机关举报，以免更多的人上当受骗。

陷阱防范

不法婚介所主要有两类，一类是证件齐全，利用合法经营的名义从事非法活动；另一类是没有经营证件的"黑婚介"。因此征婚者选择婚介所时一定要慎重。去婚介所征婚，首先要看婚介所是否具备经营资格，即有没有营业执照，执照中的经营范围是否有"婚介"项目，营业执照是否已年检或验照。再看婚介所所长、红娘是否使用真实姓名。婚介所在为你第一次介绍对象见面时，是否提供对方的身份证明、婚姻状况证明及资产证明等。如果没有提供，就有可能属于"婚托"。如果你是通过征婚广告去应征，就首先应该让婚介所提供与广告内容相符的对方身份证明及财产证明。如果双方第一次见面不是在婚介机构注册地点，而是茶楼、酒吧等消费场所，那么一定要提高警惕，当心掉入消费陷阱。收取服务费前，要注意是否让你填表登记并签订"婚姻中介服务合同"，如果没有，就可能是在骗你的服务费。还要看中介机构是否出具正规收据，如不出具，就不要交服务费。

法条链接

《中华人民共和国消费者权益保护法》

第十条　消费者享有公平交易的权利。

消费者在购买商品或者接受服务时，有权获得质量保障、价格合理、计量正确等公平交易条件，有权拒绝经营者的强制交易行为。

第四十九条　经营者提供商品或者服务有欺诈行为的，应当按照消费者的要求增加赔偿其受到的损失，增加赔偿的金额为消费者购买商品的价款或者接受服务的费用的一倍。

第十章　旅游中的陷阱

○　海南旅游体验黎族"洞房"要谨慎。

当前随着政府加大对旅游市场的监控，旅游市场不断完善，旅游活动也不断规范，但上当受骗的情况还是有的，有时往往真是防不胜防，特别是少数人利用老年人的善良、反应慢、上当受骗后由于年老体弱不便投诉等因素侵犯老年人的利益，有时让他们上当受骗自己还不知晓。比如：利用游客的不知情随意改变旅游景点，在同一景区中随意收费，没有出国签证资质而依靠其他旅行社组织的出国游，强行购物，兜售假货、劣质产品等。

💬情景再现

> 　　某年的5月2日，李先生和随行的男性朋友到了海南省万宁市某民族风情大村庄后就被推荐体验黎族婚嫁风俗。他们换上了黎族服装，戴上了"槟榔坠"，一群黎族姑娘，和他们完成了对歌、喝交杯酒，送入"洞房"的仪式。体验完毕后，少女们话锋一转，开始谈钱。她们说按照当地风俗，男士本该在女家做49天的长工，所以游客们也要交49元"自赎"，另外还必须给少女们一些小费，每位不能少于10元。
>
> 　　游客都感觉很意外，抗议道："你们事前并没有说要收费呀！"少女们一听态度马上来了个360度大转弯，围上来威逼："哪有这样的，消费了怎么能不交钱呢？"团友们考虑到还有下面的行程要赶，以及身在外地，不愿也不敢惹是生非，大部分被迫掏了钱。事后才知，导游确实提前告知了收费的事，不过用的是没人能听懂的海南当地方言。

📎律师提醒

本案中，该地接社导游用海南当地方言告知游客先送入"洞房"后收费的情形，对于外地人来说，相当于没有尽告知义务，或者至少应该认为导游没有完全履行游客与旅行社签订的旅行合同中的义务，或者说这种履行合同义务的行为是有瑕疵的。我国《合同法》第60条规定，当事人应当按照约定全面履行自己的义务。当事人应当遵循诚实信用原则，根据合同的性质、目的和交易习惯履行通知、协助、保密等义务。

由此可知，该地接社导游的行为，并没有尽到通知的义务，如果他使用普通话把入"洞房"要收费的情形告知了游客，那么也不会出现像上述情形中让游客难堪的场面了。

我国《合同法》第107条规定，当事人一方不履行合同义务或者履行合同义务不符合约定的，应当承担继续履行、采取补救措施或者赔偿损失等违约责任。

由此可知，本案中，该导游用海南方言告知游客收费事项属于履行合同不符合约定，按照法律规定，是应当承担违约责任的。当然，本案中，采用继续履行的方式已经不可能了，所以游客可以要求该导游采取补救措施或者赔偿损失。由于该导游的违约行为属于履行职务的行为，所以根据我国《民法通则》的相关规定，由该导游所在的旅行社承担违约责任。

◉ 陷阱防范

对于本案中的陷阱防范，提醒大家外出旅游常会碰到各种猫腻，旅游者只有管住自己的钱包，善用"自律"的盾牌护身，才能捍卫自己的权益。我们应该做到以下几点：①我们每一个人都要增强防范意识。事先对所有的行程、价格、自费部分、保险类别等细节问清楚。②老年人出行最好是结伴同行。一方面旅途中好相互照顾，另一方面即使遇到概念模糊的消费也可相互交流看法，减少上当受骗的概率。③要学会利用各种保障自身权益的手段。一是正规的旅行社每次旅行结束前，领队都会让游客填写意见书，这时对旅行途中有损权益的事项可写清楚，以便为日后讨回公道打下基础；二是遇到侵权事件可以向有关部门投诉；三是收集必要的证据。④需要在旅行途中购物的，最好先弄清楚当地的价格，有个比较。另外购买贵重物品一定要有行家指导，不能单凭商家的推销。当遇到不合理的事情时，应当收集证据，并运用法律武器来维护自己的合法权益。

⚷ 法条链接

《中华人民共和国合同法》

第六十条　当事人应当按照约定全面履行自己的义务。

当事人应当遵循诚实信用原则，根据合同的性质、目的和交易习惯履行通知、协助、保密等义务。

第一百零七条　当事人一方不履行合同义务或者履行合同义务不符合约定的，应当承担继续履行、采取补救措施或者赔偿损失等违约责任。

○　警惕旅行社擅扣退团费。

不少旅行社都碰到过这种状况：参团游客在购买旅游票后，因自身原因无法前往而要求退团。这本属正常情况，但问题在于，临时退团往往会对旅行社产生一定的经济损失。那么，这些经济损失应该由谁来承担呢，是游客还是旅行社？从游客交纳费用的性质来看，若因游客本身的原因不能出游，这笔费用旅行社是否该扣？

💬情景再现

2009年"五一"，某市的罗小姐参加了某旅行社组织的越南7日游团，总价额是5000元。因家里突然有点急事，母亲生病住院了，所以不能跟团旅游，但她又交了3000元用于旅行社办理护照、签证与预订机票，于是罗小姐向旅行社提出退团。旅行社同意解除合同，但是对于罗小姐先期缴纳的3000元钱，旅行社声称已经用于办理护照、签证和机票，因此不予退还。罗小姐同意旅行社扣除用于办理主要证件的部分花费，但旅行社应该出具相关凭据。旅行社又称，罗小姐先期缴纳的3000元钱属于定金，就是按照"定金罚则"，罗小姐也无权要求退还。

✒️律师提醒

本案的关键在于认定罗小姐缴纳的款项的性质，是属于定金还是预付款，明确了这一点，才能对于他们之间的关系做出清晰的判断。在法律上，定金是指合同双方当时人约定的，为保证合同的履行，由一方预先给付一定数量的货币或代偿物。它和预付款一样，都是先行给付对方的一定款项，因此不容易区分，但是二者在性质上有很大区别。首先，从目的上说，预付款是合同的一部分，它仅仅是在合同期限未到之前，促使当事人一方履行全部或部分义务，而定金是一种担保手段，其目的是为了促使双方当事人重视合同，认真履行自己的义务，保证合同的成立。

其次，在合同得到双方当事人履行的情况下，定金可以作为合同中价款的一部分来抵销，也可以由支付的一方收回。但是如果支付定金的一方违约，则其无权收回定金；如果是另一方违约，则要双倍返还定金，这就是所谓的"定金罚则"。比较而言，预付款本身就是价款或价款的一部分，在合同没有得到履行的情况下，不管是给付款一方当事人违约，还是接受预付的一方当事人违约，预付款都应退回。

在实践中，由于定金与预付款不容易区分，所以会造成两者的混淆。本案就是这样的一个例子。根据双方的合同来看，旅游者支付的这笔款项，是用来保证合同的履行的。并不是对合同的成立承担担保作用，因此，它不具有定金的特征，只是合同内容的部分履行，在这种情况下，旅行社不能把它作为定金来看待，也不能够使用"定金罚则"来剥夺旅游者的权利。同时，根据《担保法》的有关规定，定金一般不得超过合同标的额的20%，但在本案中，旅游者缴纳的数目早已超过了该规定，因此对这笔款项只能按照预付款来处理。旅行社应该在扣除有关的费用后，将余款返还给罗小姐。但是，旅行社可按照我国《合同法》第113条规定（当事人一方不履行合同义务或者履行合同义务不符合约定，给对方造成损失的，损失赔偿额应当相当于因违约所造成的损失，包括合同履行后可以获得的利益，但不得超过违反合同一方订立合同时预见到或者应当预见到的因违反合同可能造成的损失），向罗小姐追究因退团而造成的直接经济损失。

🔍 陷阱防范

对于本案中的陷阱防范，旅客退团是个很普遍的现象，一般都是旅行社和游客私下解决。类似罗小姐这样的投诉案例有很多，也很典型。

在本案中，罗小姐因自身原因造成旅行社的损失，理应承担赔偿责任，但也不是其预付的费用就不退还了。总结一下，游客完全可以在旅游活动开始前通知旅行社解除合同，但须承担旅行社已经为办理本次旅游支出的必要费用，并按如下标准支付违约金：

1. 出发前第5日以前通知到的，支付全部旅游费用扣除旅行社已支出的必要费用后余款的10%。

2. 出发前第5日至第3日通知到的，支付全部旅游费用扣除旅行社已支出的必要费用后余款的20%。

3. 出发前第3日至第1日通知到的，支付全部旅游费用扣除旅行社已支出的必要费用后余款的30%。

4. 出发前1日通知到的，支付全部旅游费用扣除旅行社已支出的必要费用后余款的50%。

5. 出发日或行程开始后，通知到或未通知不参团的，支付全部旅游费用扣除旅行社已支出的必要费用后余款的100%。

⚓ 法条链接

《中华人民共和国合同法》

第一百一十三条 当事人一方不履行合同义务或者履行合同义务不符合约定，给对方造成损失的，损失赔偿额应当相当于因违约所造成的损失，包括合同履行后可以获得的利益，但不得超过违反合同一方订立合同时预见到或者应当预见到的因违反合同可能造成的损失。

《中华人民共和国担保法》

第八十九条 当事人可以约定一方向对方给付定金作为债权的担保。债务人履行债务后，定金应当抵作价款或者收回。给付定金的一方不履行约定的债务的，无权要求返还定金；收受定金的一方不履行约定的债务的，应当双倍返还定金。

○ 导游为拿回扣不择手段。

一张被粗心导游遗落在杭州清河坊的《佣金分配表》，日前引发了海内外各界的广泛关注。一床558元的蚕丝被，提成竟高达255.8元。杭州市旅游质量监督管理所所长葛永明告诉记者，导游拿回扣是旅游界的"顽疾"，在业内属于普遍现象。"如果蚕丝被是明码标价，无质量问题，执法部门很难处理，只能提醒消费者理性消费。"笔者觉得，导游适当拿点儿回扣，对这个旅游行业的潜规则，可以理解。但如果为了拿回扣而不择手段，就令人感到恐怖了。

💬情景再现

从上次海南旅游回来后，小王总结了一下：短短3天，凡是旅游合同里注明免费的项目，很多都是透过车窗瞄一眼就算看过了，而大量需要细细品味的美景基本都需要自费。自费的方式是先由导游垫付门票，之后再向游客收钱。

按理说，旅游景点的团体票票价，要比散客票价便宜，但是经过导游的手，已高过散客票价数倍之多。比如在某地的一个景区，导游垫付的门票是100元一张，这还不是通票，景区里面的一些项目还得另交费，但实际上，散客票只要30多元钱一张。经了解得知，该景区的负责人给导游的回扣是50元。

📎 律师提醒

旅游回扣受到各界人士的广泛关注，并已逐渐成为旅游业发展的巨大阻力。旅游业的回扣是指在旅游活动中，旅游产品供给方（旅游购物商店、旅游宾馆饭店、旅游景区景点等）为了销售产品，给旅行社和导游等各种名目的好处费，这部分收入既未如实入账又未在合同或其他协定中公开约定。《反不正当竞争法》第8条第1款明确规定，在账外暗中给予对方单位或者个人回扣的，以行贿论处；对方单位或者个人在账外暗中收受回扣的，以受贿论处。显然旅游业的回扣是一种违法行为。同时，我国《导游人员管理条例》第16条也规定，导游人员进行导游活动，不得欺骗、胁迫旅游者消费或者与经营者串通欺骗、胁迫旅游者消费。本案中，该导游的购买30元一张门票而向游客收取100元一张的行为，很明显，对游客是一种欺骗，违反了法律的禁止性规定。根据该条例第17条的规定，旅游者对导游人员违反本条例规定的行为，有权向旅游行政部门投诉。

🔍 陷阱防范

旅游线路上的指定购物点导游都会有回扣。一般，凡是导游带去的购物点，每个游客都会被发给一张号码牌，同一个团的游客同一个号码，结账时须出示号码牌。然而，号码牌的真正功用是方便购物点统计给导游的提成。按照有关规定，旅游者有权拒绝强迫购物、超合同约定的项目，游客有自主选择自费项目的权利。

⚓ 法条链接

《中华人民共和国反不正当竞争法》

第八条　经营者不得采用财物或者其他手段进行贿赂以销售或者购买商品。在帐外暗中给予对方单位或者个人回扣的，以行贿论处；对方单位或者个人在帐外暗中收受回扣的，以受贿论处。

经营者销售或者购买商品，可以以明示方式给对方折扣，可以给中间人佣金。经营者给对方折扣、给中间人佣金的，必须如实入帐。接受折扣、佣金的经营者必须如实入帐。

《导游人员管理条例》

第十六条 导游人员进行导游活动，不得欺骗、胁迫旅游者消费或者与经营者串通欺骗、胁迫旅游者消费。

第十七条 旅游者对导游人员违反本条例规定的行为，有权向旅游行政部门投诉。

○ 旅行遭遇"黑店"。

据报道，虽然不久前工商部门公布的数字宣称打击了多少黑店，罢免了多少工作不力的工商所长，但海南的旅游黑店就像幽灵一样，无处不在，无所不能，海鲜强买强卖，几百元的东西要价近万元，只要你敢买，他就敢卖，这年头好像只要能赚到钱，什么都敢做。海南旅游还有多少黑店？这个问题恐怕谁也说不清楚，但我们能做到的一点是，对付这些黑店，一定不能"心慈手软"，而一定要实行高压政策，发现一起严肃处理一起，直接一次性"死亡"，让它再没反弹的机会。然而，话是这么说，但我们的执法部门却可能做不到。防范"黑店"不能光靠执法部门的力量，还要加强社会力量。

💬**情景再现**

　　小李和他的朋友去某地旅游，晚上吃完饭后，天色还早，于是他们就自行搭乘当地的一部出租车去看"人妖表演"。出租车司机力荐的去处还送一个正规按摩，总共才30元。

　　在跟老板确认正规按摩加观看人妖表演的票价确实为30元后，3人便准备进房间先接受按摩。但是，刚进房间，他们就发现情形不对。服务小姐将门插上，欲提供性服务。3人赶紧夺门而出，并准备扔下30元后走人。然而此时，几个彪形大汉已围将过来，将3人逼到一间小屋里，硬说他们已经接受了性服务，要付500元，3人刚要抗议，打手们就抡起拳头，准备打人。为避免吃亏，团友只得忍痛掏钱。原以为这就可以走了，没想到打手们又说还要给小姐"台费"，另外每人各有4杯酒水消费，每杯320元。总共算下来，在这家"黑店"，每位团友被无端勒索了2000元。

律师提醒

本案中的强制提供服务，并采用暴力相威胁，高价出售酒水的做法近乎构成我国《刑法》规定的敲诈勒索罪。为什么在这里要强调是近乎呢？因为在我国，敲诈勒索犯为数额犯。敲诈勒索罪，是指以非法占有为目的，对被害人使用威胁或要挟的方法，强行索要公私财物的行为。本罪的犯罪构成为：

本罪侵犯的客体是复杂客体，不仅侵犯公私财物的所有权，还危及他人的人身权利或者其他权益。

本罪在客观方面表现为行为人采用威胁、要挟、恫吓等手段，迫使被害人交出财物的行为。

本罪的主体为一般主体。凡达到法定刑事责任年龄且具有刑事责任能力的自然人均能构成本罪。

本罪在主观方面表现为直接故意，必须具有非法强索他人财物的目的。如果行为人不具有这种目的，或者索取财物的目的并不违法，如债权人为讨还久欠不还的债务而使用带有一定威胁成份的语言，催促债务人加快偿还等，则不构成敲诈勒索罪。

本案中，该"黑店"人员采用暴力手段来威胁3名游客交出钱财，他们以提供"假服务"为由，目的就是要非法占有游客的钱财，在主观方面存在故意。由于敲诈勒索罪是数额犯，所以对"黑店"的行为，要看当地的具体立案标准。因为"数额较大"是以1000到3000元为起点，地方不同，标准也不同。因此，是否应追究刑事责任，要具体对待。但是，游客在遇到这种事时，一定要及时报警，依法维护自己的合法权益。

陷阱防范：

对于本案中的陷阱，新到一个地点，接社的导游一般都会提醒游客，说这比较乱，大家要格外小心，并会要求在晚上最好不要出去。比如，不要搭乘当地的出租车去吃海鲜，因为一些司机与宰人摊档结成了"利益同盟"，把游客骗到那里后，海鲜看似便宜，其实大有猫腻，比如一斤基围虾说是卖4元，但到结账时，可能会变成40元、400元，假如游客不给，便立刻有打手出来威逼；单身男士，也千万不要搭乘出租车去看什么"人妖表演"之类的节目，因为司机会将游客送入"黑店"，到时高昂的酒水陷阱和凶狠的打手会将游客的腰包掏空。因此，当您在结束了一天的旅行后，晚上最好不要去陌生的地方，以防止上当受骗。

法条链接

《中华人民共和国刑法》

第二百七十四条　敲诈勒索公私财物，数额较大或者多次敲诈勒索的，处三年以下有期徒刑、拘役或者管制，并处或者单处罚金；数额巨大或者有其他严重情节的，处三年以上十年以下有期徒刑，并处罚金；数额特别巨大或者有其他特别严重情节的，处十年以上有期徒刑，并处罚金。

○　旅行警惕在景点"被宰"。

黄金周前的最后几天里，各大旅行社正抓紧所剩不多的时间大打价格战。某省旅游局行业管理处的领导人举例说，到东南亚5日游的成本是4000元，而旅行社向游客的报价也是4000元，个别报价甚至更低，这叫"零付团费"。旅行社要赚钱只好从增加自费项目上找回利润。大多跟随旅行社出游的旅游者都有过无奈参加自费项目的经历，说起来都是一肚子苦水，但他们又都表示不好投诉。"旅行社报价不过5000元，但实际游回来一算账，每人费用都在万元左右，可景点游了，钱也花了，只能打掉牙往肚子里咽了。"但是据从某市消协得知，黄金周运作3年以来，消协至今还没接到过一例有关"自费项目"的投诉。有关人士分析原因说，一方面是因为旅游系统有专门的质量监管部门；另一方面，以往的相关规定中也没有明确的说明和规定，这种事情又不像缺斤短两那样容易辨明，所以消费者往往采取委曲求全的态度，吃了"哑巴亏"。

情景再现

在现实生活中，可能您在许多景点被宰过。比如，北京的小艳到了三亚，导游说，不玩一下潜水，不饱览美丽的珊瑚和热带鱼等神奇的海底世界，就等于白来。在三亚小东海旅游区的某潜水基地，最普通的潜水项目就要300元，不少团友选的是400多元的项目，加上各种附加费用，总共要500多元。不过导游和教练都信誓旦旦地承诺：潜在水下的时间保证30~40分钟，而且会潜到角度最好的位置，看到最多最靓的美景。然而等团友们兴致勃勃地掏钱下水，十几分钟后没怎么看到有特色的景致，教练就以氧气用尽为由，把大家催上岸。下水之前，教练亲口说过，一瓶氧气至少可以使用40分钟。

律师提醒

本案中，该导游和教练信誓旦旦地承诺：潜在水下的时间保证30~40分钟，而且会潜到角度最好的位置，看到最多最靓的美景。而等团友们兴致勃勃地掏钱下水，十几分钟后，没怎么看到有特色的景致，教练就以氧气用尽为由，把大家催上岸。这种行为明显侵犯了游客的公平交易权，甚至有欺诈的成分。消费者从经营者那里购买商品或接受服务，是一种市场交易行为。交易的双方——经营者和消费者都应当遵守市场交易的基本原则，即平等自愿原则、等价有偿原则、公平原则和诚实信用原则，这些原则的确立为的是保证经营者和消费者之间实现公平交易，经营者与经营者之间进行公平竞争。全面地讲，消费者和经营者在市场活动中都享有公平交易的权利。但是，从消费活动的全过程看，消费者往往处于弱者地位，更需要从法律上给予保护。因此，《消费者权益保护法》第10条规定，消费者享有公平交易的权利。消费者在购买商品或者接受服务时，有权获得质量保障、价格合理、计量正确等公平交易条件，有权拒绝经营者的强制交易行为。公平交易权中的质量保障，质量是指商品或服务的优劣程度，它反映了商品或者服务的使用价值。消费者花钱买东西或者接受服务，当然要获得与价格相符的使用价值，否则就是不公平的交易。

而且我国《导游人员管理条例》第16条也规定，导游人员进行导游活动，不得欺骗、胁迫旅游者消费或者与经营者串通欺骗、胁迫旅游者消费。很明显，本案中，该导游进行虚假的宣传已经违反了法律的禁止性规定。我国《消费者权益保护法》第49条规定，经营者提供商品或者服务有欺诈行为的，应当按照消费者的要求增加赔偿其受到的损失，增加赔偿的金额为消费者购买商品的价款或者接受服务的费用的一倍。因此，当游客在发现导游介绍的自费项目中，如果存在欺诈，则可以要求提供服务的经营者承担赔偿责任。但要掌握相关证据，否则合法权益可能得不到维护。

陷阱防范

既然自费项目是旅行社赚钱的法宝，也是旅游者最容易吃亏上当的地方，那么，消费者如何有效预防？一旦感觉上当受骗，应采取什么形式进行投诉呢？

旅游者在交钱时要与旅行社签订详细的旅游合同，包括交通工具及标准、乘载条件，用餐次数及标准应细致到几次早餐、几次正餐及每人每天每餐的标准是几菜几汤、多少钱，住宿标准及条件（按照星级饭店档次级别），导游安排（全程应为持证导游），旅游日程，购物次数，娱乐安排，自费项目、价格及应交纳团费总额等。

一般旅游费用包括：旅游行程表所列往返交通费、途中交通、餐费（不含酒水）、房费、非自费旅游项目第一门票及导游服务费等。费用不包括：旅游行程表所列自费项目及旅游行程表以外活动项目所需费用、机场建设费、航空保险费、卫生检疫费、旅游意外保险费、行李保管费和超重（件）行李托运费及酒店内酒水、洗衣、通讯费等一切未在合同约定内的私人开支。

此外，旅行社应在游客结束全部旅游行程后提供"旅游服务质量调查表"，供旅游者填写。旅游主管部门将随时到各旅行社抽查意见反馈表，行使其监管的作用，以保证游客的合法权益。

🎣 法条链接

《中华人民共和国消费者权益保护法》

第十条 消费者享有公平交易的权利。

消费者在购买商品或者接受服务时，有权获得质量保障、价格合理、计量正确等公平交易条件，有权拒绝经营者的强制交易行为。

第四十九条 经营者提供商品或者服务有欺诈行为的，应当按照消费者的要求增加赔偿其受到的损失，增加赔偿的金额为消费者购买商品的价款或者接受服务的费用的一倍。

《导游人员管理条例》

第十六条 导游人员进行导游活动，不得欺骗、胁迫旅游者消费或者与经营者串通欺骗、胁迫旅游者消费。

○ 出国游"名堂多"。

打洋工、留学深造、出国旅游……随着人民生活水平的提高，这些几年前还很陌生的词汇，如今已是曝光度很高的"关键词"。就像打开窗户享受新鲜空气时，难免冲进来几只苍蝇一样，一些不法之徒也盯上了"出国热"，在其中设局，导致人们出国被骗的事件日渐增多。

💬**情景再现**

　　据报道，自2009年以来，一家名为TVI旅游快车的公司向人们推广一个致富方法。对方宣传，该公司提供在线的旅游服务，只要交271美元（折合人民币1897元）注册一个账号，成为TVI会员即可获得7天6夜住宿五星级酒店的假期、免费返程机票（只限国内线路）以及在线参加打折旅游活动等等，还有可能拿到1.5万美元的回报。

　　在对方的诱惑下，封丘、长垣等地30多人购买了旅游卡，不想却陷入传销陷阱。执法部门发现该团伙涉嫌传销后，将该团伙负责人抓获。

🖊**律师提醒**

　　本案涉及刑事问题。根据我国《刑法修正案（七）》的规定，所谓组织、领导传销活动罪是指组织、领导以推销商品、提供服务等经营活动为名，要求参加者以缴纳费用或者购买商品、服务等方式获得加入资格，并按照一定顺序组成层级，直接或者间接以发展人员的数量作为计酬或者返利依据，引诱、胁迫参加者继续发展他人参加，骗取财物，扰乱经济社会秩序的传销活动的行为。犯本罪的处5年以下有期徒刑或者拘役，并处罚金；情节严重的，处5年以上有期徒刑，并处罚金。本罪仅对组织者、领导者进行处罚，对参加者不予刑事处罚。

　　组织领导传销罪的构成要件如下：

　　第一，客体要件。本罪侵犯的客体为复杂客体，既侵犯了公民的财产所有权，又侵犯了市场经济秩序和社会管理秩序。本罪的犯罪对象是公民个人财产，通常是货币。

　　第二，客观要件。本罪在客观方面表现为违反国家规定，组织、从事传销活动，扰乱市场秩序，情节严重的行为。

　　第三，主体要件。本罪主体是一般主体，凡达到法定刑事责任年龄、具有刑事责任能力的自然人均能构成本罪。本罪追究的主要是传销的组织策划者，多次介绍、诱骗、胁迫他人加入传销组织的积极参与者。对一般参加者，则不予追究。

　　第四，主观要件。本罪在主观方面表现为直接故意，具有非法牟利的目的。即行为人明知自己实施传销行为，为国家法规所禁止，但为达到非法牟利的目的，仍然实施这种行为，且对危害结果的发生持希望和积极追求的态度。

　　本案中，该TVI旅游快车公司就是以向人们提供旅游服务为名，要求参加者缴纳271美元注册一个账号获得加入资格，然后还以高额回报来引诱参加者参加来从事违法活动的行为。在客体方面，既侵犯了公民的财产所有权，又侵犯了市场经济秩序和社会管理秩序。在客观方面表现为违反国家规定，组织、从事传销活动，扰乱市场秩序，是情节严重的行为。本罪主体是一般主体，其符合。其在主观方面表现为直接故意，具有非法牟利的目的。所以说，该TVI旅游公司的行为已经涉嫌组织、领导传销罪，应受到刑法的处罚。

🔍 陷阱防范

对于本案中的陷阱防范，据警方调查发现，与以往相比，非法传销呈现出以下新的特点：

更具隐蔽性。即上下线之间只保持纵向联系；聚无定所且聚点分散；异地运作。非法传销人员大都选择在居住地以外的省市区活动，这样做既可以减少怀疑，又可以更有效地控制下线上钩人员。

形式多样化。非法传销的组织者更借助于现代通讯手段，由书信传递发展到电话传销和网上传销，传销的物品也由单一的健身器材向保健品、美容护肤品、药品、手机、摩托车、服装类转化。

欺诈性明显。为诱使人们加入传销队伍，上线人员往往采取欺骗的手法打着开店、做生意的招牌，把发展对象引入陷阱，然后采取人盯人的战术将新加入人员监视起来，直到他们交足一定现金，接受感化培训加入队伍为止，否则很难摆脱困境。有的甚至与地方黑恶势力勾结，非法限制人身自由。

所以，随着非法传销活动的越来越隐蔽，当您遇到"天上掉馅饼"的事情时，要提高警惕，千万不可掉以轻心，否则，就是对违法犯罪分子的纵容和对自己的伤害。

⚓ 法条链接

《中华人民共和国刑法修正案（七）》

四、在刑法第二百二十四条后增加一条，作为第二百二十四条之一："组织、领导以推销商品、提供服务等经营活动为名，要求参加者以缴纳费用或者购买商品、服务等方式获得加入资格，并按照一定顺序组成层级，直接或者间接以发展人员的数量作为计酬或者返利依据，引诱、胁迫参加者继续发展他人参加，骗取财物，扰乱经济社会秩序的传销活动的，处五年以下有期徒刑或者拘役，并处罚金；情节严重的，处五年以上有期徒刑，并处罚金。"

○ 星级酒店被"降级"。

有些游客会发现,几乎所有的中档价位的常规团都会规定"住宿三星或同级酒店",许多游客在报名时往往忽略这点,等入住时才发现这样的酒店不是设在郊区就是装修老旧,反正价格肯定比真"三星"便宜很多。

最常见就是一个"准"字,所谓的"准三星",按行话解释起来就是按照三星级标准设计装修,但还没有被评到三星级的酒店。

💬情景再现

> 张小姐和她的朋友一起参加了公司组织的江南游,旅行社采用全部包办的形式。张小姐等人交纳了全部费用后,便全权由旅行社按照旅行合同安排三天旅游行程中的住宿、用餐、用车等事宜。他们与旅行社约定的饭店是一家三星级饭店。第一天中餐时,旅行社带领他们去的是一家用餐环境较为恶劣的饭店,根本没有三星级。经过与导游协商后,导游说这已经是准三星级的标准了,如果不满意的话明天可以换。但是,到了第二天,他们照样去了一家环境相当恶劣的饭店,这令张小姐等人很是气愤。他们认为旅行社提供的服务没有达到承诺的标准,要求旅行社对此进行赔偿。但旅行社却拒不赔偿。经有关部门调查后发现,张小姐他们就餐的饭店根本不是三星级的。

📎律师提醒

本案中,该旅行社带领张小姐等人去环境相当恶劣、没有达到三星级标准的饭店,与旅行合同中约定的不相符。根据我国《合同法》的规定,很明显是一种违约行为,旅行社应当承担违约责任。我国《合同法》第60条第1款规定,当事人应当按照约定全面履行自己的义务。第107条规定,当事人一方不履行合同义务或者履行合同义务不符合约定的,应当承担继续履行、采取补救措施或者赔偿损失等违约责任。

此外,我国《旅行社质量保证金赔偿试行标准》第6条明确规定,旅行社安排的旅游活动及服务档次与协议合同不符,造成旅游者经济损失,应退还旅游者合同金额与实际花费的差额,并赔偿同额违约金。

由此可以看出,该旅行社在安排用餐饭店时没有达到自己承诺的标准,是一种违约行为。根据我国《旅行社质量保证金赔偿试行标准》第6条的规定,应退还旅游者合同金额与实际花费的差额，并赔偿同额违约金。

🔍 陷阱防范

本案中，该旅行社的行为已经是明目张胆的违约，对于在合同中约定的事项完全不顾。遇到这样的情形，提醒团友们应及时向当地的旅游管理部门进行反映，并保留好相关证据，防止不慎落入旅行社的欺客陷阱，使自身权益受到损害。同时，游客还要注意在合同中约定当实际的餐饮、住宿条件不符合约定的情形发生时的补救措施和违约责任，以免发生纠纷时无据可查。

⚓ 法条链接

《中华人民共和国合同法》

第六十条 当事人应当按照约定全面履行自己的义务。

当事人应当遵循诚实信用原则，根据合同的性质、目的和交易习惯履行通知、协助、保密等义务。

第一百零七条 当事人一方不履行合同义务或者履行合同义务不符合约定的，应当承担继续履行、采取补救措施或者赔偿损失等违约责任。

《旅行社质量保证金赔偿试行标准》

第六条 旅行社安排的旅游活动及服务档次与协议合同不符，造成旅游者经济损失，应退还旅游者合同金额与实际花费的差额并赔偿同额违约金。

○ 购物点买到假货。

出外旅游，购买当地的特产和纪念品可以说是人之常情，为此，许多旅行团都会将购物作为一个必然的环节，并且"规定时间和地点"专门安排游客购物。让游客们意想不到的是，满载而归后经鉴定发现所购产品质价不符，如何退货成了难题。于是历年"黄金周"后接踵而至的是旅游服务"投诉周"甚至是"投诉月"。

那么游客跟团旅游，在导游指定的购物点买到假货，责权如何分担？旅行社是否该负责？消费者又该如何维护自己的合法权益呢？

💬情景再现

2010年5月，南京市民许先生携新婚妻子参加一家旅行团的港澳5日游。当地导游把他们带到香港一家免税商店，许太太看到该商场施华洛世奇水晶吊坠比南昌专卖店要便宜，于是一口气买下了3款。结果回来后在专卖店一鉴别，才发现自己买到了假货。

🖊️律师提醒

本案中，市民许先生及妻子买到假施华洛世奇水晶吊坠，可以向经营者要求退货。如果经营者提供商品有欺诈行为的，则市民许先生及妻子还可获得双倍赔偿。但是鉴于旅游购物的特殊性，找经营者赔偿操作起来往往较为困难。那么，像这种情形，旅行社是否应当承担责任呢？购物活动是旅游合同的组成部分，如果消费者在该过程中买到了假货，应当视为这个旅游环节出了问题，也就是旅行社的旅游服务有瑕疵。此外，虽然最后买卖的达成必须由旅游者自己决定，旅游者应该对此后果承担责任，但是如果认为旅行社完全置身事外，不符合事实，也是不公平的。因为旅行社实际上在这里起到了一个中介作用，提供机会让双方达成协议，而且实践中，旅行社或者导游也会从中获得利益。旅游者之所以按照旅行社的安排进店购物，也是出于对旅行社安排的信任。因此，从各方面分析，旅行社应当对其负有过错的行为承担相应的责任。

🔍陷阱防范

现在旅游市场比较混乱，特别是出境旅游市场更为混乱。在这种情况下我们建议消费者，首先在签约前，应选择具有经营资质的旅行社。在选择好旅游路线后，消费者有权了解具体行程和价格，以及随团导游、领队的相关资质。其次，签合同时应对条款仔细阅读，对于一些容易引发纠纷的事项要在合同中明确约定，如往返的具体时间及交通工具、每日的具体行程、乘坐的交通工具（有无空调）、游览景点、住宿标准（不要相信"准×星"的字眼）、餐饮次数和标准、自费项目、购物次数等。而行程表是合同的附件，一定要核对两者注明的内容是否一致，不要等到出现问题的时候再去核对合同与行程表的一致性，到时候才发现两者不一样，那会产生很多不必要的麻烦。若真要购物，在付款前，一定要确保交易时与售货员作出的口头承诺都清楚列明在发票上。此外还要注意检查商品，确保货品完好无损，配件齐全，特别注意提货时防止货品被调包。游客在旅行团安排的购物活动中消费，可于购货起14天内办理无因全额退款手续，但要保留全部票据才行。

⚕ 法条链接

《中华人民共和国消费者权益保护法》

第四十八条 依法经有关行政部门认定为不合格的商品，消费者要求退货的，经营者应当负责退货。

第四十九条 经营者提供商品或者服务有欺诈行为的，应当按照消费者的要求增加赔偿其受到的损失，增加赔偿的金额为消费者购买商品的价款或者接受服务的费用的一倍。

○ 团购游近乎购物游。

每到临近"五一"、"十一"旅游黄金周时期，不少团购网站早已开始推出一系列低价旅游产品。比如某团购网站上写到，仅98元即可享受香港迪斯尼3天2夜游、198元云南西双版纳4日3晚游、388元海南4天3夜"纯玩无购物"豪华五星品质双人游……与原价相比，这些低至两折的旅游产品在团购网站上尤为吸引眼球，有些线路甚至写明行程，并打着"不购物"的旗号招揽网友下单，还有旅行社在团购网上写明为何可以"低价卖高价"的文字说明。然而，仍有不少有过购买经验的游客们表示，团购游其实不太靠谱。

💬情景再现

某地的杨小姐团购了"98元香港迪斯尼3天2夜游"，比实际价格便宜很多。"网站上写的是纯玩团，可是我们接连被带入了三四个购物点，都变成'购物游'了。"而且导游还一再强调，香港是"购物者的天堂"，好不容易来一趟，怎么能不见识一下。在一些导游指定的商店中，如果游客不买东西，还被导游骂是"穷光蛋"。陈小姐表示，行程中安排与网上写的并不一致，玩下来所花的费用，估计比一般的香港迪斯尼3天2夜游都要高。"没有免费的午餐，真是便宜没好货。"经历了此番团购后，杨小姐说。据调查，该团购网登出的旅行社根本没有合法的经营许可证。

律师提醒

本案中，该团购网登出的旅游项目，其实是以超低的价格引诱游客下单，并从中渔利。由于团购项目本身就存在着一些风险，所以当您在团购旅游项目的时候，别忘了签合同、审查旅行社的资质、就双方的权利和义务等内容要达成协议。《旅行社条例实施细则》第29条规定，旅行社以互联网形式经营旅行社业务的，除符合法律、法规规定外，其网站首页应当载明旅行社的名称、法定代表人、许可证编号和业务经营范围，以及原许可的旅游行政管理部门的投诉电话。旅行社属于"许可证经营"制度，需要相应的资质，获得旅游行政管理部门颁发的"业务经营许可证"以及工商部门颁发的"营业执照"，方可经营旅游业务。而本案中的旅行社根本不具有合法的经营许可证，就开展了相应的业务，是不合法的，应当承担相应的法律责任。

陷阱防范

对于本案中的陷阱防范，提醒广大旅游消费者网购旅游产品时，一定要确认旅行社的相关资质，证照是否齐全等。交费后要索取发票，确认旅游行程等项目，并与旅行社签订旅游合同，以保障自身的合法权益。千万不要陷入"黑中介"、"非旅行社"的旅游网中，以致发生旅游消费纠纷时无法保障自己的合法权益。此外，对于目前团购投诉事件的增多，消协发布了团购注意六大事项：①交易前要了解卖家的信用状况、履约能力等信息，要查看消费者给网店的评价、网店是否实名、网店是否有营业执照、网上商家的地址及电话等相关信息；②选择本地有代理商或销售点的经销商，发生纠纷方便解决；③尽量选用货到以后再付款的方式，如果没有货到付款方式，要选择有第三方支付平台的交易网站，因为第三方支付平台对网络的交易安全有一定的保障；④收货时应该及时验货，商品如果出现瑕疵、损坏、功能不全等问题应拒绝签收及付款，一旦签收，就证明消费者已经认可货物，到时候再想退换就很难了；⑤在团购过程中尽量提供手机及电子邮件等联系方式，对于个人家庭住址、工作单位、家庭电话等私密性较强的个人信息不要随便提供，防止非法网站将这些信息向商家兜售；⑥要注意保留好相关证据，以便日后维权时使用。

⚓ 法条链接

《旅行社条例实施细则》

　　第二十九条　旅行社以互联网形式经营旅行社业务的，除符合法律、法规规定外，其网站首页应当载明旅行社的名称、法定代表人、许可证编号和业务经营范围，以及原许可的旅游行政管理部门的投诉电话。

○　旅游警惕导游擅改行程。

　　导游服务覆盖了旅游接待服务的全过程，起着连接和纽带作用，游客旅游活动的成败在很大程度上取决于导游的服务质量。

　　导游人员是旅行社派出的代表，同游客接触的时间最长、最直接，是最先发现与处理矛盾纠纷的人。为游客提供服务的过程，也是一个不断排除误解、化解纷争、求得游客认同与肯定的过程，因此，在导游过程中，导游人员要忠于职守，不得擅自改变行程。

💬情景再现

　　太原的李先生随团去杭州旅游，按合同约定，应在杭州游览2天，8月2日游览西湖。旅行社派了位导游罗小姐担任该团陪同，罗小姐在没征得旅行团同意的情况下，擅自将日程作了变更，将游览西湖的时间改为了8月3日，即返回的前一天，8月2日改为购物。旅行团对变更提出了质疑，但导游罗小姐未作出任何解释。

　　8月3日当天，杭州天降暴雨，积水封路不能前行，旅行团前往西湖未果。次日，旅行团就回了太原，李先生随后投诉称，导游罗小姐在未征得旅游者同意的情况下，擅自变更计划，违反了合同约定，导致旅行团未能游览西湖，旅行社应承担赔偿责任。旅行社则表示，变更旅游行程属导游个人行为，与旅行社无关，应由导游罗小姐个人承担赔偿责任。旅行社还称，双方在合同中已声明："旅行社在保证不减少行程的前提下，保留调整行程的权利。"况且去不了西湖是由于天降大雨，积水封路所致，属不可抗力，拒绝赔偿。双方争执不下，于是诉至法院。

📝 律师提醒

本案中的焦点有两点。一是，根据《导游人员管理条例》第13条规定，导游人员应当严格按照旅行社确定的接待计划，安排旅游者的旅行、游览活动，不得擅自增加、减少旅游项目或者终止导游活动。此事中，导游罗小姐擅自更改接待计划，造成旅行团未能游览杭州西湖，违反了合同约定，当属违约行为。但是，该旅行社称赔偿责任由导游罗小姐来承担不合理，导游是旅行社委派的，其行为应视为旅行社的行为，旅行社必须对其委派导游的行为后果承担责任。我国《民法通则》对此作了明确规定，即企业法人对它的法定代理人和其他工作人员的经营活动，承担民事责任。因此，在本案中，旅行社不得以导游个人行为未经旅行社同意而为理由不承担责任。导游擅自变更日程，减少或变更参观项目，旅行社应退还旅游团景点门票、导游服务费，并赔偿同额违约金。旅行社赔偿旅游团损失后，可向导游罗小姐追偿。二是从表面上看，游西湖计划被取消是由于不期而至的大雨，属不可抗力。但实际情况是，只要导游按原计划履行合同，不改变行程，完全可以游览西湖，避免纠纷。旅行社提供不了有力证据证明其改变行程是得到游客同意的，因此，法院认定是导游擅自更改行程，其行为已构成违约，旅行社对此应承担赔偿责任。此外，"旅行社在保证不减少行程的前提下，保留调整行程的权利"属格式条款，按《合同法》第40条的规定，提供格式条款一方免除其责任、加重对方责任、排除对方主要权利的，该条款无效。因此，该条款对游客无约束力。

🔍 陷阱防范

对于本案中的陷阱防范，提醒广大游客朋友们，在选择随团出游时，要明确旅行社的接待计划，要求旅行社按确定的路线和行程接待。游客的行程一般应和旅游合同相同，除非发生火车、飞机晚点等无法抗拒的情况，导游在和游客商量，并经游客同意后，才可以改变行程。如果出现擅自变更接待计划的情况，可直接向旅游行政部门投诉或向法院起诉。

⚓ 法条链接：

《中华人民共和国民法通则》

第四十三条　企业法人对它的法定代表人和其他工作人员的经营活动，承担民事责任。

《导游人员管理条例》

第十三条 导游人员应当严格按照旅行社确定的接待计划，安排旅游者的旅行、游览活动，不得擅自增加、减少旅游项目或者终止导游活动。

《中华人民共和国合同法》

第八条 依法成立的合同，对当事人具有法律约束力。当事人应当按照约定履行自己的义务，不得擅自变更或者解除合同。依法成立的合同，受法律保护。

第四十条 格式条款具有本法第五十二条和第五十三条规定情形的，或者提供格式条款一方免除其责任、加重对方责任、排除对方主要权利的，该条款无效。

第五十二条 有下列情形之一的，合同无效：

（一）一方以欺诈、胁迫的手段订立合同，损害国家利益；

（二）恶意串通，损害国家、集体或者第三人利益；

（三）以合法形式掩盖非法目的；

（四）损害社会公共利益；

（五）违反法律、行政法规的强制性规定。

第五十三条 合同中的下列免责条款无效：

（一）造成对方人身伤害的；

（二）因故意或者重大过失造成对方财产损失的。

第一百零七条 当事人一方不履行合同义务或者履行合同义务不符合约定的，应当承担继续履行、采取补救措施或者赔偿损失等违约责任。

○ 特价机票，猫腻多。

"十一"长假就在眼前，随着机票价格一路走高，特价机票成了网上热门搜索对象。特价机票低至2折、3折，有的特价机票甚至比火车票还便宜，一时间，网上购票成为人们经济快捷的新方式。可许多特价机票网站暗藏猫腻，乘客原本想买特价机票省点钱，不料却掉入"钓鱼网站"设下的陷阱，不仅没买到票反倒赔了钱。

💬情景再现

近日，国家旅游局质量监督管理所发布了游客遭遇网购机票陷阱的案例。张先生要去上海旅游，于是在网上购买了两张特价机票，在即将完成网银交易时，网页显示"网络速度慢，付款未完成，请再付一次"，张先生先后三次通过网银转账，多付了2700多元。随后张先生联系客服，对方告之需到ATM机上操作，结果又被转走了一笔钱。

✒️律师提醒

本案中，该网站以"网络速度慢，付款未完成，请再付一次"，"需到ATM机上操作"为名，骗取了张先生一笔钱的行为已构成了诈骗罪。所谓诈骗罪是指以非法占有为目的，用虚构事实或者隐瞒真相的方法，骗取数额较大的公私财物的行为。本罪侵犯的客体是公私财物所有权。有些犯罪活动，虽然也使用某些欺骗手段，甚至也追求某些非法经济利益，但因其侵犯的客体不是或者不限于公私财产所有权，所以不构成诈骗罪。例如：拐卖妇女、儿童的，属于侵犯人身权利罪。

本罪在客观上表现为使用欺诈方法骗取数额较大的公私财物。首先，行为人实施了欺诈行为。其次，欺诈行为使对方产生错误认识。再次，成立诈骗罪要求被害人陷入错误认识之后作出财产处分。最后，欺诈行为使被害人处分财产后，行为人便获得财产，从而使被害人的财产受到损害。此外需要注意的是，诈骗罪并不限于骗取有体物，还包括骗取无形物与财产性利益。根据《刑法》第210条的有关规定，使用欺骗手段骗取增值税专用发票或者可以用于骗取出口退税、抵扣税款的其他发票的，成立诈骗罪。

本罪主体是一般主体，凡达到法定刑事责任年龄、具有刑事责任能力的自然人均能构成本罪。

本罪在主观方面表现为直接故意，并且具有非法占有公私财物的目的。

诈骗达到一定数额才能构成犯罪，因此，诈骗罪数额有一定的执行标准：

1. 个人诈骗公私财物"数额较大"以2000元为标准；
2. 个人诈骗公私财物"数额巨大"以4万元为标准；
3. 个人诈骗公私财物"数额特别巨大"以20万元为标准。

本案中，该网站骗张先生多打钱的行为侵犯的是张先生对其钱财的所有权。该网站在客观上使用了欺骗的方法骗取了张先生数额较大的钱财。本罪的主体是一般主体，该网站的操作者符合。在主观上该网站明知其实施这样的行为会使受害人遭受财产的损失，其仍然实施了这样的行为，因此可以认定在主观上存在故意。因此，根据我国诈骗罪的立案标准，该网站诈骗张先生的钱财属于"数额较大"，已经触犯了我国《刑法》，所以应受刑事处罚。

🔍 陷阱防范

对于本案中的陷阱防范，国家旅游局质量监督管理所提醒消费者，在购买机票不存在缴纳保证金、通过柜员机操作的情况下，如遇要求缴纳保证金、ATM机转账的购票方式，旅游者需警惕。再者，正规的网站下方都会有ICP备案的信息，合法的代理商都会有CATA（民航运输协会）的认证资质。而山寨网站质量、标识制作粗糙，公司的地址、简介等信息不详或页面无法打开，提供的机票预订电话大多是400号码，而不留座机号码，消费者需慎重选择购票网站。

⚓ 法条链接

《中华人民共和国刑法》

第二百六十六条　诈骗公私财物，数额较大的，处三年以下有期徒刑、拘役或者管制，并处或者单处罚金；数额巨大或者有其他严重情节的，处三年以上十年以下有期徒刑，并处罚金；数额特别巨大或者有其他特别严重情节的，处十年以上有期徒刑或者无期徒刑，并处罚金或者没收财产。本法另有规定的，依照规定。

○　旅游遭遇公园门票"因人而异"。

目前一些地方法规定，对于旅游景区门票价格除商业性投资建设的景区实行市场调节价格外，均实行政府定价管理。根据按质论价的原则，对景区门票价格实行优质上调、劣质下降的双向调控制度。对保护性开放的重要文物古迹、大型博物馆、重要的风景名胜区和自然保护区等，门票价格按照有利于景点保护和适度开放的原则核定。对与居民日常生活关系密切的城市公园、纪念馆和博物馆、展览馆等，其门票价格应以体现公益性为原则核定。对具有爱国主义教育意义的游览参观点，对老年人和未成年人实行减免政策。季节性较强的旅游景区（即全年一个季度，游客占全年数的40%），可分别制定淡旺季价格。景区门票价格一般应实行一票制。对景点分散的游览参观点，根据当地具体情况可不执行一票制，但需报省物价局批准。游览参观点举办临时展览原则上免费，对确有观赏价值且投入较大的游览参观点，可以按价格管理权限申报制定临时展览门票价格。各地调整游览参观点门票价格时，遇有重要节假日（春节、劳动节、国庆节）时，应当提前3个月向社会公布。

💬情景再现

　　某市的王先生参加了公司组织的旅游，于2010年5月2日到某市风景区公园游玩，在购票时，每人票价为50元，而本市居民凭本人有效身份证件每人只需门票费30元。王先生等人认为此事不公，于是找到公园管理处负责人询问，结果却被"执行本市有关政策规定"为由而拒绝给予与本市居民同样票价待遇。无奈，王先生等人只能按规定购票。但事后，王先生越想越不对劲，于是起诉到法院，要求该公园退还多收费用。

🖊️律师提醒

　　本案中，该公园对于本市居民和外地游客制定不同的票价，侵害了游客的公平交易权，王先生的诉讼请求是完全正当的。根据我国《消费者权益保护法》第10条规定，消费者享有公平交易的权利。消费者在购买商品或者接受服务时，有权获得质量保障、价格合理、计量正确等公平交易条件，有权拒绝经营者的强制交易行为。因此，该景区公园对本地居民和外地游客制定的两种门票价格侵犯了外地游客的公平交易权，应当承担相应的责任。《中华人民共和国价格法》（以下简称《价格法》）第41条规定，经营者因价格违法行为致使消费者或者其他经营者多付价款的，应当退还多付部分；造成损害的，应当依法承担赔偿责任。

　　因此，法院据此判决该景区公园退还王先生等人多支付的价款。

🔍陷阱防范

　　对于本案中的陷阱防范，目前一些地方法规已经明确制定了景区公园门票的有关政策。如游览参观点不得针对中外游客、本外地游客而设置两种门票价格。各景区应在售票处显著位置，公示门票的种类、游览项目、价格、售票办法及优惠票价的优惠对象、幅度等，实行明码标价，接受社会监督。境外游客较多的旅游景区还应分别用中、英等两种或两种以上文字标明上述内容。各景区销售门票时不得代收保险费及其他任何费用等。当然，这些规定还没有在全国范围内实行。但是，如果我们在现实生活中遭遇了此种情形，要及时向有关部门投诉，即使不能马上获得解决，但投诉的多了，也会引起相关部门的重视。

♀ **法条链接**

《中华人民共和国消费者权益保护法》

第十条 消费者享有公平交易的权利。

消费者在购买商品或者接受服务时，有权获得质量保障、价格合理、计量正确等公平交易条件，有权拒绝经营者的强制交易行为。

《中华人民共和国价格法》

第四十一条 经营者因价格违法行为致使消费者或者其他经营者多付价款的，应当退还多付部分；造成损害的，应当依法承担赔偿责任。

第十一章　纠纷解决中的陷阱

○ 欠款纠纷发生后，到底该由谁承担举证责任？

举证责任是指当事人对自己提出的主张有收集或提供证据的义务，并有运用该证据证明主张的案件事实成立或有利于自己的主张的责任，否则将承担其主张不能成立的危险。在欠款纠纷中，欠条就是证明双方当事人存在怎样的欠款的有力证据。什么是欠条呢？欠条是为证明一方欠另一方财物而立下的字据。钱物归还后，打条人收回条子，即作废或撕毁。它是一种凭证性文书。如果没有欠条，别人就能赖账或者违约。欠条证明的是一种债权债务关系，是对债权债务主体双方经济往来的一种结算，表明自欠条形成之日起双方之间形成的一种新的纯粹的债权和债务关系。比如因合同、侵权、不当得利、无因管理等等形成的欠款，欠款人向债权人出具的一种结算依据。当欠款纠纷发生后，欠条的重要性就突现出来了。如果双方对欠条有争议时，在法庭上该由谁承担举证责任呢？

💬情景再现

杨某给一家个体超市（奇奇超市）的老板李某供应奶制品，有一次双方未即时结清货款。李某在2001年5月的一天给杨某出具一张欠条，写明暂欠杨某奶制品款陆仟元整，期限为2个月。落款为：奇奇超市。后经多次催讨，无果。最后，杨某以奇奇超市的老板李某为被告提起诉讼，请求李某支付所欠奶制品款6000元。而李某却以6000元欠条是受雇于奇奇超市期间代奇奇超市所写欠条、自己并非该欠条债务人为由拒付该欠款。但是通过庭审质证，李某已经认可落款"奇奇超市"的欠条为自己所写，对欠条的内容并无异议。而对于自己是奇奇超市的雇员，他也拿不出证据。

📎律师提醒

本案在诉讼中，奇奇超市的李某在给奶制品供应商杨某出具欠条时，故意在落款签名处签了"奇奇超市"而非自己本人的名字,其目的就是在还款期限到来时以自己非奇奇超市的老板而是雇员为由不予还款。对于欠条中的纠纷,在法庭上谁应承担举证责任呢?一审法院审理时认为,杨某与奇奇超市之间存在买卖关系,6000元是奇奇超市的欠款。根据民事诉讼的"谁主张谁举证"原则,杨某应当承担李某是奇奇超市的老板而非雇员的举证责任。而杨某无证据证明这一主张,所以,杨某要求李某偿还奇奇超市欠款的证据不足,判决驳回杨某的诉讼请求。杨某不服,提起上诉,二审法院经审理认为,应当由李某承担他是奇奇超市的老板而非雇员的举证责任,而不是由杨某承担,故改判支持杨某的诉讼请求。那么,本案中到底由谁来为李某是奇奇超市的老板还是雇员承担举证责任呢?

杨某举出欠条已经证明的事实是:①自己为债权人;②欠款额和欠款理由。欠条未证明的事实是:落款为"奇奇超市"名称的欠条为谁所写,应否承担出具欠条的责任,即李某是否是欠条的行为人,奇奇超市的行为人是否为李某。通过庭审质证,李某已经认可落款"奇奇超市"的欠条为自己所写,欠条行为人为李某。欠条文字未证明的事实,即奇奇超市的行为人是李某的事实,经过庭审质证得到证实。因此杨某关于"奇奇超市"的行为人是李某的举证责任已经完成。行为人对自己的行为承担责任,这是众所周知的事实。故李某作为完全民事行为能力人,应对自己的民事法律行为承担民事责任,即李某对自己以奇奇超市名义所写欠条形成的债务应由自己承担。李某认为自己不应对自己出具欠条的行为承担责任,即行为人认为自己对自己的民事法律行为不应承担民事责任,这是行为人李某反驳行为相对人又提出的新的诉讼请求所依据的事实。其以新的事实反驳对方的主张应承担举证责任。根据我国《最高人民法院关于民事诉讼证据的若干规定》第2条规定,当事人对自己提出的诉讼请求所依据的事实或者反驳对方诉讼请求所依据的事实有责任提供证据加以证明。没有证据或者证据不足以证明当事人的事实主张的,由负有举证责任的当事人承担不利后果。

李某没有举证证明自己主张的事实,应承担不利后果。

我国《最高人民法院关于民事诉讼证据的若干规定》第5条规定,在合同纠纷案件中,主张合同关系成立并生效的一方当事人对合同订立和生效的事实承担举证责任;主张合同关系变更、解除、终止、撤销的一方当事人对引起合同关系变动的事实承担举证责任。因此李某主张与"奇奇超市"之间雇佣关系成立,承担举证责任及其不利后果的均应为李某,并非杨某。一审判决让杨某承担举证责任并承担不利后果是不当的,应由被告李某承担本案的举证责任。

🔍 陷阱防范

对于本案中的陷阱防范，即便债务人和债权人关系再好，借钱时也一定要打借条。不打借条是最大的法律风险。法院审查借贷案件时，应要求原告提供书面借条，无书面借条的，应提供必要的事实根据，没有证据的请求，将承担败诉的风险。因此，在借贷时，借款人应主动写出书面借条，出借人也应提醒对方写出借条，如遇特殊情况，当场无法出具借条的，应有第三人作证，事后补上借条。还款时还款人要注意收回借条，或共同销毁借条。如果出借人声称借条丢失或损坏，还款人应要求出借人出具收据，还款人应妥善保存收据。

提醒大家在写借条时要注意写明借款人、借款的日期、还款的日期、借款人签字、借款的数额、借款的原因等，数额要用大写数字，千万不要有差错。另外还需要注意以下四点：

1. 最好附带在借条中体现出借人和借款人的身份证号码，这样可以避免不必要的纠纷。

2. 借款人签名的时候，出借人必须亲眼看其签名，防止借款人用其他人的名字来签名，最后拒绝承认借条。

3. 借条的书写人必须是借款人，而不是出借人，否则借款人会以内容非其原文抗辩。

4. 尽量避免使用容易产生分歧的语言，简洁和语义单一的借条才是最标准的借条。避免出现"甲向乙借钱"这样模糊不清的语言，因为，很容易分不清谁是出借人，谁是借款人。

⚓ 法条链接

《最高人民法院关于民事诉讼证据的若干规定》

第二条 当事人对自己提出的诉讼请求所依据的事实或者反驳对方诉讼请求所依据的事实有责任提供证据加以证明。

没有证据或者证据不足以证明当事人的事实主张的，由负有举证责任的当事人承担不利后果。

第五条 在合同纠纷案件中，主张合同关系成立并生效的一方当事人对合同订立和生效的事实承担举证责任；主张合同关系变更、解除、终止、撤销的一方当事人对引起合同关系变动的事实承担举证责任。

对合同是否履行发生争议的，由负有履行义务的当事人承担举证责任。

对代理权发生争议的，由主张有代理权一方当事人承担举证责任。

○ 工伤事故发生后，可以私自签订劳动争议和解协议吗？

工伤保险，指劳动者在工作中或在规定的特殊情况下，遭受意外伤害或患职业病导致暂时或永久丧失劳动能力以及死亡时，劳动者或其遗属从国家和社会获得物质帮助的一种社会保险制度。劳动者因工负伤或职业病暂时失去劳动能力，工伤不管什么原因，责任在个人或者企业，都享有社会保险待遇，即补偿不究过失原则。这种补偿既包括医疗、康复所需费用，也包括保障基本生活的费用。但是，目前，很多企业不为员工缴纳社会保险（当然，社会保险包括工伤保险），那么，当工伤事故发生后，作为员工，应当通过怎样的方式维权才是正确的呢？

💬 情景再现

孙某在一家私营工厂上班，只有工资，厂里并没有为员工缴纳社会保险。2009年7月7日，孙某在工作时被突然倒地的机器压伤了腿，结果造成了严重的骨折，随即被送往医院住院治疗。出院后，该私营企业负责人王某不想受到社会保障部门的行政处罚及为员工缴纳社会保障基金，再加上孙某不懂法，于是王某就私自与其签订和解协议：王某一次性赔偿孙某损失3万元，并解除双方的劳动关系。

半个月后，在朋友的提醒下，孙某申请工伤认定，经该市劳动能力鉴定委员会鉴定为七级伤残。随即，孙某向该市劳动争议仲裁委员会申请仲裁。不久，劳动争议仲裁委员会作出了仲裁裁决书，认定王某在孙某未作劳动能力鉴定之前与孙某自行签订和解赔偿协议，规避了法定的责任和义务，该和解协议无效。王某未按法律规定为员工参加工伤保险，应按工伤保险条例的规定支付孙某各项工伤待遇。裁决王某赔偿孙某各项损失5万余元，解除双方的劳动关系。

📎 律师提醒

本案中，在伤残鉴定之前，王某利用其优势地位，与孙某签订了和解协议，解除了双方的劳动关系。由于孙某无知，没有经验，而在未进行工伤认定和伤残鉴定前解除了劳动关系，其赔偿额远远低于工伤保险条例的标准，致使双方的权利义务关系显失公平，所以该私了协议无效。孙某发生工伤后，在未经劳动行政部门认定工伤和评定伤残等级的情况下，私下达成赔偿协议，导致赔偿数额显失公平，符合可撤销合同的规定。

孙某因工受伤致残，依照《工伤保险条例》第2条的规定［中华人民共和国境内的企业、事业单位、社会团体、民办非企业单位、基金会、律师事务所、会计师事务所等组织和有雇工的个体工商户（以下称用人单位）应当依照本条例规定参加工伤保险，为本单位全部职工或者雇工（以下称职工）缴纳工伤保险费。中华人民共和国境内的企业、事业单位、社会团体、民办非企业单位、基金会、律师事务所、会计师事务所等组织的职工和个体工商户的雇工，均有依照本条例的规定享受工伤保险待遇的权利］，应享有工伤保险待遇的权利。

🔍 陷阱防范

对于本案中的陷阱防范，职工在工伤医疗期间内治愈或者伤情处于相对稳定状态，或者医疗期满仍不能工作的，应当进行劳动能力鉴定，评定伤残等级并定期复查伤残状况。劳动鉴定程序如下：

1. 由工伤职工所在单位填写《劳动鉴定申请表》，申请劳动鉴定，特殊情况下，职工可直接申请；

2. 提供历次病、伤、残医院治疗的原始病历，属因工伤残的，需持工伤事故调查报告及有关材料；属职业病的，需持卫生部门授权的职业病防治所(院)提供的诊断资料；属精神病的，需持精神病院的诊断资料；其他情况的，需持有说服力的证明等报劳动鉴定委员会；

3. 劳动鉴定委员会应认真审定申请及附件材料，对资料不全或情况不明的不予受理；

4. 对符合条件的，统一安排鉴定，并把鉴定的时间、地点、人员提前通知企业及有关人员；

5. 劳动鉴定委员会应当委托符合条件的医疗卫生机构或者聘请有鉴定资格的医生组成专家组对被鉴定人员进行丧失劳动能力的医学诊断；

6. 专家组对伤残、病残职工的状况，写出定性、定量的诊断意见，由劳动鉴定委员会确定伤病或伤残等级，并发给等级证明书，劳动鉴定委员会应将鉴定结果及

时通知企业和被鉴定的职工;

7. 职工对劳动鉴定委员会作出的鉴定结论不服的,可以向当地劳动鉴定委员会办公室申请复查;对复查结论不服的,可以向上一级劳动鉴定委员会申请重新鉴定。复查鉴定最终结论由省级劳动鉴定机构作出。

工伤职工及其家属因申报工伤与用人单位发生争议的,按照劳动争议的有关规定办理;与劳动行政部门或工伤保险经办机构发生争议的,按照行政复议和行政诉讼的有关法律、法规办理。

⚓ 法条链接

《中华人民共和国工伤保险条例》

第二条 中华人民共和国境内的企业、事业单位、社会团体、民办非企业单位、基金会、律师事务所、会计师事务所等组织和有雇工的个体工商户(以下称用人单位)应当依照本条例规定参加工伤保险,为本单位全部职工或者雇工(以下称职工)缴纳工伤保险费。

中华人民共和国境内的企业、事业单位、社会团体、民办非企业单位、基金会、律师事务所、会计师事务所等组织的职工和个体工商户的雇工,均有依照本条例的规定享受工伤保险待遇的权利。

第三十七条 职工因工致残被鉴定为七级至十级伤残的,享受以下待遇:

(一)从工伤保险基金按伤残等级支付一次性伤残补助金,标准为:七级伤残为13个月的本人工资,八级伤残为11个月的本人工资,九级伤残为9个月的本人工资,十级伤残为7个月的本人工资;

……

《中华人民共和国民法通则》

第五十九条 下列民事行为,一方有权请求人民法院或者仲裁机关予以变更或者撤销:

(一)行为人对行为内容有重大误解的;

(二)显失公平的。

被撤销的民事行为从行为开始起无效。

○ 诉讼时效您注意了吗?

诉讼时效是指民事权利受到侵害的权利人在法定的时效期间内不行使权利，当时效期间届满后，人民法院对权利人的权利不再进行保护的制度。在法律规定的诉讼时效期间内，权利人提出请求的，人民法院可以强制义务人履行所承担的义务。而在法定的诉讼时效期间届满之后，权利人行使请求权的，人民法院就不再予以保护。值得注意的是，诉讼时效届满后，义务人虽可拒绝履行其义务，权利人请求权的行使仅发生障碍，权利本身及请求权并不消灭。当事人超过诉讼时效后起诉的，人民法院应当受理。受理后查明诉讼时效无中止、中断、延长事由的，判决驳回其诉讼请求。

💬 情景再现

2000年3月的一天，被告赵某因最近工厂急需流动资金，就向原告李某借款25万元，赵某在拿到钱后向原告出具了借条，双方约定期限为1年。到2004年3月，李某才向赵某催要借款，被告以自己无钱偿还为由未归还借款。在同年的4月赵某就出国考察,直到2007年4月才回来。在赵某出国期间，李某因找不到人，没有谈起借款的事项，亦未采取相关措施来保护自己的合法债权。在赵某回来后，李某立刻向其索要自己的25万元，但赵某还是不还。无奈之下，在2007年6月，原告起诉至法院，要求被告偿还借款。被告对借款事实无异议，但是被告却以诉讼时效已过为由而进行抗辩。

📎 律师提醒

本案法院经审理后认为，李某将款出借给赵某，赵某理应按双方约定履行还款义务，然而李某在赵某未按约定的期限履行还款义务时，其应在法律规定的诉讼期限内向赵某主张权利，即应在赵某还款最后期限的2年内向其主张权利。《民法通则》第135条规定，向人民法院请求保护民事权利的诉讼时效期间为2年，法律另有规定的除外。因李某在本案中对诉讼时效负有举证责任，但其未能举证证明是在诉讼期限内向被告主张权利，或举证证明诉讼时效存在中止、中断的法定事由，因此，李某应承担举证不能的法律后果，故应认定李某起诉的诉讼时效已过，丧失了胜诉权，应驳回李某的诉讼请求。

🔍 陷阱防范

对于本案中的陷阱防范，就是要清楚诉讼时效从何时开始算起，如果单纯地以为，从法律行为结束后的第二天开始算起的话，那么本案中原告的诉讼请求是得不到法院支持的。诉讼时效的起算，也即诉讼时效期间的开始，是从权利人知道或应当知道其权利受到侵害之日起开始计算，即从权利人能行使请求权之日开始算起。所谓请求权是指权利人得请求他人为特定行为（作为、不作为）的权利。在法律上还存在诉讼时效的中断和诉讼时效的中止，诉讼时效的中断是指在诉讼时效期间进行中，因发生一定的法定事由，致使已经经过的时效期间统归无效，待时效中断的事由消除后，诉讼时效期间重新起算。诉讼时效中止，是指在诉讼时效进行中，因一定的法定事由产生而使权利人无法行使请求权，暂停计算诉讼时效期间。《民法通则》第139条规定："在诉讼时效期间的最后六个月内，因不可抗力或者其他障碍不能行使请求权的，诉讼时效中止。……"有些案件虽然从表面上看似乎已经过了诉讼时效，但是，如果经法庭调查后，这期间存在诉讼时效的中断或中止的，诉讼时效应从中断或中止后的第二天开始算起。

⚓ 法条链接

《中华人民共和国民法通则》

第一百三十五条 向人民法院请求保护民事权利的诉讼时效期间为二年，法律另有规定的除外。

第一百三十七条 诉讼时效期间从知道或者应当知道权利被侵害时起计算。但是，从权利被侵害之日起超过二十年的，人民法院不予保护。有特殊情况的，人民法院可以延长诉讼时效期间。

○ 消费纠纷发生后，消费者可以随便和经营者协商就解决了吗？

消费者权益争议，是指在消费领域发生的消费者在购买、使用商品或者接受服务的过程中，因经营者不依法履行或不适当履行义务致使消费者的合法权益受到损害而引起的争议。那么，在争议发生后，应当通过什么样的途径使争议得到公正合理的解决呢？

🗨 情景再现

2000年3月，甲某在某商场购买了一部商品标签上标明产地为美国、价格为1200元的手机一部。甲某在使用的过程中，发现此手机功能不佳，怀疑其是假货。甲某便将该手机送至某省进出口商品检验局鉴定，鉴定结论是该产品并非美国所产。甲某认为该商场在经营中对其有误导和欺诈行为，遂和该商场进行了协商，最后由该商场退还多收甲某的700元。

📎 律师提醒

本案中，出卖"山寨手机"的商家存在着消费欺诈。甲某明显以正品的价格购买来的却是赝品，其公平交易权受到侵犯。所谓消费欺诈是指在消费的过程中，存在一方当事人故意告知对方虚假情况，或者故意隐瞒真实情况，诱使对方当事人作出错误意思表示的行为。我国《消费者权益保护法》第10条规定，消费者享有公平交易的权利。消费者在购买商品或者接受服务时，有权获得质量保障、价格合理、计量正确等公平交易条件，有权拒绝经营者的强制交易行为。

具体到本案，出卖"山寨手机"给甲某的商家并没有将该手机为赝品的真实情况向甲某说明，表明其主观上具有欺诈的故意。而且出卖"山寨手机"的商家实施了欺诈行为，其将"山寨手机"说成是进口原装正品手机使甲某产生了错误的认识，于是做出了以正品价格购买该手机的行为。所以，该商场存在消费欺诈。而我国《消费者权益保护法》第49条规定，经营者提供商品或者服务有欺诈行为的，应当按照消费者的要求增加赔偿其受到的损失，增加赔偿的金额为消费者购买商品的价款或者接受服务的费用的一倍。

因此，本案中，甲某应该与该商场协商要求其赔偿2400元，而不是700元。如果协商不成的话，可以请求消费者协会调解；调解不成，可以向有关行政部门申诉；还可以提请仲裁机构仲裁，或向人民法院提起诉讼。

🔍 陷阱防范

对于本案中的陷阱防范，如果不小心买到了假货，消费者应该通过什么样的方式维护自己的权利呢？消费者可以通过以下法律途径进行维权：

1. 找销售商，与其交涉，要求退货和赔偿。我国《消费者权益保障法》明确规定，消费者享有知悉其购买、使用的商品或者接受的服务的真实情况的权利，经营者应当向消费者提供有关商品或者服务的真实信息，消费者在购买、使用商品时，其合法权益受到损害的，可以向销售者要求赔偿。

凡是在正规销售渠道以正常行货价格购买到假货商品的，消费者可以要求商家承担违约责任。根据我国《消费者权益保护法》的相关规定，消费者可以选择退换货，并可向商家提出退一赔一的要求。

2. 如果销售商不给更换或修理，可以向消协投诉，请求消协出面协调或者调解。

3. 消费者也可以向有管辖权的人民法院起诉。根据案件复杂程度，消费者也可以找专业的律师来协助处理调查取证、起诉、出庭、法庭辩论等程序，从而全面维护自己的合法权益。尤其要提醒广大消费者注意的是，根据《消费者权益保护法》第49条的规定，如果商家在销售产品时有隐瞒真相或以水货冒充行货等欺诈行为，消费者还可以要求商家予以双倍赔偿。

⚓ **法条链接**

《中华人民共和国消费者权益保护法》

第十条 消费者享有公平交易的权利。

消费者在购买商品或者接受服务时，有权获得质量保障、价格合理、计量正确等公平交易条件，有权拒绝经营者的强制交易行为。

第三十四条 消费者和经营者发生消费者权益争议的，可以通过下列途径解决：

（一）与经营者协商和解；

（二）请求消费者协会调解；

（三）向有关行政部门申诉；

（四）根据与经营者达成的仲裁协议提请仲裁机构仲裁；

（五）向人民法院提起诉讼。

第四十九条 经营者提供商品或者服务有欺诈行为的，应当按照消费者的要求增加赔偿其受到的损失，增加赔偿的金额为消费者购买商品的价款或者接受服务的费用的一倍。

○ 执行和解协议中的担保可信吗?

执行担保是指在执行中,被执行人以财产或由第三人向人民法院提供担保,并经申请执行人同意的,人民法院可以决定暂缓执行及暂缓执行的期限。被执行人逾期仍不履行的,人民法院有权执行被执行人的担保财产或者担保人的财产。人民法院依照《民事诉讼法》的规定决定暂缓执行的,如果担保有期限的,暂缓执行的期限应与担保期限一致,但最长不得超过一年。被执行人或担保人对担保的财产在暂缓执行期间有转移、隐藏、变卖、毁损等行为的,人民法院可以恢复强制执行。进行执行担保,可以由被执行人向人民法院提供财产担保,也可以由第三人出面作担保。担保人应当具有代为履行或者代为承担赔偿责任的能力。

💬情景再现

申请执行人某公司与被执行人李某拖欠货款纠纷一案,某市法院在执行中,某公司与李某自愿达成执行和解协议,协议内容如下: ①李某在本协议签订后30日内一次性偿付某公司货款人民币150万元; ②某公司放弃要求李某偿付剩余货款人民币50万元; ③李某未按期履行本协议,某公司有权申请恢复执行原生效判决,即要求李某偿付全部货款人民币200万元及逾期利息; ④担保人王某以自己的市值超过150万元的房产对上述款项自愿向某公司承担连带清偿责任,即届时李某若未按本协议偿付货款人民币150万元,则由担保人王某承担清偿义务。协议签订后,李某未按执行和解协议规定的时间偿付某公司的货款人民币150万元。某公司遂请求法院强制执行担保人王某,要求王某承担货款人民币150万元的连带清偿责任。

🖊️律师提醒

本案的关键就是,法院能否直接执行王某的担保房产的问题。

案外人为担保被执行人履行和解协议而提供的担保,在实践中分为两种情况:一种情况是达成和解协议后,案外人经申请执行人同意,向法院提供担保,并书面承诺如被执行人不履行生效法律文书确定的债务时,则以其提供的担保财产自愿接受法院的强制执行,法院审查和解协议后,一般对该案外人提供的担保财产采取查封、冻结等控制性措施。对此种担保,当被执行人在确定的期限内未履行义务时,恢复执行后，无须经过诉讼程序法院可以直接执行担保人的财产。另一种情况是达成和解协议后，案外人向申请执行人而不是法院提供担保。该担保是平等民事主体之间的行为，若发生担保争议，可通过诉讼途径解决，经法院审理后才可以执行担保人的财产。

本案中，在执行和解协议中约定：担保人王某以其房产为被执行人李某履行协议向申请执行人某公司提供连带责任保证。由此看来，担保人王某是向申请执行人某公司担保而不是向法院提供担保，虽然法院有时会组织当事人进行和解并对和解协议的合法有效性进行审查确认，但并不能认为是向法院提供担保，因此该执行担保不适用《民事诉讼法》第208条和《最高人民法院关于适用〈中华人民共和国民事诉讼法〉若干问题的意见》第269、270条的规定，法院也就不可以直接执行王某的担保房产或依法裁定执行王某的担保房产。和解协议类似于实践合同，只有在履行后才生效，某公司在李某不履行和解协议时，可以向法院申请恢复执行原生效法律文书。当然，某公司也可以按照和解协议变更后的义务主体为被告，向法院提起诉讼，在取得新的执行依据后，向法院申请执行。

🔍 陷阱防范

对于本案中的陷阱防范，最重要的一点就是要弄清楚执行和解协议的法律效力以及执行和解协议中的担保条款的法律效力。执行和解协议的法律效力仅体现在履行完和解协议后，不得反悔；而不履行和解协议，只能执行原生效法律文书。执行和解协议中的担保条款，在当事人反悔的情况下，担保人不应承担任何责任，但是，如果担保人自动履行所谓的担保义务的，在履行后不得反悔。执行和解协议中还存在着很多陷阱：①请别人代还债。被执行人隐瞒财产，使申请执行人认为其无力还债，而与其提供的第三人达成变更被执行主体的和解协议。第三人一般不具备还款能力，致使协议不能履行。当事人虽可向法院申请恢复原生效法律文书的执行，但原被执行人早已转移了财产。②以物抵债。被执行人以没钱或现金周转不灵为借口，要求以物抵债，当双方达成和解协议后，其提供的物往往存在质量问题，价值极低。③变一次付清为分期付款。被执行人表示难以一次付清欠款，要求分期履行。双方达成和解协议后，被执行人仅履行几期，甚至完全不履行，在这期间转移财产。

为此，法官提醒：申请执行人要有执行和解的风险意识，在与被执行人达成和解协议前，要考察了解其诚信及财产情况，并可依法要求其提供执行担保。当被执行人不履行和解协议时，要及时向法院申请恢复原生效法律文书的执行。

法条链接

《中华人民共和国民事诉讼法》

第二百零七条　在执行中，双方当事人自行和解达成协议的，执行员应当将协议内容记入笔录，由双方当事人签名或者盖章。

一方当事人不履行和解协议的，人民法院可以根据对方当事人的申请，恢复对原生效法律文书的执行。

第二百零八条　在执行中，被执行人向人民法院提供担保，并经申请执行人同意的，人民法院可以决定暂缓执行及暂缓执行的期限。被执行人逾期仍不履行的，人民法院有权执行被执行人的担保财产或者担保人的财产。

《最高人民法院关于适用〈中华人民共和国民事诉讼法〉若干问题的意见》

269、民事诉讼法第二百一十二条规定的执行担保，可以由被执行人向人民法院提供财产作担保，也可以由第三人出面作担保。以财产作担保的，应提交保证书；由第三人担保的，应当提交担保书。担保人应当具有代为履行或者代为承担赔偿责任的能力。

270、被执行人在人民法院决定暂缓执行的期限届满后仍不履行义务的，人民法院可以直接执行担保财产，或者裁定执行担保人的财产，但执行担保人的财产以担保人应当履行义务部分的财产为限。

○　交通事故发生后，可以随便"私了"吗？

发生交通事故后，损害赔偿的解决方式要么是自行和解达成赔偿协议，即私了；要么是通过诉讼由法院调解或判决，即公了。前一种方式省时、省力、成本低、赔付快捷，也有利于纠纷的解决和社会的稳定，是事故当事人的首选。实践中，因道路交通事故造成损害的，一开始双方在冷静下来后可能会选择协商解决，通常会在交警的协调下达成调解协议，但存在不少事后不履行或反悔的现象，甚至在肇事方履行完毕后，也存在受害方重新向法院起诉的情况。

💬**情景再现**

2010年2月1日，李某骑着电动车在北京马驹桥新桥处与相对方向的出租车相撞，造成李某受伤骨折。经通州区交警大队现场勘察后认定"出租车司机许某违反超车规定，负此次事故的全部责任，李某无责任"。事故发生后，许某及时送李某住院治疗，在手术前，许某与李某签订了一份私了协议，内容是"李某出院后医药费终结，一切后果许某概不负责"。手术及住院共18天，李某要求出院。在出院病历上的医嘱签字"后果自负"，李某的签字"因无钱医治出院"。出院后，李某找许某协商给付后续治疗费用未果。后无奈，只得将该出租车司机许某告上法庭，并申请撤销该私了协议。

📎**律师提醒**

本案在庭审时，出示了双方签订的私了协议，还出示了法院依法调取的李某住院病历。通过对协议和病历的质证、认证，许某认为，协议是双方真实意思的表示，一经签订就视为同意，不能反悔了，应该按协议办，不能再承担李某出院后的费用。李某认为自己是被迫无奈签字的，当时不签字，李某便说不给拿钱做手术，是没办法签的字，也是没办法出的院。双方各执一词。主审法官对协议和病历进行了认真剖析，经审理查明：病历的签字是真实可信的，主治医生签字"出院后果自负"和李某签字"因无钱医治出院"，表达了一个意思，也就是李某未痊愈因无钱治疗而出院。同时双方签订的协议是不可信的，属于私了协议，内容违背法律规定。没有一种手术能预见愈合程度和康复期限，该协议显然违背常规公理。于是裁决撤销了该协议。但对李某提出的后续治疗费，因无依据，无法保护，故不能予以支持。

从法律规定上予以分析，本案中双方于手术前签订的一次性赔偿协议的内容，明显表明许某意在逃避对李某康复前的赔偿义务，协议的签订违背了公平和诚实信用原则。

依据我国《民法通则》和《合同法》的规定，显失公平的合同，依法属于可以变更和撤销的合同。如果当事人请求撤销依法得到支持，该合同则从开始订立起就不具有法律效力。《合同法》第54条规定，当事人有权请求人民法院变更或者撤销下列合同，一是因重大误解订立的；二是在订立合同时显失公平的；三是一方以欺诈手段或者乘人之危，使对方在违背真实意思的情况下订立的合同。《合同法》第55条规定，具有撤销权的当事人自知道或者应当知道撤销事由之日起，一年内没有行使撤销权，该撤销权消灭，人民法院将不予支持其请求权适用诉讼时效制度。除斥期间一般应从权利发生之时起算，但法律另有规定的除外。本案李某属在一年内行使撤销权的情形，符合法律规定。

虽然李某和许某都在私了协议上签了字，但通过质证、认证，对出院病历上的医嘱签字"后果自负"，李某的签字"因无钱医治出院"，加之李某出庭应诉时的症状反映，可以作出合情合理的推断，李某是没有痊愈出的院，据此许某就应该承担李某直至康复的费用，拒绝承担显然对李某是不公平的，于情于理于法都不容许。因此，李某申请撤销私了协议得到了法律支持。至于李某要求给付后续治疗费，漫天要价没有依据，法律无法保护，李某可申请进行伤残鉴定、劳动能力丧失程度鉴定、医疗终结期鉴定，待有合法有效依据之后，再行诉请，以保护自身的正当合法权益。

🔍 陷阱防范

对于本案中的陷阱防范，法官提醒：交通事故"私了"风险较大。"私了"的风险主要有以下几种类型：

第一种情况是肇事司机失信，只要现场糊弄过去就再也找不到人，打手机不接，家里电话是假号，为几百元的修车费把受损车主折腾个够，由于《29种交通事故当事人自行快速解决办法》强调的是事故双方自行解决，一些无赖司机就钻没有机构对自行处理进行监督的空子；

第二种情况是由于事故现场双方签订的"当事人自行解决交通事故协议书"中，并没有车被撞了什么部位等详细的损伤情况的记载，一些车辆被撞的司机也借机在修车时玩"猫腻"，明明被撞了保险杠却借机把其他部位也修了，双方为此发生纠纷；

第三种情况是事故双方在保险公司评估的车辆修复款和实际修车款上出现争议；

第四种情况是被撞车主因为事故不仅要付出修车费用，还可能带来误工费、通讯费、打车费等等，但是这些费用是否该由肇事司机承担、如何承担？双方也容易产生争议。

对此，我国对于道路交通事故可以"私了"的法律有：

《道路交通安全法》第70条规定，在道路上发生交通事故，车辆驾驶人应当立即停车，保护现场；造成人身伤亡的，车辆驾驶人应当立即抢救受伤人员，并迅速报告执勤的交通警察或者公安机关交通管理部门。因抢救受伤人员变动现场的，应当标明位置。乘车人、过往车辆驾驶人、过往行人应当予以协助。

在道路上发生交通事故，未造成人身伤亡，当事人对事实及成因无争议的，可以即行撤离现场，恢复交通，自行协商处理损害赔偿事宜；不即行撤离现场的，应当迅速报告执勤的交通警察或者公安机关交通管理部门。

在道路上发生交通事故，仅造成轻微财产损失，并且基本事实清楚的，当事人应当先撤离现场再进行协商处理。

《道路交通事故处理程序规定》第13条第1、2款规定，机动车与机动车、机动车与非机动车发生财产损失事故，当事人对事实及成因无争议的，可以自行协商处理损害赔偿事宜。车辆可以移动的，当事人应当在确保安全的原则下对现场拍照或者标划事故车辆现场位置后，立即撤离现场，将车辆移至不妨碍交通的地点，再进行协商。

非机动车与非机动车或者行人发生财产损失事故，基本事实及成因清楚的，当事人应当先撤离现场，再协商处理损害赔偿事宜。

⚓ 法条链接

《中华人民共和国民法通则》

第五十九条 下列民事行为，一方有权请求人民法院或者仲裁机关予以变更或者撤销：

（一） 行为人对行为内容有重大误解的；

（二） 显失公平的。

被撤销的民事行为从行为开始起无效。

《中华人民共和国合同法》

第五十四条 下列合同，当事人一方有权请求人民法院或者仲裁机构变更或者撤销：

（一）因重大误解订立的；

（二）在订立合同时显失公平的。

一方以欺诈、胁迫的手段或者乘人之危，使对方在违背真实意思的情况下订立的合同，受损害方有权请求人民法院或者仲裁机构变更或者撤销。

当事人请求变更的，人民法院或者仲裁机构不得撤销。

第五十五条 有下列情形之一的，撤销权消灭：

（一）具有撤销权的当事人自知道或者应当知道撤销事由之日起一年内没有行使撤销权；

（二）具有撤销权的当事人知道撤销事由后明确表示或者以自己的行为放弃撤销权。

○ 购房约定了"高额违约金"后就一定保险吗？

违约金是指按照当事人的约定或者法律直接规定，一方当事人违约的，应向另一方支付的金钱。违约金的标的物是金钱，但当事人也可以约定违约金的标的物为金钱以外的其他财产。违约金具有担保债务履行的功效，又具有惩罚违约人和补偿无过错一方当事人所受损失的效果，因此有的国家将其作为合同担保的措施之一，有的国家将其作为违反合同的责任承担方式。我国《合同法》中违约金的性质主要是补偿性的，有限度地体现惩罚性。那么，合同中对违约金约定得越高越保险吗？

💬情景再现

> 2009年3月，杨某与某房产开发公司签订了一份商品房买卖合同，约定2011年3月31日前交付房屋。在"违约责任"一栏，杨某特意书写了一项：每逾期交房一日，按总房款每日万分之五的比例累计违约金。对此，开发商也没有提出异议。此后，杨某按约支付了50万元购房款，但直到2011年8月底，杨某才拿到了房屋钥匙，房产商已违约5个月。于是，杨某要求房产商支付违约金共计37 500元，但房产商却以"违约金数额不合法"为由拒绝赔付。2011年11月初，杨某就此事向某市仲裁委提请仲裁。

✍ 律师提醒

本案在庭审中，房产商提出，违约金约定数额过高，请求仲裁庭予以减少，仲裁庭也认为，杨某的违约金赔偿请求失当。仲裁庭的理由是，违约金虽属当事人签订合同时的意思自治范围，但并不能由当事人完全自行约定，其比例或数额要受一定客观条件制约或限制。《合同法》第114条前两款规定，当事人可以约定一方违约时应当根据违约情况向对方支付一定数额的违约金，也可以约定因违约产生的损失赔偿额的计算方法。约定的违约金低于造成的损失的，当事人可以请求人民法院或者仲裁机构予以增加；约定的违约金过分高于造成的损失的，当事人可以请求人民法院或者仲裁机构予以适当减少。当事人约定的违约金超过造成损失的30%的，一般可以认定为《合同法》第114条第2款规定的"过分高于造成的损失"。

　　同时，我国最高人民法院《关于审理商品房买卖合同纠纷案件适用法律若干问题的解释》（以下简称《解释》）第16条规定，当事人以约定的违约金过高为由请求减少的，应当以违约金超过造成的损失30％为标准适当减少；……。依据该条的规定，首先必须确定因违约造成的损失，如果违约金的数额超过了损失的30%，则仲裁机构可以酌情调整到30%以内。对于"损失"，该《解释》第17条规定，商品房买卖合同没有约定违约金数额或者损失赔偿额计算方法，违约金数额或者损失赔偿额可以参照以下标准确定：……逾期交付使用房屋的，按照逾期交付使用房屋期间有关主管部门公布或者有资格的房地产评估机构评定的同地段同类房屋租金标准确定。最终，本案双方自愿达成调解协议，由房产商支付杨某违约金15 000元，杨某撤回仲裁申请。

🔍 陷阱防范

　　这里有两层意思，一个是"约定的违约金低于实际损失，守约方可以要求按实际损失赔偿"，另一个是"约定的违约金过分高于造成的损失，违约方可以请求适当减少"。就是说，如果约定的违约金标准适当高于实际损失，法院可以支持，但如果约定的违约金标准太高了，远远高于实际损失，就可能得不到支持，或者说违约金标准定得太高，有时反而没有意义了。

　　在签订合同时，违约金条款的约定，要综合考虑以下因素：①违约形态。违约方的履行形态是什么，可以根据合同的实际情况进行具体规定，如：不履行；逾期履行；数量不符；质量不符合约定标准等等，都需要当事人事先在合同中作出约定。②针对不同违约形态的违约金。违约金是固定数额，还是按一定比例计算，还是依据行业规范标准进行计算，等等，均需要进行合理约定。③不同违约条款不同情况适用。虽然可以约定各种不同的违约责任，但在合同实际履行过程中，违约责任及违约金的判断要依据实际发生的违约行为进行确认。针对不同违约行为，违约金应有相应的详细计算方法。

　　在约定违约金时，应当尽量实事求是地考虑对方可能的违约行为给您可能造成的实际损失，把违约金的标准和相对客观的标准建立相应联系，并在此基础上适当提高违约金标准，做到"约定不随意，有理有据"。

♉ 法条链接

《中华人民共和国合同法》

第一百一十四条　当事人可以约定一方违约时应当根据违约情况向对方支付一定数额的违约金，也可以约定因违约产生的损失赔偿额的计算方法。

约定的违约金低于造成的损失的，当事人可以请求人民法院或者仲裁机构予以增加；约定的违约金过分高于造成的损失的，当事人可以请求人民法院或者仲裁机构予以适当减少。

当事人就迟延履行约定违约金的，违约方支付违约金后，还应当履行债务。

最高人民法院《关于适用〈中华人民共和国合同法〉若干问题的解释（二）》

第二十九条　当事人主张约定的违约金过高请求予以适当减少的，人民法院应当以实际损失为基础，兼顾合同的履行情况、当事人的过错程度以及预期利益等综合因素，根据公平原则和诚实信用原则予以衡量，并作出裁决。

当事人约定的违约金超过造成损失的百分之三十的，一般可以认定为合同法第一百一十四条第二款规定的"过分高于造成的损失"。

最高人民法院《关于审理商品房买卖合同纠纷案件适用法律若干问题的解释》

第十六条　当事人以约定的违约金过高为由请求减少的，应当以违约金超过造成的损失30%为标准适当减少；当事人以约定的违约金低于造成的损失为由请求增加的，应当以违约造成的损失确定违约金数额。

第十七条　商品房买卖合同没有约定违约金数额或者损失赔偿额计算方法，违约金数额或者损失赔偿额可以参照以下标准确定：

逾期付款的，按照未付购房款总额，参照中国人民银行规定的金融机构计收逾期贷款利息的标准计算。

逾期交付使用房屋的，按照逾期交付使用房屋期间有关主管部门公布或者有资格的房地产评估机构评定的同地段同类房屋租金标准确定。

○　劳动合同被解除后，可以直接向人民法院起诉吗？

劳动关系当事人之间因劳动的权利与义务发生分歧而引起的争议，又称劳动纠纷。劳动纠纷是现实中较为常见的纠纷。国家机关、企业事业单位、社会团体等用人单位与职工建立劳动关系后，一般都能相互合作，认真履行劳动合同。但由于各种原因，双方之间产生纠纷也是难以避免的事情。那么，当劳动纠纷发生后，如何解决才能最好地保护自己的合法权益呢？

💬 **情景再现**

　　张某于2009年3月1日被某市一家私营企业雇佣，从事文笔工作。经1个月试用期合格后，转为正式员工。同年12月1日，张某因在上班途中被一辆相向而来的出租车撞倒，造成多处受伤，且右手有骨折。后来虽然出院了，但他的右手已被确认丧失部分劳动能力，不能再拿笔了。该私营企业于2010年1月1日以"张某丧失劳动能力不能正常从事工作"为由，解除与张某的劳动合同，并说如果张某有不满的话，可以直接向人民法院起诉。同年2月1日，张某向法院起诉，法院裁定不予受理。2010年6月1日，张某向劳动争议仲裁委员会申请仲裁，再次要求确认企业解除劳动合同的行为无效，仲裁委员会查明事实后，裁决驳回仲裁请求。

🖉 **律师提醒**

　　本案中的陷阱就在于，该私营企业利用张某不懂法律，在劳动纠纷发生后在解决途径中给其设置了"陷阱"。

　　本案焦点有三个：一是该私营企业解除与张某的劳动合同行为是否合法，二是法院为何不受理张某的起诉，三是劳动争议仲裁委员会为何驳回张某的仲裁申请。

　　第一，公司解除与张某的劳动合同行为不合法。我国《劳动法》第25、26、27条赋予用人单位在以下几种情形下享有单方解约权，主要包括劳动者试用不合格、劳动者违纪违法、劳动者因自身原因不能胜任工作、情势变更、用人单位经营状况恶化等情形。除劳动者试用不合格和违纪违法外，对其他情形的适用《劳动法》又规定了限制条件，其第29条规定，包括劳动者患职业病或因工负伤丧失劳动能力的，劳动者患病或负伤在规定的医疗期内的，女职工在孕期、产期、哺乳期内的，以及法律、行政法规规定的其他情形。本案中，该私营企业的解约理由是"张某丧失劳动能力不能正常从事工作"，既不符合法定的解除条件，又违反《劳动法》对因工负伤丧失劳动能力的特别保护规定，显然是不合法的。

　　第二，法院不受理张某的起诉是因为《劳动法》关于劳动争议仲裁前置的规定。我国《劳动法》第79条规定，劳动争议发生后，当事人可以向本单位劳动争议调解委员会申请调解；调解不成，当事人一方要求仲裁的，可以向劳动争议仲裁委员会申请仲裁。当事人一方也可以直接向劳动争议仲裁委员会申请仲裁。对仲裁裁决不服的，可以向人民法院提起诉讼。劳动争议的救济方式具有一定的特殊性。一般争议都是或裁或审，选择仲裁则一裁终局；而劳动争议则必须先经过仲裁，对仲裁裁决不服的，再向法院起诉，即不得直接向法院起诉，且劳动争议仲裁裁决也不是终局裁决。本案中，张某未先申请仲裁，直接向法院起诉，自然会被法院裁定不予受理。

第三，劳动争议仲裁委员会驳回张某的仲裁请求是因为该争议已过仲裁的时效。根据《劳动法》的规定，提出仲裁要求的一方应当自劳动争议发生之日起60日内向劳动争议仲裁委员会提出书面申请。"劳动争议发生之日"是指当事人知道或者应当知道其权利被侵害之日。本案中，劳动争议发生之日为2010年1月1日，而张某申请仲裁之日为2010年6月1日，早已过60日的仲裁时效，又无法定事由的阻断，所以会被驳回仲裁请求。为此提醒大家：劳动争议当事人对仲裁裁决不服的，可以自收到仲裁裁决书之日起15日内向人民法院提起诉讼。一方当事人在法定期限内不起诉又不履行仲裁裁决的，另一方当事人可以申请人民法院强制执行。千万不要过了15日的有效期限，否则向法院起诉也得不到保护了。

🔍 陷阱防范

对于本案中的陷阱防范，提醒大家注意：一是对于我国劳动争议发生后解决的程序规定要清楚，即我国《劳动法》第79条的规定。二是对于采用各种不同的方式要把握有效期限，即除斥期间。所谓除斥期间，是指法定的权利固定存续期间，权利人在该期间不行使权利，该期间经过后即发生权利消灭的法律效果。除斥期间为固定的不变期间，不存在中止、中断和延长的问题。因而，权利人如欲保全自己的权利，就必须在除斥期间内行使权利，否则，该期间经过后，权利人的实体权利本身便发生消灭。比如说本案中我国《劳动法》规定发生劳动争议后，提出仲裁要求的一方应当自劳动争议发生之日起60日内向劳动争议仲裁委员会提出书面申请。其中的"60日"即为除斥期间。

⚑ 法条链接

《中华人民共和国劳动法》

第二十五条　劳动者有下列情形之一的，用人单位可以解除劳动合同：

（一）在试用期间被证明不符合录用条件的；

（二）严重违反劳动纪律或者用人单位规章制度的；

（三）严重失职，营私舞弊，对用人单位利益造成重大损害的；

（四）被依法追究刑事责任的。

第二十六条 有下列情形之一的，用人单位可以解除劳动合同，但是应当提前三十日以书面形式通知劳动者本人：

（一）劳动者患病或者非因工负伤，医疗期满后，不能从事原工作也不能从事由用人单位另行安排的工作的；

（二）劳动者不能胜任工作，经过培训或者调整工作岗位，仍不能胜任工作的；

（三）劳动合同订立时所依据的客观情况发生重大变化，致使原劳动合同无法履行，经当事人协商不能就变更劳动合同达成协议的。

第二十七条 用人单位濒临破产进行法定整顿期间或者生产经营状况发生严重困难，确需裁减人员的，应当提前三十日向工会或者全体职工说明情况，听取工会或者职工的意见，经向劳动行政部门报告后，可以裁减人员。

用人单位依据本条规定裁减人员，在六个月内录用人员的，应当优先录用被裁减的人员。

第二十九条 劳动者有下列情形之一的，用人单位不得依据本法第二十六条、第二十七条的规定解除劳动合同：

（一）患职业病或者因工负伤并被确认丧失或者部分丧失劳动能力的；

（二）患病或者负伤，在规定的医疗期内的；

（三）女职工在孕期、产期、哺乳期内的；

（四）法律、行政法规规定的其他情形。

第七十九条 劳动争议发生后，当事人可以向本单位劳动争议调解委员会申请调解；调解不成，当事人一方要求仲裁的，可以向劳动争议仲裁委员会申请仲裁。当事人一方也可以直接向劳动争议仲裁委员会申请仲裁。对仲裁裁决不服的，可以向人民法院提起诉讼。

第八十二条 提出仲裁要求的一方应当自劳动争议发生之日起六十日内向劳动争议仲裁委员会提出书面申请。仲裁裁决一般应在收到仲裁申请的六十日内作出。对仲裁裁决无异议的，当事人必须履行。

第十二章 其他陷阱

○ 警惕招生广告"造假"。

当考生还在高考考场上挥笔洒墨的时候，一些学校的招生推荐、宣传工作就已经开始了。高考一结束，这种招生大战更是越演越烈，其中的一些学校招生广告天花乱坠，让一些考生和家长分不清真假。

💬情景再现

2007年高考结束后，考生小张由于怯场落榜了。他看到一家民办高校在招生广告中宣称"为满足未被录取考生的升学愿望，学校将进行补录登记，凡普通文理、艺术及体育达线考生皆可报名"，并刊登了详细的专业计划。小张心头一热，赶紧报名并被顺利录取。到了学校，他才得知学校的招生广告没经过相关部门的广告备案，所谓的补录计划实际上是自学考试。

📝律师提醒

本案中，该民办高校在招生广告中以国家统招的普通高校为名，实为自学考试的行为，欺骗了学生小张，是隐瞒了重要事实的虚假广告。《广告法》第4条明确规定，广告不得含有虚假的内容，不得欺骗和误导消费者。该民办高校的招生广告内容已经达到了误导消费者的目的，已经违反了我国法律的禁止性规定。同时，该法第38条第1款规定，违反本法规定，发布虚假广告，欺骗和误导消费者，使购买商品或者接受服务的消费者的合法权益受到损害的，由广告主依法承担民事责任；广告经营者、广告发布者明知或者应知广告虚假仍设计、制作、发布的，应当依法承担连带责任。在本案中，该民办高校把自学考试说成是国家统招的普通高校的欺骗行为，使小张误以为真，结果错过了真的补录机会，给小张造成了损失，应当承担民事责任。此外，该民办高校在发布招生广告时，没经过相关部门的广告备案，说明该民办高校的资质存在问题，在法律上，是不具备能发布招生广告资格的民办高校。也说明该民办高校发布的招生广告为非法广告，内容根本不可信。

🔍 陷阱防范

对于本案中的陷阱防范，每年都会有招生院校在发布招生广告时，增加虚假信息或混淆招生概念，欺骗考生和家长，如有招生广告故意混淆高考招生与其他学历文凭教育招生的区别，将考生骗到学校的自学考试助学班、远程网络教育班。由此，考生和家长选定院校后，应向教育主管部门了解学校的办学资质、招生资格等，不要轻信广告和招生简章。此外，在2007年，省委宣传部、省教育厅、省工商行政管理局联合发布了《关于进一步加强各类学校招生广告（简章）备案管理的通知》。按照要求，教育行政部门审批管理的各级各类学校，要按招生广告管理有关规定办理备案手续后方可发布招生广告。广告主要内容必须包括：学校全称、办学性质、招生专业、学习期限、招生对象、招生范围、收费标准等，并注明详细地址、联系电话。普通高等学历教育的招生广告内容不得超出备案的招生章程范围。

⚖ 法条链接

《中华人民共和国广告法》

第四条　广告不得含有虚假的内容，不得欺骗和误导消费者。

第三十八条　违反本法规定，发布虚假广告，欺骗和误导消费者，使购买商品或者接受服务的消费者的合法权益受到损害的，由广告主依法承担民事责任；广告经营者、广告发布者明知或者应知广告虚假仍设计、制作、发布的，应当依法承担连带责任。

……

○　通知书玩起"狸猫换太子"。

据某市招办发布消息称，从2007年起，考生在收到院校录取通知书时，还将同时收到一份盖有市招办录取专用章的录取确认表，以此防止招生诈骗。招生办提醒家长和考生：如果收到的录取通知书没有录取确认表，要警惕有假。虽然下述案例中的录取通知书并没有造假，但却被一些不法之徒转手相让，这样的"好事"真的可以一直"好"下去吗？

情景再现

大概是2003年，小李称自己有一个亲戚的孩子被一所二本院校录取，但他认为学校和专业对自己来说都不够理想，于是决定放弃录取，准备复习，希望能转手自己的录取通知书。小王联系小李。小李还告诉小王，自己在这所学校里有认识的熟人，能帮小王顺利入学。小王最后给了小李5000元。到了学校，小王才发现自己上当了，事情并非对方所保证的"百分百没问题"。"顶替身份"被发现后，小王被迫回家。

律师提醒

本案中，小李转手录取通知书并称自己在学校里有认识的熟人，能帮小王顺利入学骗取小王5000元的行为，已经构成了我国《刑法》所规定的诈骗罪。所谓诈骗罪是指以非法占有为目的，用虚构事实或者隐瞒真相的方法，骗取数额较大的公私财物的行为。本罪侵犯的客体是公私财物所有权。有些犯罪活动，虽然也使用某些欺骗手段，甚至也追求某些非法经济利益，但因其侵犯的客体不是或者不限于公私财产所有权，所以不构成诈骗罪，例如拐卖妇女、儿童的，属于侵犯人身权利罪。

本案中，小李侵犯的是小王对自己5000元钱的合法所有权。在客观上小李使用了欺骗的方法骗取了小李数额较大的钱财。本罪的主体是一般主体，小李符合。在主观上小李明知他实施这样的行为会使受害人遭受财产的损失，他仍然实施了这样的行为，因此可以认定在主观上存在故意。因此，根据我国诈骗罪的立案标准，小李诈骗小王的钱财属于"数额较大"，已经触犯了我国《刑法》，所以应受刑法处罚。

陷阱防范

往年高考录取结束后，会有所谓的"中介"针对考生想上学的急切心情，用其他考生的录取通知书或假录取通知书欺骗考生和家长。考生入学发现是骗局时，骗子已带钱逃之天天。对此，考生和家长不要有侥幸心理，对于来路不明的录取通知书，考生和家长一定要辨别真假，可通过高校、招生部门等进行查询。

法条链接

《中华人民共和国刑法》

第二百六十六条 诈骗公私财物，数额较大的，处三年以下有期徒刑、拘役或者管制，并处或者单处罚金；数额巨大或者有其他严重情节的，处三年以上十年以下有期徒刑，并处罚金；数额特别巨大或者有其他特别严重情节的，处十年以上有期徒刑或者无期徒刑，并处罚金或者没收财产。本法另有规定的，依照规定。

○ 假招生网站，真收报名费。

随着高考结束，各种各样借高考名目进行诈骗的案件正进入高发期，犯罪分子通过短信或虚设网站方式，向考生或家长传递虚假信息，如出售试题、虚假招生、免试入学等，抓住考生侥幸心理和家长望子成龙的心理进行诈骗。

情景再现

在2005年高考分数出来后，小杨打开了他们省的一个招生网站。在这个网站上，首页便有喜讯，不停地飞播字幕："某省招生考试信息网针对高考不理想同学提供部分普通二本院校校内全日制自考本科招生在线报名。先报先录取，录满为止……"

此外，其首页上有不少"推荐院校"。不论点开哪所学校，在学校介绍后便是"点击网上报名"。点击后，进入的是"某省招生信息网上报名系统"。而这一系统，填报的志愿均是该网站推荐的院校。报名成功后，"需要缴纳100元报名注册费"。经核查后，报名者才发现上当了。

律师提醒

该虚假网站向考生小杨和所有考生发出的信息属于要约邀请，其实其真正的目的并不是提供报名资格，而是通过此种形式骗取考生的报名注册费。考生小杨在看到该网站的虚假报名信息并报名后，他们之间形成的合同即告成立。但这种合同属于可撤销的合同，因为该网站是通过欺诈的方式，故意隐瞒了与合同有关的重要事实，致使考生小杨在错误的认识下作出了与其签订合同的意思，即欺诈人的欺诈行为与被欺诈人的错误意思表示之间有因果关系。根据《最高人民法院关于贯彻执行〈中华人民共和国民法通则〉若干问题的意见（试行）》第68条的规定，欺诈是指一方当事人故意告知对方虚假情况，或者故意隐瞒真实情况，诱使对方当事人作出错误意思表示的行为。

《合同法》明确规定，一方以欺诈、胁迫的手段或者乘人之危，使对方在违背真实意思的情况下订立的合同，受损害方有权请求人民法院或者仲裁机构变更或者撤销。根据法律的规定，可撤销的合同被撤销后自始不发生法律效力。因此，根据我国《合同法》第58条规定，合同无效或者被撤销后，因该合同取得的财产，应当予以返还；不能返还或者没有必要返还的，应当折价补偿。有过错的一方应当赔偿对方因此所受到的损失，双方都有过错的，应当各自承担相应的责任。合同被撤销后，该虚假网站应当返还给受害人小杨报名费，而且还应当赔偿其因此所受到的损失。如果受骗上当的人多，该虚假网站的行为，有可能已经触犯了《刑法》，可能会受到刑法处罚。

🔍 陷阱防范

对于本案中的陷阱防范，提醒广大考生和家长了解招生工作的常识。根据教育部有关规定，普通高校录取通知书由招生学校根据省招生办公室审核备案的录取名册发放，并加盖省招办录取专用章；考生拿到录取通知书后，可登录省招生考试信息网或到县市区招办查询自己的录取信息（包括录取学校名称、专业和层次）。

自主招生院校的招生计划都是由国家统一下达并向社会公布，未经国家批准而向社会公布，学校无计划乱招生的国家不予认可。高校招收录取一律在国家统一的录取网络上进行，任何单位不得游离于正常工作体制之外招生，不得委托中介招生。高考实行"阳光工程"，所谓"内部指标"都是骗局。

部队院校招生无内部指标，更不会向考生和家长收取几万、十几万的高额费用。部队院校招生，由军队签约的地方高校负责，不存在"内部招生指标"，也没有提前"预录"一说，同时该类院校只招录普通中学高中毕业生，不在大中专学生和委培生中招收。

此外，教育、宣传、公安等相关部门也将加大监督力度，开展多种方式的监督巡查工作，注意发现网络、报纸上出现的"高价叫卖试题答案"和虚假招生广告，对发现的及时清理，查明出处，堵塞源头，不让该类诈骗有抬头之机。

⚱ 法条链接

《中华人民共和国合同法》

第五十四条　下列合同，当事人一方有权请求人民法院或者仲裁机构变更或者撤销：

（一）因重大误解订立的；

（二）在订立合同时显失公平的。

一方以欺诈、胁迫的手段或者乘人之危，使对方在违背真实意思的情况下订立的合同，受损害方有权请求人民法院或者仲裁机构变更或者撤销。

当事人请求变更的，人民法院或者仲裁机构不得撤销。

第五十八条　合同无效或者被撤销后，因该合同取得的财产，应当予以返还；不能返还或者没有必要返还的，应当折价补偿。有过错的一方应当赔偿对方因此所受到的损失，双方都有过错的，应当各自承担相应的责任。

《最高人民法院关于贯彻执行〈中华人民共和国民法通则〉若干问题的意见（试行）》

第六十八条　一方当事人故意告知对方虚假情况，或者故意隐瞒真实情况，诱使对方当事人作出错误意思表示的，可以认定为欺诈行为。

○　手写彩票可信吗？

随着彩票事业在我国蓬勃发展，彩民群体日益壮大，也吸引了不少犯罪分子觊觎的目光。据介绍，目前合法的彩票在我国只有福利彩票和体育彩票两种，但打着各种各样的名目，利用假彩票欺骗彩民者大有人在。

💬 情景再现

2010年，彩民罗某经人介绍认识了一个销售彩票的人。此人卖的彩票是用复写纸一式两份自己书写的，标明投注金额、购买号码等。卖彩票的人一再向李先生保证有能力支付奖金。起初抱着试玩的心态，李先生购买了几张彩票，先后中了数次几十、几百元的小奖也能及时兑现，对这个销售手写彩票的人也逐渐信任。

随后的数月里，罗某加大了投入力度，先后投入十几万元，终于中了个20多万元的大奖。可让罗某郁闷的是，他再也联系不上这个销售人员了，中奖的彩票也成了一张废票。罗某打电话咨询发行机构，发行机构的工作人员告诉他，这种彩票属于手写的私彩，发行机构不予承认，中奖奖金自然也没有保证。工作人员建议罗某向公安机关报案处理。

📎 律师提醒

本案涉及刑事诈骗问题。诈骗罪是指以非法占有为目的，用虚构事实或者隐瞒真相的方法，使受害人陷于错误的认识并"自愿"处分财产，从而骗取数额较大的公私财物的行为。本案中，犯罪嫌疑人在刚开始故意给彩民罗某兑换其购买的按彩票公开结果可以中奖的手写的彩票，而使其相信这种手写的彩票也不假。由此欺骗了罗某，并使其产生错误的认识，进而做出了决定加大投资力度，先后投入十几万元，对其十几万元行使了处分权，从而使其被骗。诈骗金钱十几万元达到了"数额巨大"的标准，已经构成了诈骗罪。所以，应由国家相关机关对犯罪分子进行刑事处罚。

🔍 陷阱防范

对于本案中的陷阱防范，"骗子们的手段其实很简单，只要用心就能避免上当"，彩票发行机构工作人员提醒彩民注意真假彩票的区别：

1. 真假彩票最主要的区别在于能否进入彩票销售机构的数据库，只要能进入彩票销售机构数据库的，就是真彩票，否则就是假彩票，也就是私彩。

2. 真彩票的规格、用纸、样式、内容等都是统一的，彩票下方有条形码，彩票上方有特征码，彩票中间还有附加码等鉴别信息，购买真彩票不需要彩民提供身份证、电话号码等个人信息。

3. 真彩票一律是投注机打印出来的，用打印机打印的或者手写的都属于私彩，也就是假彩票。

⚓ 法条链接

《中华人民共和国刑法》

第二百六十六条　诈骗公私财物，数额较大的，处三年以下有期徒刑、拘役或者管制，并处或者单处罚金；数额巨大或者有其他严重情节的，处三年以上十年以下有期徒刑，并处罚金；数额特别巨大或者有其他特别严重情节的，处十年以上有期徒刑或者无期徒刑，并处罚金或者没收财产。本法另有规定的，依照规定。

○　机打彩票长得像超市小票。

据相关人士介绍，从1987年福利彩票诞生至今，我国彩票发展已经历经23年。彩票的发展目的是为国家筹集公益金，造福社会。数据显示，近年来，福利彩票年销售超过600亿，筹集公益金210亿，"扶老、助残、救孤、济困、赈灾"的福利彩票为公益事业做出了巨大贡献。"私彩"则毫无公益可言，它利用人们想发财的心理，非法敛财，与社会美德背道而驰。而且，因"私彩"而引起的治安和刑事案件越来越多，既扰乱社会经济秩序，也影响精神文明建设。彩民应认清私彩的危害，远离私彩，让其失去生存空间，共同维护和谐购彩环境，为社会公益事业发展作出应有的贡献。

💬情景再现

彩民陈某发现，自己家门口一个水果店也卖彩票，就进去购买了一张，结果发现这张彩票和自己此前购买的彩票有很大区别。以前买的彩票都是四四方方的，票面显示着条形码、特征码等信息，这张彩票则像超市的小票，是通过与电脑联网的一台打印机打印出来的。卖彩票的人还索要了他的电话号码、身份证号码等信息，写在彩票上。陈某说，他越看这张彩票越觉得不对劲，于是打电话咨询了彩票发行机构。经确认，此张彩票属假彩票，也就是私彩，发行机构工作人员建议陈某向公安机关报案处理。

✏️律师提醒

本案中，该水果店明知自己从电脑打印出来的彩票是假彩票还进行出卖的行为，很明显存在着消费欺诈。陈某明显以真彩票的价格购买来的却是假的，其公平交易权受到侵犯。所谓消费欺诈是指在消费的过程中，存在一方当事人故意告知对方虚假情况，或者故意隐瞒真实情况，诱使对方当事人作出错误意思表示的行为。消费欺诈的认定需要构成以下几个要件：首先，欺诈方主观上具有欺诈的故意，亦即其明知自己告诉对方的情况是虚假的并且会使对方陷入错误认识而希望或者放任这种结果发生的主观故意；其次，欺诈方实施了欺诈行为，通常表现为故意告知对方虚假情况，或者故意隐瞒真实情况诱使对方当事人做出错误表示，这种行为是违反了向消费者如实陈述商品真实信息的法定义务的；最后，受欺诈方因为欺诈而陷入了错误，并且因此而做出了意思表示。出卖电脑打印的彩票给陈某的商家并没有将该彩票为假彩票的真实情况向陈某说明，表明其主观上具有欺诈的故意。而且出卖假彩的水果店实施了欺诈行为，他将假彩票说成是真彩票使陈某产生了错误的认识，于是做出了以正品价格购买该彩票的行为。所以根据欺诈消费的构成要件，该销售假彩票的商家存在欺诈消费。

而我国《消费者权益保护法》第10条规定，消费者享有公平交易的权利。消费者在购买商品或者接受服务时，有权获得质量保障、价格合理、计量正确等公平交易条件，有权拒绝经营者的强制交易行为。

而我国《消费者权益保护法》第49条规定，经营者提供商品或者服务有欺诈行为的，应当按照消费者的要求增加赔偿其受到的损失，增加赔偿的金额为消费者购买商品的价款或者接受服务的费用的一倍。因此，本案中，陈某可以通过诉讼途径要求出卖假彩票的商家承担双倍赔偿责任。

同时，该案件中，卖假彩票的行为是为我国法律所禁止的，卖假者要承担一定的法律责任。当消费者遇到这样的事情时，一定要及时向公安机关举报，以免更多的人上当受骗。

🔍 陷阱防范

为了防范本案中的陷阱，彩票发行机构提醒彩民购彩时注意以下事项：

1. 真彩票销售点都悬挂有彩票发行许可证，都有专门固定的营业场所。

2. 彩民不要被私彩的承诺所欺骗，购买、销售私彩都是违法的，中奖奖金没有保证。

3. 彩民无法确认私彩还是公彩时，最好先打电话咨询彩票发行机构。

同时，其还概述了一般行骗过程：作假者在投注站门口或者其他地点物色受骗者，以问话的形式向受骗者求助该彩票是否中奖。当受骗者确认后，作假者称其因某种原因丢失身份证，并第一次购彩，不知道彩票中了多少钱，不知道怎么兑奖（注：二等奖奖金一般超过5000元，5000元以上需要到市福彩中心领奖）或者因某些理由去不了市中心领奖。受骗者如果存有怀疑，作假者称可以打电话去福彩中心验证，并用作假者的手机（手机已做手脚）拨打彩票上的查询电话，让受骗者询问。其同伙称他是福彩中心工作人员并要求受骗者报彩票上的号码，确认该彩票中奖。受骗人如果相信，作假人就会说低价出售，价格有高有低，受骗金额从100元到10 000元不等。（注：彩票上的查询电话需用固话拨打，而且彩票中心工作人员不会让彩民提供彩票上面的任何信息。）

⚡ 法条链接

《最高人民法院关于贯彻执行〈中华人民共和国民法通则〉若干问题的意见（试行）》

第六十八条　一方当事人故意告知对方虚假情况，或者故意隐瞒真实情况，诱使对方当事人作出错误意思表示的，可以认定为欺诈行为。

《中华人民共和国消费者权益保护法》

第十条　消费者享有公平交易的权利。

消费者在购买商品或者接受服务时，有权获得质量保障、价格合理、计量正确等公平交易条件，有权拒绝经营者的强制交易行为。

第四十九条　经营者提供商品或者服务有欺诈行为的，应当按照消费者的要求增加赔偿其受到的损失，增加赔偿的金额为消费者购买商品的价款或者接受服务的费用的一倍。

○　会网友，您去了吗？

随着电脑的普及，网友的年龄已经呈现出低龄化的趋势，越来越多的未成年人经常泡在网上。而眼下针对网友的犯罪案例在全国各地时有发生，特别是针对一些涉世未深的未成年少女。在网络日益风行的今天，在无法避免与网友见面的情况下，与网友见面时应该如何防范？

💬情景再现

外地的小强和某市一女网友小云在网上聊得很好，大概一个月后，他俩约定见面，时间是下午6时，地点是本市的一个公园里。一见小云，小强心里就特欢喜，因为小云完全一副清纯大学生的模样。正当小强沉浸在喜悦之中时，突然从公园的小树林里窜出几名男子，其中一男子说是小云的男朋友，另两人则围住小强，拿出水果刀，威逼他交出钱财，否则就让他性命不保。结果，小强被抢走了一张存有5万元的银行卡。

律师提醒

本案涉及抢劫罪。所谓抢劫罪，是以非法占有为目的，对财物的所有人或者保管人当场使用暴力、胁迫或其他方法，强行将公私财物抢走的行为。

因此，只要以暴力、胁迫或者其他方法抢劫公私财物的，应当立案。刑法对构成抢劫罪没有规定数额、情节方面的限制，只要行为人当场以暴力、胁迫或者其他方法，实施了抢劫公私财物的行为，无论是否抢到钱财，也不论实际抢到钱财的多少，原则上都构成抢劫罪，公安机关应当立案侦查。

犯罪构成：

1. 本罪的主体为一般主体。

2. 本罪在主观方面表现为直接故意，并具有将公私财物非法占有的目的。

3. 本罪侵犯的客体是公私财物的所有权和公民的人身权利。对于抢劫犯来说，最根本的目的是要抢劫财物，侵犯人身权利只是其使用的一种手段。

4. 本罪在客观方面表现为行为人对公私财物的所有者、保管者或者守护者当场使用暴力、胁迫或者其他对人身实施强制的方法，强行劫取公私财物的行为。

本案中，小云及朋友等人对小强实施抢劫明显是早有预谋的，可以认定他们在主观方面表现为直接故意。在客观方面他们是当场对小强使用水果刀胁迫，并以威胁其性命来使小强产生恐惧而不敢反抗，使其被迫交出一张存有5万元的银行卡且非法占有。可知，本案中的小云及朋友等人的行为已经触犯了我国《刑法》第263条规定的抢劫罪，应当受到刑事处罚。

陷阱防范

对于本案中的陷阱防范，提醒大家在与网友见面时注意以下事项：

1. 见网友时最好是约白天，地点最好是在公共场所，在人多的地方，而且要在显眼处，一旦发生危险可以呼救；

2. 切记不要去陌生的网友家中，也不要和网友单独待在一个房间里，以免遭受对方暴力侵害；

3. 尽量少带贵重物品和重要证件等，只带零花钱，而不要带多余的现金以及银行卡在身上，以免遭到网友打劫；

4. 尽量不吃对方给的东西和饮料，不抽对方给的烟，以免被对方下药；

5. 事先告诉你的好友，你要见的人的名字和见面地点，以便在发生意外时给警方留下线索；

6. 在充分相信对方之前，不要告诉对方你的详细住址，以免以后受到骚扰；

7. 发现对方目的不纯时，一定要找借口及时离开或进入人多的地方，避免无法应付；

8. 对于女性网友，第一次和男性网友见面时，最好邀伴前往；

9. 不要轻易借钱给网友，刚刚认识就借钱，几乎100％是骗子；

10. 如果遭受损失，或被人身侵害，请及时拨打110报警，警方能够尽早破案。

⚱ 法条链接

《中华人民共和国刑法》

第二百六十三条 以暴力、胁迫或者其他方法抢劫公私财物的，处三年以上十年以下有期徒刑，并处罚金；有下列情形之一的，处十年以上有期徒刑、无期徒刑或者死刑，并处罚金或者没收财产：

（一）入户抢劫的；

（二）在公共交通工具上抢劫的；

（三）抢劫银行或者其他金融机构的；

（四）多次抢劫或者抢劫数额巨大的；

（五）抢劫致人重伤、死亡的；

（六）冒充军警人员抢劫的；

（七）持枪抢劫的；

（八）抢劫军用物资或者抢险、救灾、救济物资的。

○ 手机"套餐"优惠上网业务，您办了吗？

在消费者不知情的情况下强制订制各种增值服务进行扣费的、电话没有上网却扣流量费、没有漫游打长途却扣取漫游费、长途费以及随意增加资费标准……电信消费简直就是一本"糊涂账"。

近年来，电信行业的高速发展让广大消费者体会到了信息时代的便利。但同时，电信服务却依然存在许多不尽如人意的地方，部分内容成为百姓争议和投诉的热点。据某省消费者协会通过问卷调查方式了解到，对电信服务业，特别是收费环节，广大消费者的普遍反应是：想说"信"你不容易。据数据显示，我国46%的网民在用手机上网，同比增长了32.1%。手机上网让人们更快地融入到了这个数字化时代，它在为人们提供更为快捷、全面的信息服务同时，其滋生出的潜在危害也不可小视。

💬 情景再现

刚刚进入大学殿堂的小孙在同学的建议下办理了一个"套餐"业务，其中包括手机上网业务，其中的优惠是上网只扣流量费。一天，小孙通过手机进入一家网址下载游戏，没一会儿手机就因欠费被停了机。他来到住家附近的一家通信公司营业部查询，原来是自己误入"高收费"网站，结果指头一按键，不到几分钟，300多元就打了水漂儿。他又打客服电话咨询，客服人员说，这个"套餐"业务，其实是包括了10元流量的上网费，但是，现在费用是因为下载了某游戏运营商的游戏软件而被扣除的，属于增值业务范畴。

📎 律师提醒

本案中，该通信公司并没有向小孙说明，该手机"套餐"业务中，在一些网站中下载游戏软件等属于增值业务范畴，使小孙产生了错误认识，还以为只要有了这种"套餐"在网上干什么都不收费。这种行为侵犯了小孙的知情权和选择权。消费者的知情权和选择权是法律规定由接受商品或服务一方享有并因提供商品或服务的另一方的告知义务而产生的相对权。提供方应充分履行告知义务，以利于接受方充分知情并自由决定选择何种商品或服务。我国《消费者权益保护法》第8条规定，消费者享有知悉其购买、使用的商品或者接受的服务的真实情况的权利。消费者有权根据商品或者服务的不同情况，要求经营者提供商品的价格、产地、生产者、用途、性能、规格、等级、主要成份、生产日期、有效期限、检验合格证明、使用方法说明书、售后服务，或者服务的内容、规格、费用等有关情况。

该法第9条规定，消费者享有自主选择商品或者服务的权利。消费者有权自主选择提供商品或者服务的经营者，自主选择商品品种或者服务方式，自主决定购买或者不购买任何一种商品、接受或者不接受任何一项服务。消费者在自主选择商品或者服务时，有权进行比较、鉴别和挑选。

本案中，该通信公司在推出该种手机"套餐"业务时，并没有向小孙尽告知义务，即小孙在不知情的情形下没有选择地接受了某游戏运营商的服务，结果造成了财产损失。同时，该法第11条规定，消费者因购买、使用商品或者接受服务受到人身、财产损害的，享有依法获得赔偿的权利。因此，该通信公司应当赔偿小孙的财产损失。

🔍 陷阱防范

对于本案中的陷阱防范，该通信公司在开办手机上网服务时，理应实行明码实价；对于那些高价收费的网络下载，有必要在说明书上用通俗明白的文字写清楚。同时在手机网上会员服务中也应实行二次确认制度。 这样，对消费者误导的情形就有可能避免。

⚡ 法条链接

《中华人民共和国消费者权益保护法》

第八条 消费者享有知悉其购买、使用的商品或者接受的服务的真实情况的权利。

消费者有权根据商品或者服务的不同情况，要求经营者提供商品的价格、产地、生产者、用途、性能、规格、等级、主要成份、生产日期、有效期限、检验合格证明、使用方法说明书、售后服务，或者服务的内容、规格、费用等有关情况。

第九条 消费者享有自主选择商品或者服务的权利。

消费者有权自主选择提供商品或者服务的经营者，自主选择商品品种或者服务方式，自主决定购买或者不购买任何一种商品、接受或者不接受任何一项服务。

消费者在自主选择商品或者服务时，有权进行比较、鉴别和挑选。

第十一条 消费者因购买、使用商品或者接受服务受到人身、财产损害的，享有依法获得赔偿的权利。

○ QQ中奖，您得到奖品了吗？

"恭喜你，你的QQ号码中了二等奖，奖品为58 000元现金和一台三星笔记本电脑……"腾讯公司最近接到用户举报反馈，有不法分子假冒"腾讯公司"名义，通过QQ空间发送虚假QQ中奖信息。如果想要领奖需要用户填写个人详细资料及支付相关费用，按所提示联系方式进行汇款。

💬情景再现

　　某市居民陈女士年近五旬，大学文化，从事金融领域工作，有丰富的阅历和社会经验，空闲时间喜欢上网。2010年9月9日中午，陈女士刚打开电脑，页面便跳出一个腾讯QQ中奖信息。她想，腾讯网总不会骗人吧，于是点击了这条中奖信息。信息提示："恭喜你，你的IP中了二等奖，奖品为5.8万元现金及一台三星笔记本电脑。"怀着"试试看"的想法，她拨通了网页提示的客服电话：40067518××。不一会，对方告知，她的IP确实中奖了，让其登录网站，直接填写相关资料。陈女士再次登录网站，证实确实中了奖。自己是怎么中的奖呢？她仍是将信将疑，于是再次拨打那个客服电话。客服小姐告诉她，"抽奖活动当天就要结束，今天要是不领奖就要作废。如你要领奖，先交800元手续费，兑奖后会全额退还。"客服小姐发过来一个汇款账号。虽然犹豫，但最终"有奖总是要拿的，不要白不要"的思想占了上风，她到附近的银行汇了款。结果，再也联系不上客服了。后来，她很快报了案。据查，腾讯公司根本没有搞这样的活动，是一些不法分子冒充所为，而且他们已向数千人发了这样的提示。

📝律师提醒

在《合同法》中，本案不法分子向陈女士及数千人发出了虚假信息提示属于要约，其实，其真正的目的并不是想通知他们领奖，而是通过此种形式骗取手续费。陈女士通过要约做出承诺到达该不法分子时，合同即告成立。但这种合同属于可撤销的合同，因为该不法分子是通过欺诈的方式，故意隐瞒了与合同有关的重要事实，致使陈女士在错误的认识下作出了与其签订合同的意思，即欺诈人的欺诈行为与被欺诈人的错误意思表示之间有因果关系。

我国合同法明确规定，一方以欺诈、胁迫的手段或者乘人之危，使对方在违背真实意思的情况下订立的合同，受损害方有权请求人民法院或者仲裁机构变更或者撤销。根据法律的规定，可撤销的合同被撤销后自始不发生法律效力。因此，根据我国《合同法》第58条规定，合同无效或者被撤销后，因该合同取得的财产，应当予以返还；不能返还或者没有必要返还的，应当折价补偿。有过错的一方应当赔偿对方因此所受到的损失，双方都有过错的，应当各自承担相应的责任。合同被撤销后，该不法分子应当返还给受害人陈女士800元手续费，而且还应当赔偿其因此所受到的损失。如果上当受骗的人多，该不法分子的行为，有可能已经触犯了《刑法》，可能会受到刑事处罚。

🔍 陷阱防范

对于本案中的陷阱防范，腾讯公司提醒网友：

1. 腾讯不会向中奖用户索取任何费用（如：手续费、运输费、邮寄费、税收等）。

2. 腾讯不会以QQ聊天消息、QQ空间回帖、游戏大厅消息、聊天室消息通知用户中奖（腾讯官方通知中奖的方式：官方电话通知、官方邮件通知、QQ上系统消息通知等正式形式。）

3. QQ邮箱官方邮件发件人后面会带有一个蓝色的腾讯网小图标，主题都是蓝色字体的。

4. 腾讯官方网站域名后一定紧跟着"/"，例如：http://im.qq.com/cgi-bin/face是真的；http://www.qq.com.qqx.cn/index.html是假冒网站。

5. 腾讯客服电话为：0755-83765566。

6. 假冒"腾讯客服"、"10000号"的骗子只是修改QQ用户名，可查看QQ帐号是不是10000号。

7. 假冒系统消息一般是假冒网站弹出的，不是QQ弹出的，可多次打开网站辨别。

8. 腾讯公司所有的中奖活动都会在我们的官方主页上进行公布。需特别注意：欺诈者也可能借用相同的活动名称，链接到假冒网站诈骗，但通过前面辨别方法可以区分。

9. 接到陌生号码来电时，您要提高警惕，即便是熟人的电话，如果涉及汇款等敏感问题，千万不要轻信，最好的方式是回拨核实。对方如果是网络电话，是无法接听的！

法条链接

《中华人民共和国合同法》

第五十四条 下列合同，当事人一方有权请求人民法院或者仲裁机构变更或者撤销：

（一）因重大误解订立的；

（二）在订立合同时显失公平的。

一方以欺诈、胁迫的手段或者乘人之危，使对方在违背真实意思的情况下订立的合同，受损害方有权请求人民法院或者仲裁机构变更或者撤销。

当事人请求变更的，人民法院或者仲裁机构不得撤销。

第五十八条 合同无效或者被撤销后，因该合同取得的财产，应当予以返还；不能返还或者没有必要返还的，应当折价补偿。有过错的一方应当赔偿对方因此所受到的损失，双方都有过错的，应当各自承担相应的责任。

《最高人民法院关于贯彻执行〈中华人民共和国民法通则〉若干问题的意见（试行）》

第六十八条 一方当事人故意告知对方虚假情况，或者故意隐瞒真实情况，诱使对方当事人作出错误意思表示的，可以认定为欺诈行为。

○ 顾客进店"消费"，店主遭遇"调包骗局"。

目前，市场上存在着大量的"调包骗局"。比如说，烟草、金店等行业。此类行业的商品由于具有自身的特殊性，价格都比较昂贵。所以，骗子"调包"事件多数会发生在此类行业中。为防止"调包骗局"的发生，警方提醒开商店的朋友，要注意本店的保卫安全工作，不可忽视。尤其是一些烟草专卖店里，通常存在销售人员少而顾客多的情形，此时，商店安全更显得重要。当发生类似"调包骗局"的事件时，相关人员一定要及时报警。

💬**情景再现**

　　2009年12月12日，杨某将事先准备的假钻石戒指藏于身上，进入金店。然后乘店主不备之机，将藏在身上的假钻石戒指与真钻石戒指调换，再找借口以不买为由离开金店。就这样在很短的时间内，他就在多家金店屡屡得手，共"换"得钻石戒指10余枚，价值50万元。

　　当他再一次在金店中故伎重演时，被无意中走过的金店经理发现了。于是，该经理立即拨打了110。20分钟后，杨某便被及时赶来的警察当场抓获，没收其从金店"换"来的10余枚钻石戒指。

📎**律师提醒**

　　本案中的情形一直存在着争议。近年来此类"调包"案件已发生多起，但往往因作案人逃之夭夭，或者数额尚够不上犯罪而不了了之。如何适用法律倒成了个新鲜问题。作案人有以假乱真取得了他人的财产这么一个情节，许多人可能不加思索地认为这当然是诈骗，但是真的是吗？所谓诈骗罪，是指以非法占有为目的，用虚构事实或者隐瞒事实真相的方法，骗取数额较大的公私财物的行为。其客观方面表现为用欺诈的方法，骗取数额较大的公私财物。从实质上说是使被害人陷入错误认识的行为。欺诈行为的内容是，在具体状况下，使被害人产生错误认识，并作出行为人所希望的财产处分，因此，不管是虚构、隐瞒过去的事实，还是现在的事实与将来的事实，只要具有上述内容的，就是一种欺诈行为。如果欺诈内容不是使被害人作出财产处分的，则不是诈骗罪的欺诈行为。欺诈行为必须达到使一般人能够产生错误认识的程度，对自己出卖的商品进行夸张，没有超出社会容忍范围的，不是欺诈行为。欺诈行为的手段、方法没有限制，既可以是语言欺诈，也可以是动作欺诈；欺诈行为本身既可以是作为，也可以是不作为，即有告知某种事实的义务，但不履行这种义务，使对方陷入错误认识或者继续陷入错误认识，行为人利用这种认识错误取得财产的，也是欺诈行为。欺诈的手法主要有两种，一是虚构事实，即捏造客观上并不存在的事实，比如假造的合同；二是隐瞒事实真相，如使用虚假的姓名、地址。行为人通过这种欺骗的方法，使财产所有人、管理人陷入错误，信以为真，从而"自愿地"将财物交出，当然这种"自愿"其实并不是财产所有人、管理人的真实意愿表示。

　　盗窃罪是指以非法占有为目的，秘密窃取数额较大或多次盗窃公私财物的行为。所谓"秘密窃取"，是指犯罪行为人在自认为不会被财物所有人、保管人、经手人察觉的情况下把公私财物据为己有，其行为具有秘密性。在一般情况下，两者的界限不难区分。但如果行为人实施犯罪时既使用了欺骗的手段，又使用了秘密窃取的手段，则要看行为人非法占有财物过程中起主要作用的手段是什么。在上述案例中，行为人以买钻戒为由，虚构事实，制造假象，但受害人并非受此影响而主动同意交换钻戒，而是行为人借机趁受害人不备，以假钻戒来调换真钻戒。买钻戒的假象不过是为其调换钻戒创造时机。因此，行为人非法占有他人财产所用的主要手段并不是骗，而是乘人不备换走真钻戒，是在财物所有人或保管人不知情的情况下将财物取走，属于秘密窃取，这就符合了盗窃罪的构成要件，应当以盗窃罪论处。最后，法院以盗窃罪判处李某有期徒刑1年3个月，并处罚金5000元。

🔍 陷阱防范

对于本案中的"调包骗局"，据民警介绍，此类"调包骗局"并不鲜见，被调包的物品多种多样，但骗子的手法是相似的。此类骗局中，骗子先表示要购买某件商品，等店员拿来后又表示要考虑，如此反复，趁店员不耐烦、警惕降低时调包。

民警提示，要防范"调包骗局"也很简单，就是要注意时时验看商品、钱币。比如，各商场金银柜台、珠宝店等在办理"以旧换新"业务时，全程都要注意利用精密的检测工具来鉴别饰品的真假，以防止这类受骗事件再次发生。

⚱ 法条链接

《中华人民共和国刑法》

第二百六十四条 盗窃公私财物，数额较大的，或者多次盗窃、入户盗窃、携带凶器盗窃、扒窃的，处三年以下有期徒刑、拘役或者管制，并处或者单处罚金；数额巨大或者有其他严重情节的，处三年以上十年以下有期徒刑，并处罚金；数额特别巨大或者有其他特别严重情节的，处十年以上有期徒刑或者无期徒刑，并处罚金或者没收财产。

第二百六十六条 诈骗公私财物，数额较大的，处三年以下有期徒刑、拘役或者管制，并处或者单处罚金；数额巨大或者有其他严重情节的，处三年以上十年以下有期徒刑，并处罚金；数额特别巨大或者有其他特别严重情节的，处十年以上有期徒刑或者无期徒刑，并处罚金或者没收财产。本法另有规定的，依照规定。